清朝科舉考試與旗人的政治參與

政治參與
旗人的
與
科舉考試
清朝

杜祐寧 —— 著

■ 序

　　清朝皇帝宣稱，「我朝龍興東土，以弧矢威天下，八旗勁旅，克奏膚功」。八旗制度是清朝立國的根本，旗人以精熟的騎射技能鞏衛政權，諸帝則在政策上給予旗人優遇，使之享有政治、法律、經濟、社會等方面的特權。在國家採取旗、民分治的前提下，旗人獲得各種保障固為事實，但是其程度如何，以往多採「印象式」的描述，欠缺實證的研究。近年來，由於檔案資料的大量開放，加上史料數位化的進展，研究者得以掌握較為充分的證據進行討論，當有助於釐清旗人的優勢所在，及其與民人差距的具體情形。

　　以考試選拔官員的科舉制度，是讀書人進身之階，自隋、唐以降相沿不替，亦為歷史上統治中國的遼、金、元、清四個「征服王朝」所仿行。清朝任官，重視出身，以科舉出身者為「正途」，餘為「異途」；惟旗人入仕途徑多元，諸如恩蔭世職、充選侍衛，或考取筆帖式、內閣中書等，科舉只是一端。因此，清朝的科舉制度雖屬「清承明制」的一環，但加入旗人因素之後，另呈現「參漢酌金」的特色，探討旗人與科舉考試的關係，實不宜從漢人的舉業模式切入，也不能逕以特權保障概括。

　　清朝開科取士，始於順治二年（1645），國家對於是否開放旗人應試的規定幾經變動，直到康熙二十六年（1687）才宣布准同漢人一體考試，以此進入仕途的旗人人數乃逐漸增多。論者以為，皇帝同意旗人與漢人同場競爭，是為展現族人的聰明才智實與漢人不分軒輊；或謂皇帝選任旗人官員，喜用有科舉功名者；或以旗人熱中應舉，是因制度設計與皇帝鼓勵所致，在在影響吾人對旗人投身舉業的認識。

前人立論各有所據，然因旗人的錄取名額是與漢人分開計算，科甲旗人的仕途遷轉未必順遂，皇帝也不樂見旗人與文士爭名於場屋，凡此則既有觀點實有待進一步細究。

有關旗人以科舉入仕的議題，研究者先後不輟，貢獻良多，然多限於學術論文，而且取材不一，觀點互異，至於有系統的專著，迄今尚屬罕觀。本書是杜祐寧君以其博士學位論文為基礎修訂而成，利用《題名錄》、《登科錄》和清人傳記等材料，採用量化分析方法，具體詳實地論證旗人在應試過程中的優勢，比較在京與駐防旗人的考試表現、科舉對旗人與民人的仕宦歷程的影響，以及功名有無與旗人官員遷轉的關係，所得結論具參考價值。著者不辭艱鉅，積數年之功，多方蒐羅，窮究盡微，在現有研究成果之上，益以個人創獲，對於學術研究當有貢獻。是為序。

葉高樹

2022年2月12日

於國立臺灣師範大學歷史系

目次 contents

【表次】

【圖次】

第一章
緒論

　　清朝入關前，以部落組織為基礎，加入俘虜、降人編成八旗，形成作戰、徭役、戶籍管理、戰利品分配等軍事、行政、經濟的基本單位。[1] 入關後，八旗成為管理旗人的行政兼軍事組織，[2] 更是「國家根本」。[3] 清廷欲維持政權，除鞏固旗制外，更必須讓八旗參與政治活動、政治運作，亦即入仕任官，故八旗政治參與的相關規定，不僅影響個別旗人，亦關係政權的穩固。

　　科舉制度從宋代開始，成為國家選舉人才的主要手段，自此中國傳統社會中的精英（elite），幾乎等同於通過科考，擁有功名的士紳（gentry）。[4] 為取得漢族精英的支持，[5] 在入關後不久，清廷便宣布開科取士；[6] 八旗科舉制度的建立較遲，但自康熙二十六年（1687）與漢

---

[1] 參見杉山清彥，《大清帝国の形成と八旗制》（名古屋：名古屋大學出版会，2015），頁6-8。

[2] 細谷良夫，〈清代八旗制度的演變〉，《故宮文獻》，3：3（臺北，1972.06），頁37。

[3] 中國第一歷史檔案館編，《乾隆朝上諭檔》（北京：檔案出版社，1998），冊1，頁45，乾隆元年四月二十二日，奉上諭。

[4] Joseph Esherick and Mary Backus Rankin, "Introduction," Chinese Local Elite and the Pattern of Dominance（Berkeley and Los Angles: University of California Press,1990），p.3。「士紳」（gentry），亦翻譯為「紳士」，為英國都鐸王朝以來，對擁有地產與郡之控制、行政權者的稱呼，儘管學界對其在中國傳統社會的適用性仍有爭議，但均認同士紳與科舉間的密切關聯。關於士紳概念在中國傳統社會適用性的討論，請參見何炳棣著，徐泓譯，《明清社會史論》（臺北：聯經出版公司，2013），頁45；羅威廉（William T. Rowe）著，李仁淵譯，《中國最後的帝國：大清王朝》（臺北：臺灣大學出版中心，2016），頁106。

[5] 葉高樹，《清朝前期的文化政策》（臺北：稻鄉出版社，2009），頁37。

[6] 參見清·鄂爾泰等奉敕修，《清實錄·世祖章皇帝實錄》（北京：中華書局，

人一體應試後，[7]舉業亦逐漸成為旗人參與政治的重要途徑。

　　清朝的科舉制度沿襲自明朝，[8]以「四書」、「五經」等儒家經典為考試內容，並以漢文作答；而八旗以清語騎射為根本，[9]經營舉業、沈溺文學等「沾染漢習」之舉，可說是與其背道而馳，故滿洲特色與科舉制度間的互相影響與牴觸，值得注意。

　　清朝以武功立國，旗人主要的任務為披甲當差，然隨著旗人人數逐漸增加，[10]兵額不符需求，遂產生大批閒散；此外，國家行政體系需要文職人員參與，培養旗人文官人才與選拔成為重要的旗務政策，旗人科舉制度遂應運而生。因此如何對制度進行調整，以適應滿洲特色，是清代君主的共同課題，也是了解清朝統治特色重要的一環。

　　在清朝，參與政治的方式包括「科甲、貢生、監生、廩生、議敘、雜流、捐納、官學生、俊秀」，其中「科甲及恩、拔、副、歲、優貢生、廩生出身者」為正途，餘為異途，任官以正途為優先，[11]除

1985），卷9，頁95下-96上，順治元年十月甲子條。

[7] 參見清‧允祿等監修，《大清會典（雍正朝）》，收入《近代中國史料叢刊‧三編》（臺北：文海出版社，1992），第77輯，第772冊，卷73，〈禮部‧貢舉二‧鄉試通例〉，頁4543。

[8] 由於清朝的科舉制度源於明制，故早期科舉相關名詞的滿文，大多為漢文音譯。如「科舉」滿文為 *giū žin simnere*，*giū žin* 為「舉人」一詞的音譯，*simnere* 指考試，故 *giū žin simnere* 亦可指「鄉試」；「進士」滿文為 *jin ši*，為漢文「進士」的音譯，「會試」亦譯為 *jin ši simnere*。至乾隆朝（1736-1795），重新釐定《四書》等典籍的滿文繙譯，將原本為漢文音譯者，改為意譯。科舉相關名詞亦以相同的原則改譯。故鄉試的滿文改為 *golotome simnembi*（意指外省考試），「舉人」改為 *tukiyesi*（意指選用之人），「進士」改為 *dosikasi*（由「進入」引申之詞），「會試」譯為 *acalame simnere*（採「會見」之義）。參見《六部成語》（烏魯木齊：新疆人民出版社，1990），頁130-131、135；清‧傅恒等奉敕撰，《御製增訂清文鑑》，收入《景印文淵閣四庫全書》（臺北：臺灣商務印書館，1983），第232冊，卷4，〈設官部二〉，頁31a、47b。關於清朝不同時期四書的滿文繙譯差異，參見莊吉發，〈清高宗敕譯《四書》的探討〉，收入氏著，《清史論集（四）》（臺北：文史哲出版社，2000），頁74-75。

[9] 清‧慶桂等修，《清實錄‧高宗純皇帝實錄（八）》（北京：中華書局，1986），卷557，頁47上，乾隆二十三年二月下癸酉條。

[10] 葉高樹，〈仰食於官：俸餉制度與清朝旗人的生計〉，收入旗人與國家制度工作坊編著，《「參漢酌金」的再思考：清朝旗人與國家制度》（臺北：文史哲出版社，2016），頁271-272。

[11] 「異途經保舉，亦同正途，但不得考選科、道，非科甲正途，不為翰、詹及吏、禮二部官，惟旗員不拘此例」。參見民國‧趙爾巽等撰，《清史稿》（北京：中華書

蔭生外，均為科舉相關，因此在清朝入仕的途徑雖多，最主要仍是科舉。然而旗人入仕不分正途、異途，[12]任官不必非由科考，因此能「八旗仕進之階，不泥一轍」。[13]此外，清廷更專設途徑，以方便旗人參與政治，如一定品級以上的八旗文武官員子弟可挑取侍衛，由此途入仕的旗人，「一經揀選，入侍宿衛，外膺簡擢，不數年輒致顯職者，比比也」；[14]又有旗人專屬低階文職——筆帖式，其遍佈中央、地方各機關，雖職位低微，仍被視為旗人重要的晉升之階。[15]因此旗人入仕途徑多元、寬廣又佔有優勢，科舉僅是其中之一。

　　以科舉進身者，或除授知縣任職於地方；或經翰林院、詹事府於中央升遷，官職遷轉有一定的規律，亦多任職於文官體系。然以科舉入仕的旗人卻不僅侷限於此。如乾隆朝（1736-1795）協辦大學士、正藍旗滿洲阿克敦（*akdun*, 1685-1756），於康熙四十八年（1709）考取進士，散館後任翰林院編修，後一度因事被判處斬監候，其再度回到中央的機會，是署任八旗武職；[16]光緒朝（1875-1908）浙江巡撫、鑲藍旗滿洲崧駿（1832-1893），原由官學生捐兵部九品筆帖式，藉

局，1976-1977），卷110，〈選舉志・推選〉，頁3205。「科甲」指進士、舉人，清朝官書載「科甲除授」，便包含文進士、文舉人、繙譯進士、繙譯舉人的相關規定。參見清・允祹等奉敕撰，《欽定大清會典則例（乾隆朝）》，收入《景印文淵閣四庫全書》（臺北：臺灣商務印書館，1983），第620冊，卷4，〈吏部・文選清吏司・月選一〉，頁2a-5a。

12　參見民國・趙爾巽等撰，《清史稿》，卷110，〈選舉志・推選〉，頁3205。

13　參見清・福格，《聽雨叢談》（北京：中華書局，1984），卷1，〈軍士錄用文職〉，頁26。

14　民國・趙爾巽等撰，《清史稿》，卷110，〈選舉五・推選〉，頁3217。京官文職三品以上、武職二品以上，外官文職按察使以上、武職總兵以上之八旗子弟，可挑取為侍衛，漢人雖亦可任侍衛，然多半轉外任綠營武職，不具備旗人侍衛在清朝官僚體系中的特殊性質。關於八旗子弟以侍衛入仕的方式與意義，參見陳文石，〈清代的侍衛〉，收入氏著，《明清政治社會史論》（臺北：臺灣學生書局，1991），頁623-649。

15　民國・趙爾巽等撰，《清史稿》，卷114，〈職官一・宗人府〉，頁3265。筆帖式，滿文 *bithesi*，為文書人員之義，依照工作性質分為繙譯筆帖式、繙本筆帖式等，又有無品、有品之分，皆為旗人專缺。參見陳文石，〈清代的筆帖式〉，收入氏著，《明清政治社會史論》（臺北：臺灣學生書局，1991），頁599-621。

16　《大清國史人物列傳及史館檔傳包傳稿目錄資料庫》（臺北：國立故宮博物院），文獻編號：701005644，〈阿克敦〉。

由考取舉人，升為七品筆帖式，並一路在兵部升至郎中，轉任地方知府。[17]功名是旗人擴展機會的重要途徑，但亦得與滿洲專屬遷轉路徑兼用，故即使與漢人同以科舉入仕，卻受到滿洲入仕、任官制度的影響，而使旗人運用科舉的方式與漢人相異。此極具滿洲特色的遷轉歷程，是討論科舉與旗人政治參與不能忽略的問題。因此本文將透過旗人應考科舉制度的建立與演變，探討制度下旗人的活動，以了解清朝科舉制度下的滿洲特色。

早在1946年，宮崎市定《科舉史》便已簡述八旗應考文科舉的規定，[18]並旁及宗室與繙譯科考。作者認為，雖然清朝有其他任用官員的方法，不過最主要的仍是科舉，並將順治三年（1646）第一場殿試開始後，到科舉廢止為止這段時間稱為科舉中心時代。至1980年代，王德昭〈清代的科舉入仕與政府〉，[19]藉由傳記資料，統計清代高層官吏的出身，得知進士出身者占很高的比例，而滿洲、蒙古王公則多無功名而居高位。滕紹箴《清代八旗子弟》以專章討論清代各朝中舉的旗人，[20]論證八旗子弟在文學上有一定的成就，然未處理科舉出身旗人在政治上的影響力。

近年來科舉研究蓬勃發展，成果豐碩，[21]旗人應試的相關研究亦增多，[22]從制度層面探討的，有多洛肯、路鳳華〈清代八旗科舉考試

---

[17] 《大清國史人物列傳及史館檔傳包傳稿目錄資料庫》，文獻編號：702002856，〈崧駿傳包〉。

[18] 宮崎市定，《科舉史》（東京：平凡社，1987）。

[19] 王德昭，〈清代的科舉入仕與政府〉，收入氏著，《清代科舉制度研究》（北京：中華書局，1984），頁55-84。

[20] 滕紹箴，《清代八旗子弟》（北京：中國華僑，1989），頁107-118。

[21] 從20世紀90年代開始，科舉研究日益興盛，之後在研究人員眾多、研究成果豐碩，且豐富的科舉文獻支持下，形成專學，而有「科舉學」之稱。參見劉海峰，〈科舉文獻與「科舉學」〉，《臺大歷史學報》，32（臺北，2003.12），頁269-297。

[22] 王凱旋的《清代八旗科舉述要》為最早一部專門介紹八旗科舉制度的著作，可惜目前市面上未流通，國內各圖書館亦未收，故無緣得見。（筆者在校對過程中，幸得學友贈送此書，茲補充如下：《清代八旗科舉述要》雖為專著，但以專題分章，分別論述八旗官學、八旗科舉制度內容、宗室科考等主題，性質近似論文集。作者利用八旗與漢人科舉制度內容的比較，得知八旗科舉雖源於漢制，卻同時具備滿洲特色。然或受限篇幅，作者對制度發展過程多為概述，內容亦些許需要補充，如順

歷史敘略〉，[23]與李世愉、胡平《中國科舉制度通史‧清代卷》，[24]前者簡述清朝八旗科舉制度的演變，後者則在介紹清朝科舉制度之餘，特闢章節討論宗室、八旗科舉，均為了解旗人應考科舉規定的基礎研究。同樣概述八旗科舉制度的，還有王秀芹《清代京旗科舉制度研究》，[25]雖限定於京旗，仍是介紹旗人應試科舉的制度與相關的教育政策。目前針對清朝八旗科舉制度的研究，仍屬概略陳述，尚缺深入、細密的探討。

　　針對旗人中的個別群體，黃麗君《化家為國：清代中期內務府的官僚體制》，[26]敘述內務府包衣應試科舉的限制，顯示內務府複雜的族群成員，及其深受皇權意志的影響，即使以科舉任官，仕途仍可能異於一般旗人，然隨著時間，科舉成為包衣旗人擺脫內府遷轉限制的重要途徑。村上信明《清朝的蒙古旗人》則聚焦八旗蒙古，[27]透過比較滿蒙繙譯科考、滿漢繙譯科考、文科舉出身之蒙古旗人的仕途，發現滿蒙繙譯科考出身者，仕途大多從內閣蒙古中書、或理藩院蒙古筆帖式等低階的繙譯官開始，之後擔任理藩院尚書、侍郎或者藩部駐防官員等高級官僚；自文科舉、滿漢繙譯科考入仕者則大多任官於理藩院以外的機關，擔任的官職也與蒙古、藩部治理沒有太大的關聯，與同途出身的滿洲旗人仕途大抵相似。宋夏《乾隆朝漢軍旗官員群體研究》則分析乾隆朝漢軍的任官情況，[28]因漢軍缺經常由滿洲、蒙古充補，使

　　治十四年八旗科舉考試中止的原因，作者認為文獻未提出解釋，但實際上《清實錄》已有記載。參見王凱旋，《清代八旗科舉述要》（北京：人民日報出版社，2015），頁35。）

[23] 多洛肯、路鳳華，〈清代八旗科舉考試歷史敘略〉，《科舉學論叢》，2019：1（上海，2019.05），頁50-80。

[24] 李世愉、胡平，《中國科舉制度通史‧清代卷》（上海：上海人民出版社，2015），頁455-523。

[25] 王秀芹，《清代京旗科舉制度研究》（北京：中央民族大學碩士論文，2013）。

[26] 黃麗君，《化家為國：清代中期內務府的官僚體制》（臺北：國立臺灣大學出版中心，2020），頁243-285。

[27] 村上信明，《清朝的蒙古旗人》（東京：風響社，2007），頁16-29。

[28] 宋夏，《乾隆朝漢軍旗官員群體研究》（哈爾濱：黑龍江大學中國古代史碩士論文，2014）。

漢軍任官的機會相對較小，入仕的競爭也更加激烈，文中雖列出漢軍的入仕途經，然實為八旗參與政治的共同管道，未見漢軍的特殊性。

關於旗人應試科舉的情況，謝海濤、徐建國〈清代八旗科舉考試錄取名額考論〉，[29]統計在科舉各個階段，旗人取得的學額、中額，進而比較同治朝旗、民的差異，發現在童試階段，八旗學額總數約等同於貴州、甘肅等偏遠省份，但在鄉、會試階段，雖不及文風薈萃之浙江等大省，但仍與福建、廣東等中等省份相當，究其原因，與八旗在科舉考試中享有優遇相關，然作者並未針對童試與鄉、會試的差異提出具體解釋。程偉〈清代八旗進士考論〉統計各科八旗進士的人數與比例，[30]又將其細分旗分與族別，得知上三旗的人數多於下五旗，且以滿洲人數最多，蒙古最少，漢軍居中，又八旗進士人數比例在不同時間各有消長，作者認為是受到清朝整體進士數量變動的影響。

卜永堅、李林主編《科場‧八股‧世變──光緒十二年丙戌科進士群體研究》，[31]以《清代硃卷集成》為中心，選取丙戌科進士為對象，從考題、試卷、仕途等方面深入探索。在該科會試各省錄取率推算中，最高者為奉天、陝西、臺灣，而滿洲則在平均值以下，漢軍、蒙古則高出許多。綜觀以上研究，均認識到八旗在考試過程中享有優遇，然卻較少基於各科應試、錄取人數計算取中率，故無從得知旗、民考取科舉難度的實際差異。

關於清朝舉子的出身、家族背景，早期明清社會流動研究已有豐富的成果，[32]然涉及八旗群體的並不多。何炳棣《明清社會史論》旨

---

[29] 謝海濤、徐建國，〈清代八旗科舉考試錄取名額考論〉，《史林》，2012：5（上海，2012.10），頁75-87+190。

[30] 程偉，〈清代八旗進士考論〉，《福建師範大學學報（哲學社會科學版）》，2015：5（福州，2015.09），頁157-167。趙然亦統計康雍乾三朝的滿洲進士人數與消長，並簡述任官概況，認為清朝前期滿洲進士多任要職且陞遷快速。然文中未明確定義何謂「要職」與「快速」。參見趙然，《康雍乾時期八旗滿洲進士述論》（瀋陽：遼寧大學中國古代史碩士論文，2013）。

[31] 卜永堅、李林主編，《科場‧八股‧世變──光緒十二年丙戌科進士群體研究》（香港：中華書局，2015）。

[32] 關於科舉與社會流動的研究成果，參見李弘祺，〈公正、平等與開放──略談考試

在藉由明清舉子的家族背景，[33]分析社會流動的程度。旗人群體的討論雖非該書的重點，但在分析科舉社會流動與地域差異時，仍將旗籍作為分類之一。就統計的結果而言，大多數的旗籍進士出身自官宦家庭，但同時平民出身者的比例亦略高於各省平均值，作者認為此源於清朝政府給予八旗子弟較充裕的廩餼。只是該書用以統計的10部進士名冊，4部為道光朝（1821-1850）、4部為光緒朝，集中在清晚期，故無法全盤了解旗人家族背景的變化。

受科舉學蓬勃發展的影響，近期研究者亦注意到科舉表現與家族背景的關係，張杰《清代科舉家族》利用《清代硃卷集成》，[34]呈現出不同類型家族，在經濟、社會、文化各方面，世代支援族內子弟投身科舉的豐富面貌，其中作者整理出數個滿洲、蒙古、漢軍科舉家族，描述其以戰功累積實力後投身舉業的過程。邸永君《清代滿蒙翰林群體研究》亦將研究對象放在以文學入仕的八旗群體，[35]並提出聚族而居、有強烈崇尚科舉價值取向、兩代以上取得翰林資格之「翰林家族」概念。這兩部著作不約而同的將八旗「科舉家族」、「翰林家族」的產生，歸因於滿洲統治者對旗人投身科舉的鼓勵，以及對科舉出身之八旗官員的積極任用，然僅以個案佐證，是否為普遍趨勢仍待深入分析，即使如此，二書仍帶動科舉家族的研究。[36]

同樣關注家族背景與政治參與的問題，賴惠敏《天潢貴胄——清皇族的階層結構與經濟生活》、[37]雷炳炎《清代社會八旗貴族世家勢

制度與傳統中國的社會結構〉，收入氏著，《宋代教育散論》（臺北：東昇出版公司，1980），頁23-34。

[33] 何炳棣著，徐泓譯註，《明清社會史論》。

[34] 張杰，《清代科舉家族》（北京：社會科學文獻出版社，2003）。

[35] 邸永君，《清代滿蒙翰林群體研究》（哈爾濱：黑龍江人民出版社，2005）。

[36] 關於科舉家族的研究概況，參見劉海峰、韋驊峰，〈科舉家族研究：科舉學的一個增長點〉，《河北師範大學學報（教育科學版）》，21：3（石家莊，2019.05），頁23。另亦有以旗人家族為研究對象者，參見徐宏，〈論清代八旗科舉世家——嵩申家族〉，《鞍山師範學院學報》，2002：4（瀋陽，2002.04），頁56-58。

[37] 賴惠敏，《天潢貴胄——清皇族的階層結構與經濟生活》（臺北：中央研究院近代史研究所，1997），頁65-68。

力研究》，[38]則將視角擺在皇族、世家等上層階級。賴惠敏統計宗室考取科名者共272位，僅佔皇族總人數的千分之七，與清朝對宗室教育重視程度相比，比例偏低。[39]雷炳炎認為貴族世家大多以軍功累積政治實力，入關後成為八旗官宦世家，其入仕途徑相當多元，進入官場後的升遷亦未受限，且科舉出身者並不特別突出，反而由筆帖式、廕子等途徑入仕者較多。該兩部著作並未深入探討科舉入仕的情況，仍可窺探出與前述科舉家族的研究結果大相逕庭，可知八旗政治參與的途徑，階級差異的影響不容忽視。

張森〈清代順天鄉試舉人的家庭出身研究〉一樣將研究主軸放在舉子的家族背景，但聚焦於舉人。[40]利用《順天鄉試同年齒錄》，統計4,035名舉人的家族背景，並比較旗、民舉人的差異，得知八旗舉人中，祖上三代曾任官職者的比例，要高於漢人。然而作者統計的方式是將舉人的父親、祖父、曾祖分開計算，呈現的是同一世代的比較結果，而非舉人的整體家族背景，即使如此，仍得知旗、民舉人間的差異確實存在。

清代舉子的家庭背景研究，雖已有豐富的成果，然以旗人為主體的量化研究仍屬少數。八旗群體中，有以血緣、家世背景參與政治的世家貴族，亦有披甲當差的下層旗人，其投身科舉的比例多寡，與漢人舉子家族背景間的差異，需要深入研究。

清代駐防旗人應舉的規定與京旗不同，應分開討論。目前專門論述駐防旗人與科舉考試的相關研究成果較少，潘洪綱〈清代駐防八旗與科舉考試〉簡述清朝政府從禁止到開放駐防旗人就近應試的

---

[38] 雷炳炎，《清代社會八旗貴族世家勢力研究》（北京：中國社會科學出版社，2016），頁197-236。

[39] 一樣以宗室為研究對象，吳吉遠則描述宗室科考制度的演變，認為是清朝統治者激勵宗室上進的一種手段，藉此選拔優良的宗室，方能更好地屏衛皇室。然從賴惠敏的討論可知科舉並非宗室入仕的主要途徑，故能產生多大激勵作用仍須商榷，參見吳吉遠，〈清代宗室科舉制度芻議〉，《史學月刊》，1995：5（開封，1995.09），頁39-44。

[40] 張森，〈清代順天鄉試舉人的家庭出身研究〉，《教育與考試》，2014：4（福州，2014.04），頁38-47。

過程，[41]認為是駐防八旗土著化的標誌，也顯示出清朝政府民族統治政策的靈活性。多洛肯、路鳳華〈清朝駐防八旗科考的歷史考察〉亦概述駐防八旗應考科舉制度的演變，[42]認為相較於在京八旗，駐防八旗因廣泛與漢人交流、接觸漢文化，故在清廷開放駐防八旗就近考試後，駐防地的科舉便快速的發展，解決了駐防八旗出路的問題。吳健《駐防旗人科舉考試的若干問題研究——以《清代硃卷集成》為中心》，[43]是少數專論駐防八旗應試情況的著作，作者透過《清代硃卷集成》八旗科甲的家族任官、功名的記載，得知駐防科甲的祖上三代多任武職。此外亦試圖分析《清代硃卷集成》中駐防旗人舉子的家族背景，並挑出世代從事舉業之「科舉家族」個案描述。然作者統計時，將舉子的父、祖等家族成員當做獨立的樣本，統計結果呈現的是個別駐防旗人的官職、出身比例，而非舉子的家族背景。

駐防旗人雖居住於滿城之中，然地處漢地，故研究者往往認為開放駐防旗人就近考試之後，其勢必踴躍應試，由此促進旗人的土著化、漢化，然而卻甚少提及實際應考情況。

以科甲的任官遷轉為主軸，分析當中的民族差異者，如李潤強〈清代進士職官遷轉研究〉，[44]先以政書歸納出進士授職的歷程，並以同科進士的旗人、漢人為例，認為旗人比漢人升遷快速。由於所舉個案數量不多，挑選標準亦不一，故僅能觀察到大致的趨勢。胡雪豔〈清代前期科舉制度上的滿漢文化衝突〉以八旗進士仕途為例，[45]證明科舉入仕的旗人並不受重視，雖與李氏同樣以個案分析，結果卻不

---

[41] 潘洪綱，〈清代駐防八旗與科舉考試〉，《江漢論壇》，2006：6（武漢，2006.06），頁85-89。

[42] 多洛肯、路鳳華，〈清朝駐防八旗科考的歷史考察〉，《科舉學論叢》，2018：1（上海，2018.05），頁39-48。

[43] 吳健，《駐防旗人科舉考試的若干問題研究——以《清代硃卷集成》為中心》（武漢：湖北省社會科學院碩士論文，2017）。

[44] 李潤強，〈清代進士職官遷轉研究〉，《西北師大學報（社會科學版）》，43：2（蘭州，2006.03），頁60-67。

[45] 胡雪豔，〈清代前期科舉制度上的滿漢文化衝突〉，《呼倫貝爾學院學報》，17：4，（呼和浩特，2009.08），頁9-12。

盡相同。

　　清朝庶吉士非正式官職，卻是進士任官的起點之一，更是科甲中的精英群體。吳建華〈清代庶吉士群體簡析〉統計庶吉士中的民族人數分布，[46]發現滿洲進士中庶吉士的比例大約是33％，漢軍、蒙古進士約20％，漢人進士則約23.71％，顯示滿洲進士較有機會考選庶吉士。又宗室入選庶吉士的人數，更佔滿洲庶吉士人數的35.07％，作者認為宗室庶吉士人數的增長，壓縮了其他八旗子弟與漢人的仕途，使得社會與政治結構走向僵化而崩潰。然而宗室應試科舉的人數遠少於漢人、一般旗人，是否有壓縮宗室以外科甲仕途的可能，仍需要進一步釐清。

　　以量化方法分析清代官僚集團的出身，藉以瞭解八旗政治參與的途徑，以陳文石的研究最具代表，其〈清代滿人政治參與〉，[47]從《清史列傳》等傳記資料中，統計滿洲文職293人，觀察其出身與初仕，發現出身不詳、閒散的比例甚高，認為是統治者有意的安排，目的在於平衡科甲勢力，是部族政權特質的顯現。其次，在初仕職位的統計中，筆帖式與侍衛的數量頗多，兩者均為滿人特闢的專有途徑，侍衛更代表文武互轉最靈活運用的例證。

　　韓曉潔《清代滿人入仕途徑與清代政治研究》，[48]根據蕭一山《清代通史》的清代宰輔表，統計100位滿族內閣大學士、協辦大學士的出身，其中以科舉出身者最多；另利用《清史稿·列傳》統計滿官411名的出身，發現道光朝以後科舉入仕的比例大幅升高。然作者將員外郎等官職亦列為出身，且不同官職均分別列項，使得分類過多且

46　吳建華，〈清代庶吉士群體簡析〉，《社會科學輯刊》，1994：4（瀋陽，1994.07），頁107-115。

47　陳文石，〈清代滿人政治參與〉，收入氏著，《明清政治社會史論》（臺北：臺灣學生書局，1991），頁651-754；又有另文討論八旗蒙古與漢軍，參見陳文石，〈清代八旗漢軍蒙古政治參與之研究〉，收入氏著，《明清政治社會史論》（臺北：臺灣學生書局，1991），頁755-818。

48　韓曉潔，《清代滿人入仕途徑與清代政治研究》（瀋陽：遼寧師範大學碩士論文，2006）。

混雜。章廣、王日根〈清代八旗科舉制度述略〉，[49]以《清代職官年表》中八旗大學士，在清中期以後以科舉出身者佔多數，推論科舉已超越世襲、軍功、蔭庇、侍衛、筆帖式等，成為八旗士人仕宦的主要途徑。[50]

　　相對於研究者大多針對中央官僚機構，近藤秀樹〈清代の捐納と官僚社会の終末〉則將視角轉到地方，[51]藉由《大清縉紳全書》，統計清朝知州、知縣的出身，可知進士為多數；又以省劃分（旗人亦當做分類之一），統計結果發現旗人總人數高居第三名。作者雖未說明原因，但卻特別提及雍正二年（1724）。該年任知縣、知州者之出身中，進士最多（35.4%），其次為監生（20.5%），後者若依省劃分，旗人比例高達40%。監生實際為例監生，即捐納取得功名者，作者認為雍正皇帝（1678-1735，1723-1735在位）為挑戰科舉至上的任官原則，有意將旗人例監生放到地方，而這項政策未被後人繼承，故監生出身者的人數又大為縮減。

　　目前研究均注意到在清朝政府中，科舉出身的官員數量隨著時間逐漸增加，進而得出旗人科甲在升遷上具有優勢的結論。馬許（Rebert M. Marsh）〈中國社會的正式組織與昇遷〉則提出不同的看法，[52]該文統計乾隆四十三年（1778）、以及道光十一年（1831）到光緒五年（1879）間《同官錄》記載的官員樣本共1047名，分析出身、年資、捐納官品、家族背景等因素對升遷的影響。結果發現在清朝最

[49] 章廣、王日根，〈清代八旗科舉制度述略〉，收入劉海峰、鄭若玲主編，《科舉學的系統化與國際化》（武漢：華中師範大學出版社，2016），頁542-560。

[50] 王億超同樣以八旗滿洲內閣大學士的出身與遷轉為研究主軸，觀察到相較於漢人，滿洲大學士出身多元以及任職內閣大學士的年齡較年輕，是清朝以滿洲為中心原則的展現。參見王億超，《清代滿官仕進與遷轉路徑分析──以滿漢內閣大學士群體為樣本》（北京：中國政法大學中國古代史碩士論文，2015）。

[51] 近藤秀樹，〈清代の捐納と官僚社会の終末（上）、（中）、（下）〉，《史林》，46：2、3、4（京都，1963.03、05、07），頁250-278；頁425-448；頁582-608。

[52] 馬許（Rebert Marsh）著，古偉瀛譯，〈中國社會的政治組織與昇遷〉，《食貨月刊》，5：1（臺北，1975.04），頁23-32。

有機會升至高品職官者，需要具備捐納中品官職（五至六品）、旗人子弟、以特權入仕（蔭生或官學生）等三樣條件。然而在1047位官員樣本中，同時具備這三種條件的僅佔總數的2％，有半數以上的官員未符合上述任何條件。可知最有優勢的入仕途徑，未佔官員群體中的多數，因此八旗官僚群體中何種出身佔多數，與其代表的意義，仍有待釐清。

1990年代後期，羅友枝（Evelyn S. Rawski）對「漢化」觀點提出質疑，認為清朝成功統治的原因，在於與內陸亞洲非漢民族的文化聯繫，並表示新的研究趨勢顯示的是「滿洲中心」觀，同時提醒研究者必須重新思考八旗統治集團對帝國的重要性，[53]以此為契機，開啟了以「新清史」為研究視角的風潮。[54]「新清史」的「滿洲中心」觀，提醒研究者不能將清朝僅僅視為又一個中國王朝，必須更加關注其為滿洲人所建立、統治的政權。[55]在此基礎上，針對清朝在統治的過程中引進的外來文化，進一步發展出「參漢酌金」的概念，亦即滿洲統治者始終居於主導地位，以「參漢酌金」為前提，對外來文化作選擇與以滿洲為中心的調適。[56]因此，研究清朝的科舉制度，不能僅聚焦於源自於漢文化的部分，而忽視征服王朝統治中國呈現的特徵，[57]

---

[53] Evelyn S. Rawski, "Presidential Address: Reenvisioning the Qing: The Significance of the Qing Period in Chinese History," The Journal of Asian Studies,55:4(1996), pp.829-850.

[54] 參見葉高樹，〈最近十年（1998-2008）臺灣清史研究的動向〉，《臺灣師大歷史學報》，40（臺北，2008.12），頁137-193。

[55] 歐立德，〈滿文檔案與新清史〉，《故宮學術季刊》，24：2（臺北，2006.冬），頁7。

[56] 葉高樹，〈「參漢酌金」：清朝統治中國成功原因的再思考〉，《臺灣師大歷史學報》，36（臺北，2006.12），頁153-192。

[57] 魏復古（Karl A. Wittfogel）將中國社會的形態分類，第一種為典型中國社會，以秦、漢、隋、唐、宋、明為代表；第二種為非漢民族建立的政權──征服王朝，以遼、金、元、清為代表，後者共同特徵為社會文化二元性，亦即各政權不同程度地在政治、經濟、文化等範疇存在漢文化與本民族文化並存的現象，且征服王朝統治者有意地維持本民族的特色，以鞏固權力。參見魏復古（Karl A. Wittfogel）著，蘇國良等譯，〈中國遼代社會史（九○七～一一二五）總述〉，收入鄭欽仁、李明仁譯著，《征服王朝論文集》（臺北：稻鄉出版社，1999），頁1-69。

及其與漢人政權間的差異。遼、金、元、清等征服王朝均採行科舉制度，同時保留本族的用人辦法，與漢族政權著重科舉的公開、公正原則大相逕庭。[58]除此之外，科舉幾乎成為漢人上升的唯一途徑，也讓「讀書→中舉→任官＝成功」的儒家社會形態模式，滲透到各個階層，[59]然此崇尚科舉的價值觀是否能套用於八旗群體，值得進一步商榷。故本文欲透過旗人參與科舉制度的規定與演變，了解此沿襲明制的考試任官制度，在與滿洲文化的碰撞下，滿洲群體的適應與變化，並進一步了解科舉制度對旗人的意義。

為具體呈現旗人參與科舉的樣貌，本文將採用量化分析。量化方法是一種客觀的事實，相較於印象式（impressionistic）的分析，更具說服力，[60]尤其是針對隨著時間而變化的問題時，更具意義。[61]清朝入關後即開科取士，數十年後旗人正式參與科舉，直至光緒三十一年（1905）廢除為止，[62]幾乎與清朝相始終，要探究旗人在此長時間制度中活動的情形，量化是最具體的方式。

以量化進行歷史研究時，必須注意分類與取樣。分類是將數據劃分為不同的項目分別計算，以便互相比較，英國歷史學家William O. Aydelotte指出，若按照習慣分類，以「貴族」、「菁英」等模糊概念劃分，處於邊緣的個案就需要許多主觀上的解釋，以至於分類價值消失，所以應該採取客觀、正確的分類，比如不用「商人」，而用「以某種形式從事某些職業的人」。[63]何炳棣在《明清社會史論》中，將進士祖上三代，依照科名、任官等級分為四類，其分類不僅區分功名、官職的有無，更細分為生員以下與高於生員、任官三品以上與

---

58 蕭啓慶，《元代進士輯考》（臺北：中央研究院歷史語言研究所，2012），頁2。

59 參見何炳棣著，徐泓譯註，《明清社會史論》，頁104-112。

60 古偉瀛，〈史學量化及其應用於中國史料的一些考察〉，《食貨月刊》，10：1/2（臺北，1980.05），頁43。

61 William O. Aydelotte著，康綠島譯，〈量化在歷史上的應用及其限制〉，《食貨月刊》，2：6（臺北，1972.09），頁35。

62 清·世續等奉敕修，《清實錄·德宗景皇帝實錄（八）》（北京：中華書局，1987），卷548，頁273上，光緒三十一年八月甲辰條。

63 William O. Aydelotte著，康綠島譯，〈量化在歷史上的應用及其限制〉，頁38-39。

不及三品者；又以不包含捐納所取得的功名、官職等嚴格的標準劃分所謂的「寒微」——平民家庭出身者，以避免過於誇大向上流動的比例。[64]由於何氏精準細密的定義，本文擬採用其分類，亦因何氏取樣的史料與本文相同，更方便互相比較，以凸顯旗人與漢人進士家族背景的異同。除了關注進士的家族背景與政經地位外，擬統計其祖上三代任官者各種出身的比例，分類則以實際入仕途徑，如科舉（進士、舉人、生員等）、部院衙門文職（筆帖式、中書）以及官職（八旗職官等武職），以進一步分析文、武職家族對子弟科場表現的影響。至於取樣的原則，是無偏私與標準一致。在量化史學中，取樣與史料性質密切相關，經過時間的淘汰，存留下來的史料雖然不完整，但可視為是自然形成的隨機取樣。[65]研究對象為八旗進士、舉人，故採用記錄每科鄉、會試取中人名、籍貫的「科舉錄」為主要量化的資料，且不加取捨，而以能取得之現存科舉錄，當做是隨機取樣的結果。

　　「科舉錄」指記載同榜科名、人物資料的名冊，[66]依內容分為兩類：一為以名次為序，主要記載考生姓名、籍貫的《題名錄》，其中登載進士名冊者稱《登科錄》。《題名錄》為在各階段考試放榜的同時，由官方繕寫而成，另分送給各衙門者，則會加入監臨、提調等負責考試事宜的官員姓名與考試題目。[67]因成書時間即時，故為整理舉子姓名、統計科甲人數的第一手資料。二是舉子自行編纂的名冊，又可分為以名次為序，內容僅載姓名、籍貫、年歲的《同年錄》；及以

[64] 何炳棣著，徐泓譯註，《明清社會史論》，頁134-141。
[65] 古偉瀛，〈史學量化及其應用於中國史料的一些考察〉，頁45。
[66] 參見劉海峰，〈科舉文獻與「科舉學」〉，頁280-283。
[67] 參見商衍鎏，《清代科舉考試述錄》，頁112-114。又歷代均有編寫類似《題名錄》的舉子名冊，然各朝記載的體例略有不同，如明代的《進士登科錄》載有進士的家庭、祖先出身、任官資料，然清代的《進士登科錄》雖載有進士祖上三代的姓名，卻未載任官、出身。參見寧波市天一閣博物館整理，《天一閣藏明代科舉錄選刊‧登科錄》（寧波：寧波出版社，2006）；中國第一歷史檔案館攝製，《內閣進士登科錄》，收入《清代譜牒檔案（B字號）‧縮影資料》（北京：中國第一歷史檔案館技術部，1983）。

年齡長幼為序的《同年齒錄》，後者除登載舉子的基本資料外，更包括祖上三代任官、科名資料，雖因為事後編纂，編成的時間與科考之間有時相差數十年，無法收錄該科所有的舉子，[68]仍為分析該科多數舉子家族背景、履歷的最佳憑據。[69]除科舉錄以外，舉子自行刊刻贈送給家人、親屬或官員的「硃卷」，因詳載考生祖上三代的科名、任官資料，在近年來的科舉研究中頗受矚目，[70]只是資料較分散，不易分析同科舉子的家族背景，仍可作為《同年齒錄》的資料補充。

有清一代，旗人進士共有1,408名，[71]又旗人參與的鄉試共100科，若以乾隆九年（1744）後的鄉試定額計，約4,100名，此尚未包含各地駐防鄉試的舉人人數，故推測清朝旗人舉人的總人數應超過5,000名。因無法分析清朝所有進士、舉人的任官經歷，故將範圍限定在清朝傳記資料中。清代傳記資料以收錄人物的數量來說，以《國朝耆獻類徵》、《清國史》、《清史稿‧列傳》等最多，均在萬人以上，然前兩者均未收清代晚期的人物，《清史稿‧列傳》除了囊括的時間包括整個清朝，人物的階層也較為廣泛，[72]雖記載有錯、漏之失，然藉由《清史列傳》等傳記資料便足以修正。[73]

68　馬鏞曾對照數科《同年齒錄》與張仲禮《中國紳士》中所載的進士人數，發現《同年齒錄》缺少的進士人數最多達62至109人不等。參見馬鏞，《清代鄉會試同年齒錄研究》（上海：上海科學技術文獻出版社，2013），頁21。

69　另有《進士履歷便覽》，記載項目與《同年齒錄》類似，只是更偏重舉子中式後的任官履歷。因同樣記載舉子祖上三代出身、任官，故本文將此與《同年齒錄》一同列為舉子家族背景的統計資料。參見商衍鎏，《清代科舉考試述錄》，頁116-117；關於《同年齒錄》與其他科舉錄內容的差異，請參見馬鏞，《清代鄉會試同年齒錄研究》，頁5-23。

70　關於硃卷的史料價值，請參見張杰，《清代科舉家族》，頁1-10。

71　計算自《清朝進士題名錄》。參見江慶柏，《清朝進士題名錄》（北京：中華書局，2007）。

72　參見馮爾康，《清代人物傳記史料研究》（北京：商務印書館，2000），頁133-143、334-357、363-371。張瑞德認為以官書列傳作為量化的對象，有立傳取捨標準不同，列傳體裁過多的缺點。然張氏主要針對分析社會流動的研究申論，本文則僅關注舉人入仕情形與任官表現，即使樣本缺乏代表性，仍能透過一定人數的統計了解大概的趨勢。參見張瑞德，〈測量傳統中國社會流動問題方法的檢討〉，《食貨月刊》，5：9（臺北，1975.12），頁32-33。

73　王鍾翰認為囊括有清一代三百年間的人物傳記，首推《清史列傳》與《清史稿‧列傳》，雖前者收入的人物數量不如後者，然敘事詳明，可補後者的缺失。參見王鍾

本文研究的對象包括滿洲、蒙古、漢軍旗人。藉由科舉參與政治者，包括進士、舉人、生員，然生員無法直接授職，且人數過多，留存至今的科舉錄相對稀少，故不列入討論。本文主要探討旗人以文學考試入仕，並關注其在以漢人、漢文化為主體的考試、入仕制度下之滿洲特色，科舉制度雖包含武科舉與繙譯科考，然前者考試內容為武術、騎步射，且八旗滿洲、蒙古直至嘉慶年間方能應試，[74]後者則為旗人獨有的考試制度，[75]故本文擬不討論。

本文將從應試、除授、升遷等科舉入仕、任官的歷程，探討在不同階段旗人參與科舉的具體樣貌，以及參與旗人的家族背景，以呈現科舉與清朝官僚結構、旗人群體間的相互影響。除第一章〈緒論〉與第六章〈結論〉外，第二章〈旗人應試制度的變化〉，以清朝旗人科舉制度的建立與演變為主，討論在關外時期、康熙二十六年正式允許旗人應考科舉等不同階段制度的內容，以及面對不同八旗群體，如駐防八旗、宗室進行的調整，以了解清朝統治者如何鞏固八旗政治優勢與維持滿洲特色。第三章〈科場競爭與旗人家族〉，聚焦旗人在科場上的競爭力，其一方面藉由取中率的統計，探討旗人應試過程中的優勢；另一方面關注八旗進士的家族背景，論述科場表現與家族政治、經濟環境間的關聯，並進一步整理科舉出身旗人其父祖輩的官職，藉此探究文職、武職等不同性質家族為了讓子弟參與政治、延續家族影響力所採取的途徑。第四章〈旗人舉人的仕途發展〉分析在不同條件下，在京與駐防旗人鄉試表現的差異。此外從少數生平可考的舉人出

翰，〈清國史館與清史列傳〉，收入氏著，《王鍾翰學術論著自選集》（北京：中央民族大學出版社，1999），頁483。

[74] 八旗漢軍准應武舉自康熙朝始，然八旗滿洲、蒙古則自雍正朝後禁止，直至嘉慶朝方再度開放。關於清朝武科舉制度研究，請參見王凱旋，〈清代武舉與八旗科舉〉，《遼寧師範大學學報（社會科學版）》，36：6（瀋陽，2013.11），頁913-917；李世愉、胡平，《中國科舉制度通史·清代卷》，頁524-611。

[75] 關於清朝繙譯科考制度的建立與演變，請參見葉高樹，〈清朝的繙譯科考制度〉，《臺灣師大歷史學報》，49（臺北，2013.06），頁47-136。葉高樹，〈繙譯考試與清朝旗人的入仕選擇〉，《臺灣師大歷史學報》，52（臺北，2014.12），頁95-132。

身官員的遷轉歷程，分析旗、民舉人在入仕與遷轉歷程中的異同，以了解八旗利用統治民族身分，在舉人功名的官場價值相對較低的情況下，晉升高位的方法。第五章〈旗人進士的仕宦活動〉，探討成為進士之後，旗人在任官規定、歷程中擁有的優勢，故分為考取進士後的除授階段、升遷過程兩個部分，並與他途入仕的旗人相比，進一步釐清科舉功名與官職遷轉的相互關係。

第二章
旗人應試制度的變化

第一節　旗人考試辦法的建立

　　清朝科舉制度承襲自明朝，但進一步制定嚴密的考場制度、[1]對參與科考的人數管控更為謹慎，[2]以加強考試過程的監管，保證取士的公平。[3]另外一方面，旗人以少數而為統治民族，欲與多數的漢人競爭場屋，必力有未逮，故滿洲統治者調整制度以保護旗人參與政治的權益。然而，清朝皇帝強調清語騎射為八旗根本，[4]實不願見旗人爭相崇尚文藝，故對旗人能否應試屢有更易，制度亦頗多損益，使清朝科舉制度的特色不同於前代。

　　在關外時期，滿洲統治者曾舉行數次形式類似科舉的考試。先是，金國內部存在嚴重的民族對立，轄下漢人大量逃亡，努爾哈齊（*nurgaci*, 1559-1626,1616-1626在位）於天命十年（1625）清查漢族人等，將無力生產與曾任明朝官員、秀才者屠殺。皇太極（*hong taiji*, 1592-1643,1627-1643在位）即位後，在天聰三年（1629），為倖存

1　商衍鎏，《清代科舉考試述錄》（北京：故宮出版社，2014），頁2。
2　何炳棣著，徐泓譯，《明清社會史論》（臺北：聯經出版公司，2013），頁223-231。
3　李世愉、胡平，《中國科舉制度通史・清代卷》（上海：上海人民出版社，2015），頁2。
4　清・慶桂等修，《清實錄・高宗純皇帝實錄（八）》（北京：中華書局，1986），卷557，頁47上，乾隆二十三年二月下癸酉條。

的漢人舉行考試，採用漢人的方式（nikan doroi simnefi），錄取秀才（šusai）。[5]考試結果分為三等，共取中200人，考取者「凡在皇上包衣（booi，家人）下，八貝勒等包衣下，及滿洲蒙古家為奴者，盡皆拔出」。[6]天聰八年（1634）三月，再從漢人生員中，分三等考取228人。[7]皇太極指出，原有許多良民為奴，殊為可憫，「故命諸王府以下及於民戶，有以良民為奴者，俱著察出，編為民戶。又兩、三次考試，將稍通文義者，借此拔為儒生」，[8]可知考試的目的以撫卹、籠絡漢人為主。

天聰八年四月，皇太極指示禮部管部貝勒薩哈廉（sahaliyan, 1604-1636），為學習滿、漢、蒙文者舉辦考試，其結果：滿文考試取中剛林（garin, ?-1651）、敦多惠（dondohoi）；滿、漢文考試取中查布海（cabuhai）、恩格德（又譯恩國泰，enggedei, ?-1673）；漢人考漢、滿文，取中宜成格（icengge）；漢文考試取中齊國儒、朱燦然、羅繡錦（1590-1652）、梁正大、雷興（?-1653）、馬國柱（?-1664）、金柱、王來用（?-1658）；[9]蒙文考試取中俄博特（obot）、石岱

---

5   參見滿文老檔研究會譯註，《滿文老檔III　太祖3》（東京：東洋文庫，1958），頁989-994，天命十年十月三日。關於努爾哈齊屠殺漢人的背景，參見陳捷先，〈從民族問題的處理看清朝政權的建立〉，收入氏著，《清史論集》（臺北：東大圖書公司，1997），頁23-24。

6   清‧鄂爾泰等修，《清實錄‧太宗文皇帝實錄》（北京：中華書局，1985），卷5，頁73下，天聰三年九月壬午條。《滿文老檔》記載考試錄取人數為300多人，《實錄》僅載200人。參見滿文老檔研究會譯註，《滿文老檔III　太祖3》，頁994，天命十年十月三日。神田信夫認為，漢官寧完我（?-1665）、楊方興（?-1665）分別原是奴隸與明諸生，可能藉由天聰三年考試的機會，成為汗身邊的文臣。參見神田信夫，〈清初の文館について〉，收入氏著，《清朝史論考》（東京：山川出版社，2005），頁87。

7   其中一等16人、二等31人、三等181人。參見東洋文庫、清朝滿洲語檔案史料の總合的研究チーム譯註，《內国史院檔‧天聰八年‧本文》（東京：東洋文庫，2009），頁106，天聰八年三月二十六日。

8   參見河內良弘譯註，《中國第一歷史檔案館藏：內國史院滿文檔案譯註 —— 崇德二、三年分》（京都：松香堂書店，2010），頁189-194，崇德三年正月十五日。漢譯參見中國第一歷史檔案館編，《清初內國史院滿文檔案譯編（上）》（北京：光明日報出版社，1989），頁267，崇德三年戊寅。

9   沈一民認為天聰八年舉人宜成格、漢人金柱，應分別與《八旗滿洲氏族通譜》所載「伊成額」、《天聰五年八旗值月檔二》中戶部啟心郎筆帖式「漢晉珠」為同一

（*sidai*）、蘇魯木（*surum*），共16人，均賜為舉人，公告姓名。[10]雖距離同年漢人生員的考試僅一個月，但考試的對象、內容均迥異。金國首次將滿洲、蒙古納入考試，且考取者獲得「舉人」頭銜，非之前的「秀才」；公告姓名的作法，亦類似科舉制度中的揭榜。雖有科舉制度的雛形，然取中者未依功名授職，且考試內容僅針對語文，當可視為是一種賜予頭銜的語文測驗。[11]之後，在崇德年間分別於三年（1638）、六年（1641）舉辦考試，前者錄取舉人10名、生員61名，檔案未載應考的族別、考試內容，就錄取者名單推測，起碼包括滿洲、漢人。[12]後者由內三院大學士希福（*hife*, 1589-1652）等人奏請舉辦，範圍擴及滿、漢、蒙古人，共取中舉人7名、生員45人。[13]金國崇尚軍事價值，文人地位低下，皇太極即位後，始注意「文教」的重要，[14]舉辦文學考試，或為宣示振興文治的一環。[15]

人。張晉藩、郭成康認為宜成格雖為漢人，但入旗甚早，為滿化的漢人，故乾隆朝（1736-1795）的《八旗滿洲氏族通譜》將其列為八旗滿洲。參見沈一民，〈清入關前漢軍舉人群體考述〉，《陝西學前師範學院學報》，32：3（西安，2016.03），頁78；張晉藩、郭成康，《清入關前國家法律制度史》（瀋陽：遼寧人民出版社，1988），頁89-90。

10 東洋文庫、清朝滿洲語檔案史料の總合的研究チーム譯註，《內國史院檔・天聰八年・本文》，天聰八年四月二十六日，頁128-129。

11 葉高樹，〈清朝的繙譯科考制度〉，《臺灣師大歷史學報》，49（臺北，2013.06），頁51-52。

12 崇德三年考取10名舉人中，可以確定族別的有滿洲：羅碩（*lošo*）；漢人：王文奎（又名沈文奎）、蘇弘祖（又名宏，?-1664）等，參見河內良弘譯註，《中國第一歷史檔案館藏：內國史院滿文檔案譯註──崇德二、三年分》，頁548-550，崇德三年八月十八日。漢譯參見季永海、劉景憲譯編，《崇德三年滿文檔案譯編》（瀋陽：遼瀋書社，1988），〈崇德三年戊寅八月檔〉，頁188-189。

13 清・鄂爾泰等修，《清實錄・太宗文皇帝實錄》，卷56，頁751上，崇德六年六月辛亥條；同書，卷56，頁754上-下，崇德六年七月戊寅條。

14 汗諭：「自古國家，文武並用，以武功戡禍亂，以文教在太平，朕今欲振興文治」。參見清・鄂爾泰等修，《清實錄・太宗文皇帝實錄》，卷5，頁73下，天聰三年八月乙亥條。

15 除舉辦文學考試外，皇太極時期亦曾設立學校：「凡八旗滿洲、蒙古、漢軍入學，崇德間於盛京建立學校，考取儒生」。又《槐廳載筆》亦載在入關前，范文程（1597-1666）曾設立滿洲學校，學生入學後須接受考試並分三等，崇德三年舉人楊方興、沈文奎，以及順治朝浙江巡撫蕭起元均為學生，然限於資料，無法進一步了解。參見清・伊桑阿等纂修，《大清會典（康熙朝）》，收入《近代中國史料叢刊・三編》，第72輯，第717冊，（臺北：文海出版社，1992），卷51，〈禮部・學校・儒學〉，頁2466；清・法式善，《槐廳載筆》，收入《近代中國史料

天聰八年考試共錄取16位舉人，就目前所知，有6位在應試前已任職：剛林、恩格德以筆帖式（*bithesi*）的身分從事繙譯、文書工作；[16]羅繡錦為工部啟心郎；[17]敦多惠、雷興、馬國柱在考試以前均任職「文館」。[18]「文館」係晚出之詞，本稱「書房」（*bithei boo*），為關外時期的文書機構，[19]在汗身邊的文臣，大多進入文館任職，但不一定有正式的職銜。[20]崇德元年（1636），更定內三院職官系統，建立清國的正式文官體系，[21]故可知在崇德三年錄取的10位舉人中，就有半數已出仕。[22]另外一方面，關外時期的文人，在參與考試取得

叢刊》，第32輯，冊315，（臺北：文海出版社，1969），卷9，〈掌故三〉，頁331。

[16] 《滿文老檔》載，剛林本為庶人（*bai niyalma*），後任文書工作，過五年後考選舉人。剛林考取舉人是在天聰八年，故應自天聰三年開始任事；恩格德向漢人秀才學習漢文，自天聰六年已任筆帖式。參見滿文老檔研究會譯註，《滿文老檔Ⅴ　太宗2》（東京：東洋文庫，1961），頁860，天聰六年十月二十一日；滿文老檔研究會譯註，《滿文老檔Ⅵ　太宗3》（東京：東洋文庫，1962），頁1039，崇德元年五月七日；《大清國史人物列傳及史館檔傳包傳稿目錄資料庫》（臺北：國立故宮博物院），文獻編號：701007527，〈剛林附祈充格〉；民國・趙爾巽等撰，《清史稿》（北京：中華書局，1976-1977），卷239，〈沈文奎傳〉，頁9509。關外時期文臣原稱巴克什（*baksi*），掌文書記錄、負責八旗教育等職；天聰五年改稱筆帖式，晚出的傳記資料皆採此稱呼。關於巴克什的任事內容，參見神田信夫，〈清初の文館について〉，頁91-92。

[17] 天聰五年（1631）設六部時，羅繡錦以諸生任工部啓心郎。參見《大清國史人物列傳及史館檔傳包傳稿目錄資料庫》，文獻編號：701005667，〈羅繡錦附羅繪錦〉。

[18] 清・鄂爾泰等修，《清實錄・太宗文皇帝實錄》，卷14，頁189上，天聰七年五月丁酉條；《大清國史人物列傳及史館檔傳包傳稿目錄資料庫》，文獻編號：701006261，〈馬國柱附羅繡錦、羅繪錦、雷興、王來用〉。

[19] 參見神田信夫，〈清初の文館について〉，頁80-81。

[20] 「天聰三年，太宗命諸儒臣分兩直，達海等譯漢籍；庫爾纏等記國政，乃始置官署，譯曰文館，亦曰書房，而尚未有專官，諸儒臣皆授參將、遊擊，號榜式，其未授官者曰書房秀才，或曰相公」。參見《大清國史人物列傳及史館檔傳包傳稿目錄資料庫》，文獻編號：7010006261，〈寧完我〉。神田信夫認為，大約在太祖興起後不久便有主掌文書記錄的機構，而經過滿文的創制，到建元天命（1616）時，書房的組織應已建立；此外在天聰五年六部成立後，各部啓心郎也經常同時在文館任事。參見神田信夫，〈清初の文館について〉，頁78-98。

[21] 蔡松穎，《皇太極時期的漢官（1627-1643）》（臺北：國立臺灣師範大學歷史學系碩士論文，2011），頁177-178。

[22] 試前已任職者及其官職如下：羅碩為國史院學士、胡球（*hūkio*）為弘文院學士、王文奎為弘文院學士、蘇弘祖為戶部啓心郎、楊方興任職於國史院。參見滿文老檔研究會譯註，《滿文老檔Ⅵ　太宗3》，頁1032、1149，崇德元年五月三日、六月二

「舉人」、「生員」功名後，也有以功名頭銜任事者。以天聰八年的取中者為例，恩格德在崇德元年任職秘書院時，頭銜仍為舉人；[23] 王來用、金柱，推測亦以舉人銜任事多年後，方分別任啟心郎、道員。[24] 又崇德三年舉人胡球、王文奎、蘇弘祖，其在應試前已任職，考取後職銜仍然不變。[25] 崇德六年，僅考取7位舉人，[26] 其中3位在應試前已任職，分別是赫德（hede）、崔光前、[27] 卞為鳳，[28] 亦即帶職考試

十七日；河內良弘譯註，《中國第一歷史檔案館藏：內國史院滿文檔案譯註 —— 崇德二、三年分》，頁476、481，崇德三年戊寅七月二十三日、二十四日。

[23] 崇德元年吏部選任內院官員，選出包括希福、范文程等10人，分別擔任大學士、學士、承政等官職，僅有恩格德以秘書院「舉人」的頭銜，與其他9大臣一同行動。另外同科舉人敦多惠考取後亦以舉人頭銜任事，至崇德三年七月方授為理藩院啟心郎。參見滿文老檔研究會譯註，《滿文老檔》，崇德元年五月三日，頁1032。東洋文庫、清朝滿洲語檔案史料の總合的研究チーム譯註，《內國史院檔・天聰八年・本文》，頁158，天聰八年五月；漢譯請參見中國第一歷史檔案館編，《清初內國史院滿文檔案譯編（上）》，天聰八年五月，頁84；河內良弘譯註，《中國第一歷史檔案館藏：內國史院滿文檔案譯註 —— 崇德二、三年分》，頁486，崇德三年戊寅七月二十四日。

[24] 王來用至崇德元年始任工部啟心郎、金柱至順治二年（1645）任山西按察使司僉事昌平道，又與金柱同時授職的還有崇德六年一等生員盧震陽，以生員授山西按察使司僉事鴈平道。參見《大清國史人物列傳及史館檔傳包傳稿目錄資料庫》，文獻編號：701006261，〈馬國柱附羅繡錦、羅繪錦、雷興、王來用〉；文獻編號：701005669，〈王來用〉；參見清・鄂爾泰等奉敕修，《清實錄・世祖章皇帝實錄》（北京：中華書局，1985），卷15，頁139下，順治二年四月丙子條。

[25] 胡球、王文奎為弘文院學士；蘇弘祖為戶部啟心郎，後者至順治元年始改任河南布政使司參政。參見滿文老檔研究會譯註，《滿文老檔VII 太宗4》（東京：東洋文庫，1963），頁1449，崇德元年十一月十五日；河內良弘譯註，《中國第一歷史檔案館藏：內國史院滿文檔案譯註 —— 崇德二、三年分》，頁422，崇德三年七月初七日；同書，頁700，崇德三年十二月初九日；清・鄂爾泰等奉敕修，《清實錄・太宗文皇帝實錄》，卷47，頁623上，崇德四年六月庚寅條；清・鄂爾泰等奉敕修，《清實錄・世祖章皇帝實錄》，卷6，頁70上，順治元年七月甲辰條。又如天聰八年舉人馬國柱，文獻雖未明載官職，但不論試前試後，均同樣直文館。參見《大清國史人物列傳及史館檔傳包傳稿目錄資料庫》，文獻編號：701006261，〈馬國柱附羅繡錦、羅繪錦、雷興、王來用〉。

[26] 崇德三年考取名單參見河內良弘譯註，《中國第一歷史檔案館藏：內國史院滿文檔案譯註 —— 崇德二、三年分》，頁548，崇德三年八月十八日。漢文姓名參見清・鄂爾泰等修，《清實錄・太宗文皇帝實錄》，頁567上，崇德三年八月戊申條。

[27] 赫德任職秘書院；崔光前則為稅課生員（hūdai cifun gaijara šusai）。參見滿文老檔研究會譯註，《滿文老檔VI 太宗3》，頁1150，崇德元年六月二十七日；漢文記載參見清・鄂爾泰等修，《清實錄・太宗文皇帝實錄》，卷30，頁384上，崇德元年六月庚子條。

[28] 在崇德三年考取一等生員名單中，有一位 biyan wei fung，後於同年九月，檔案載任命一等生員 biyan wei fung 為弘文院副理事官。biyan wei fung 發音近似卞為鳳，又卞三元

的情形仍存在。[29]又該科舉人鄂謨克圖（omoktu, 1614-1661）曾考取崇德三年一等生員，此時又考取舉人，[30]雖無法得知應考的動機，然而上述之卞為鳳，其子卞三元（1616-1697）也一樣考取崇德六年的舉人。家族成員相繼應考，或是考取生員後，進一步考取舉人等，出現了近似漢人應考科舉的行為，然關外時期考取舉人、生員者，大多本已出仕，中式對任官經歷影響不大，即使如此，參與考試仍有額外的益處。

關外時期的考試，錄取者除可受賜功名外，另有實質的獎賞。北方民族社會的手工業發展相對緩慢，[31]關外時期的滿洲社會亦然，取得紡織品的管道主要是對外交換，[32]使其成為相對昂貴的商品，亦是具備經濟價值的獎賞。如天聰三年攻略遵化城後論功行賞，首功者賜蟒緞（gecuheri）一、緞（suje）九。[33]關外時期的考試，取中者亦賞賜布帛、衣服，每次內容不一，大致上舉人大多授與緞、生員雖亦有授緞者，但以布（毛青布）為主。[34]此時規定，只有汗與諸王的閒散侍

的傳記載「卞三元，漢軍鑲紅旗人，先世居蓋平縣，父為鳳，太宗文皇帝時，任秘書院副理事官，三元以崇德六年舉人，亦為秘書院副理事官」。其中「秘書院」或為「弘文院」之誤，故 biyan wei fung 應為卞為鳳。參見河內良弘譯註，《中國第一歷史檔案館藏：內國史院滿文檔案譯註──崇德二、三年分》，頁549，崇德三年八月十八日；同書，頁605，崇德三年九月初六日；《大清國史人物列傳及史館檔傳包傳稿目錄資料庫》，文獻編號：701005625，〈卞三元〉。

[29] 生員試前經歷雖大部分無法確認，但其中亦有應試前已任職者，如李棲鳳先於崇德元年六月任職秘書院，後考取崇德六年生員，參見滿文老檔研究會譯註，《滿文老檔VI 太宗3》，頁1150，崇德元年六月二十七日。

[30] 漢文姓名又譯為「鄂漠克圖、鄂穆圖」。鄂謨克圖生平參見張玉書，《誥授光祿大夫內秘書院學士張佳公鄂穆圖墓誌》，收入於清‧錢儀吉，《碑傳集》（北京：中華書局，1993），卷5，〈國初功臣上 鄂穆圖〉，頁97。

[31] 美‧拉鐵摩爾著，唐曉峰譯，《中國的亞洲內陸邊疆》（南京：江蘇人民出版社，2005），頁46。

[32] 王鍾翰，〈清朝前期滿族社會的變遷及其史料〉，收入氏著，《王鍾翰清史論集》（北京：中華書局，2004），頁633。

[33] 滿文老檔研究會譯註，《滿文老檔IV 太宗1》，頁252-253，天聰三年十一月八日。

[34] 關外時期考試所得布帛獎賞如下：天聰三年漢人生員得緞、布；天聰八年舉人得衣一襲；崇德三年舉人得粧緞領、彭緞製的朝衣（juwangduwan i ulhun sindame pengduwan i ergume），生員依等級各得紬（cuse）、次等緞、毛青布（mocin）；崇德六年舉人得緞朝衣，生員得緞、布。參見清‧鄂爾泰等修，《清實錄‧太宗文皇帝實錄》，卷5，頁73下，天聰三年九月壬午條；同書，卷56，頁754上，崇德六年七月戊寅條；

衛、章京、護軍以上者才能著緞，其他僅能著毛青布，緞一匹可值毛青布十匹，為高價稀少的布料。[35]

金國以國家的名義計丁授田，得到土地的壯丁，需要上繳官糧、負擔兵役與城工等差的徭役，[36]但有功者能減輕徭役，即獲得「免丁」。皇太極稱帝時，便以即位禮的名義宣布，依照等級免除不同數量的徭役，如超品一等公可免丁48人、昂邦章京免丁32人、牛彔章京免丁8人；文臣方面，掌內三院者免丁3人、文科舉人免4丁、入部文人免2丁、工匠免1丁等。[37]通過文學考試時，亦能獲免丁：天聰八年舉人免4丁；崇德三年舉人亦同，生員則已入部者免2丁，未入部者免1丁。[38]

在關外時期的多次考試中，只有崇德三年的錄取者能獲賜世職：舉人賜與半個牛彔章京（*hontoho nirui janggin*），生員賜與護軍校（*juwan i da*）。[39]牛彔章京是金國官名，其下依序是驍騎校、小撥什庫、護軍校，[40]其為官名的同時，又為世職（*hergen*），牛彔章京為世職的基本單位，還可再分為半個牛彔章京。世職依功、過而累積、刪

東洋文庫、清朝滿洲語檔案史料の總合的研究チーム譯註，《內國史院檔・天聰八年・本文》，天聰八年四月二十六日，頁128-129；河內良弘譯註，《中國第一歷史檔案館藏：內國史院滿文檔案譯註——崇德二、三年分》，頁548，崇德三年八月十八日，漢譯見季永海、劉景憲譯編，《崇德三年滿文檔譯編》，〈崇德三年戊寅八月檔〉，頁188-189。

[35] 滿文老檔研究會譯註，《滿文老檔 V 太宗2》，頁870-871，天聰六年十二月。

[36] 張晉藩、郭成康，《清入關前國家法律制度史》，頁474-482。

[37] 滿文老檔研究會譯註，《滿文老檔 VI 太宗3》，頁1061-1063，崇德元年五月。

[38] 文獻未載崇德六年考取者獲得免丁賞賜，推測是依循崇德元年五月即位禮中的規定，讓舉人直接免四丁。實際上文人即使未應試，亦有機會豁免差徭，如皇太極便曾讓教八旗漢文的16名秀才，各免2丁。參見滿文老檔研究會譯註，《滿文老檔 V 太宗2》，頁850，天聰六年九月。

[39] 河內良弘譯註，《中國第一歷史檔案館藏：內國史院滿文檔案譯註——崇德二、三年分》，頁548-549，崇德三年八月十八日。

[40] 金國官職名稱在天聰八年改制，將原本採用漢制的名稱改為滿語，一等總兵官改稱昂邦章京（*amba janggin*），備禦改稱牛彔章京（*nirui janggin*），在其下有驍騎校（*funde bošokū*）、小撥什庫（*ajige bošokū*）、護軍校（*juwan i da*）。參見東洋文庫、清朝滿洲語檔案史料の總合的研究チーム譯註，《內國史院檔・天聰八年・本文》，頁114-116天聰八年四月初九日。漢文記載參見清・鄂爾泰等奉敕修，《清實錄・太宗文皇帝實錄》，卷18，頁237上-下，天聰八年四月丙辰條。

減，擁有世職者，可依照等級分得戰爭俘虜與財貨，擁有實質的經濟意義。[41]。

滿洲崇尚軍事價值，凡戰時有所斬獲、主動歸附、或父兄有功者，均列為「功」（gung），[42]依照「功」的大小，分配到相應的獎賞，布帛、免丁、世職等均屬獎賞內容之一。然文人僅需通過考試，便能獲取有功者方能得到的賞賜，即使份量較微薄，仍屬豐厚。《欽定八旗通志》將天聰八年、崇德三年、崇德六年等三次考試，視為「開國以來設科取士之始，其時雖以滿洲、蒙古、漢人同為一榜，而互考漢文、滿文，蓋後來鄉、會試，及考試繙譯俱發源於此」。[43]然關外時期通過考試者，得到的非任官機會，授予的布帛、世職等實質獎賞反更具備價值，可知此時舉辦考試的目的不為取士，而是為缺少戰功的文職人員，冠以功名頭銜，以樹立賞賜的名目，真正具備選才授官意義的科舉考試，至入關後方正式舉行。

順治元年（1644）五月，清軍入關，十月遷都燕京，頒即位詔，宣布開科取士，同時承認前朝文、武進士功名並加以任用。[44]後攝政王多爾袞（dorgon, 1616-1650）聽從漢官建議，速遣提學至地方開科，將科舉當作征服的「不勞兵之法」，[45]更在京師附近設立「寓學」，讓因戰亂無法回原籍考試的士子入學，應順天鄉試。[46]此外，在順治

---

[41] 谷井陽子，〈清朝入關以前ハン権力と官位制〉，收入岩井茂樹編，《中国近世社会の秩序形成》（京都：京都大學人文科學研究所，2004），頁441-468。

[42] 杉山清彥，《大清帝国の形成と八旗制》（名古屋：名古屋大學出版会，2015），頁91-94。

[43] 清‧鐵保等奉敕撰，《欽定八旗通志》，收入《景印文淵閣四庫全書》，冊665，（臺北：臺灣商務印書館，1983），卷102，〈選舉志一‧八旗科第一‧八旗鄉會試緣起〉，頁780。又雍正元年（1723）清廷開設繙譯科考，有論者認為其與天聰八年的考試相關，但其實兩者性質與意義不同，關於此討論請參見葉高樹，〈清朝的繙譯科考制度〉，頁51-52。

[44] 參見清‧鄂爾泰等奉敕修，《清實錄‧世祖章皇帝實錄》，卷9，頁95下-96上，順治元年十月甲子條。

[45] 清‧鄂爾泰等奉敕修，《清實錄‧世祖章皇帝實錄》，卷19，頁168上，順治二年七月丙辰條。

[46] 《內閣大庫檔案資料庫》（臺北：中央研究院歷史語言研究所），登錄號：086645-001，〈提督順天學政監察御史曹溶‧順天學政為請定寓學中額并議分考各官由〉，

皇帝（1638-1661，1643-1661在位）尚未抵達北京前，就召開廷試，讓明朝的貢生參加，[47]可見清廷積極以科舉籠絡漢人精英的意圖。

順治二年（1645），清朝正式舉辦科舉考試，先開鄉試，[48]隔年會試，[49]自此至光緒三十一年（1905）廢止科舉，除因戰事延期、停科外，[50]均穩定舉行。漢人參與的科舉考試順利開展，旗人應試的制度則歷經時舉時停的過程。清廷首次大規模地讓八旗子弟以文學考試入仕，是在順治六年（1649）。當時以「海宇平定，雲貴而外，盡入版圖，州縣缺多」為由，針對八旗漢軍通曉漢文者，「無論俊秀、閒散人等，並赴廷試」，考取為貢士，並補用州縣，結果錄取332人。[51]這次考試僅允許漢軍應考，未冠以會試之名，亦僅舉辦一次，故為因應當時政治局勢需求，臨時開設的文學考試。

順治八年（1651）三月，吏部上奏：「各旗子弟，率多英才可備循良之選，但學校未興，制科未行耳。先帝在盛京愛養人才，開科已有成例，今日正當舉行，臣等酌議，滿洲、蒙古、漢軍，各旗

順治二年六月。

47　《內閣大庫檔案資料庫》，登錄號：086441-001，〈禮部儀制清吏司黃熙胤‧揭報本月十四日廷試歲貢生員共七十五名有孫恢祿等二名臨期不到複又前來赴考據稱天雨住遙未及赴場應試蒙內院發卷准試〉，順治元年九月。每年各省貢生到京應考稱為廷試，在入關初期因地方需才，考取者可授州縣佐貳等官職，後應考人數增多，故於順治十一年（1654）改回舊制（指明制），試後僅定名次，考取者須入國子監，坐監期滿才授職。參見清‧伊桑阿等纂修，《大清會典（康熙朝）》，卷53，〈禮部‧貢舉二‧廷試〉，頁2613-2616；《內閣大庫檔案資料庫》，登錄號：037453-001，〈禮部‧為貢生廷試送監事宜合具手本請內三院查照施行〉，順治十一年十月。

48　參見清‧伊桑阿等纂修，《大清會典（康熙朝）》，卷52，〈禮部‧貢舉一‧科舉通例〉，頁1a。實際上因戰事未定，此時舉辦鄉試的只有順天、河南、山東、山西、陝西、江南，且後兩省遲至該年十月方舉行，參見清‧法式善，《清祕述聞三種（上）》（北京：中華書局，1982），卷1，〈鄉會考官類〉，頁3-5。

49　參見清‧鄂爾泰等奉敕修，《清實錄‧世祖章皇帝實錄》，卷23，頁201下-202上，順治三年正月甲戌條。

50　如光緒二十六年（1900）庚子恩科鄉試因戰事停止，後與二十七年（1901）的正科鄉試併科，延至二十八年（1902）舉行，原訂二十八年舉辦的會試亦延至二十九年（1903）舉行，參見清‧世續等奉敕修，《清實錄‧德宗景皇帝實錄（七）》（北京：中華書局，1987），卷488，頁459上-459下，光緒二十七年十月丙辰條。

51　參見清‧鄂爾泰等修，《八旗通志‧初集》（長春：東北師範大學出版社，1985），卷46，〈學校志一〉，頁904。

子弟，有通文義者，提學御史考試取入順天府學」。[52]順治皇帝親政後，除延續多爾袞「滿漢一家」的原則外，亦多親近漢官討論政事，博覽群書，傾心於儒家文化，[53]吏部建議旗人參與科舉，以儒家經典為內容憑文取士，亦迎合順治皇帝的心思，而以關外時期的考試先例為依據，又避免滿洲征服精英的反彈，[54]遂開設針對八旗子弟的科舉考試。

　　清朝科舉的考試內容，基本上延續明朝舊制，以《四書》文為主，[55]順治朝（1644-1661）八旗科舉考試內容，依旗籍劃分為兩種，一為八旗漢軍的考試，除童試「與民童一體出題」外，[56]鄉、會試均與漢人一樣分為三場，以漢文作答，考題內容亦相似，僅題數略減，並決議次科始增加題數，最終應試內容將「俱照漢人例」；[57]另一種為八旗滿洲、蒙古的考試，內容則與漢人頗多差異（如表2-1-1），除題數較少外，內容也以清語為重。

---

[52] 參見清・鄂爾泰等奉敕修，《清實錄・世祖章皇帝實錄》，卷55，頁441上-441下，順治八年三月丙午條。

[53] 參見周遠廉，《順治帝》（長春：吉林文史出版社，1993），頁311-317。

[54] 滿洲征服精英指由滿洲將領組成的精英群體，其大多參與了入關戰爭，權力來源自軍功、血緣家族背景。清初，滿洲征服精英致力於以軍事管控政治權力，代表性的政治組織便是議政王大臣會議，但至康熙年間，隨著集團主導人物逐一逝世，滿洲征服精英集團逐漸喪失政治的主導權，取而代之的是皇權的提升。參見美・安熙龍（Robert B. Oxnam）著，陳晨譯，《馬上治天下：鰲拜輔政時期的滿人政治：1661-1669》（北京：中國人民大學出版社，2020），頁11-13。

[55] 宋代開始採用「經義」為科舉題目，亦即題目源自經典，考生必須引據經典內容闡述題目的意義，書寫一篇論說文，由於需要有公正評分的標準，文章的格式逐漸公式化，至明清時期遂發展為「八股文」；又從元代開始，科舉考題採用的經典逐漸限於《四書》、《五經》，而為後世所繼承。參見李弘祺，《學以為己：傳統中國的教育》（香港：香港中文大學出版社，2012），頁138、152。

[56] 清・伊桑阿等纂修，《大清會典（康熙朝）》，卷51，〈禮部・學校・儒學〉，頁2465-2466。

[57] 漢軍鄉、會試首科「第一場《四書》文二篇、經文一篇，如未通經者，作《四書》文三篇，第二場論一篇，第三場策一道」。參見清・伊桑阿等纂修，《大清會典（康熙朝）》，卷53，〈禮部・貢舉二・鄉試〉，頁2584-2585；同書、卷，〈禮部・貢舉二・會試〉，頁2597。

表2-1-1　順治朝漢人與八旗滿洲、蒙古之科舉考試題目比較表

考試階段	場次	漢人考題	八旗滿洲、蒙古考題
童試	不分場	《四書》文一道、《小學》論一道	漢文或滿文一篇
鄉、會試	第一場	《四書》義三篇、經義四篇	不分場。翻譯漢文一篇，或作滿文一篇，若不通漢文，則改作滿文二篇
	第二場	論一篇、詔誥表各一道、判五條	
	第三場	策五道	

說　　明：1.清朝漢人科舉各場考題內容略有更迭，童試方面，因順治朝內容文獻無
　　　　　　載，在此列出康熙三十六年的規定；鄉、會試考題則列順治朝的規定。
　　　　　2.漢人鄉、會試第一場的經義四篇，指《五經》各出四題，士子僅須選一經
　　　　　　作答。
資料來源：1.清‧伊桑阿等纂修，《大清會典（康熙朝）》，收入《近代中國史料叢
　　　　　　刊‧三編》，第72輯，第717冊，臺北：文海出版社，1992。
　　　　　2.清‧允祿等監修，《大清會典（雍正朝）》，收入《近代中國史料叢刊‧
　　　　　　三編》，第77輯，第770冊，臺北：文海出版社，1992。

　　因考題不同，故從第一階段童試開始，便採取滿、漢分榜，漢軍
與民人一榜，由順天府考試；滿洲、蒙古一榜，由內院、禮部考試，
旗人共考取生員300名，其中滿洲120名，蒙古60名，漢軍120名，考取
後均入順天府學。[58]同年舉辦鄉試，無品筆帖式、監生均可應考，考
取滿洲50名、蒙古20名、漢軍50名。[59]隔年舉辦會試，共錄取旗人進
士85名。[60]從考題的數量來看，滿洲、蒙古佔有優勢，然由於錄取名
額固定，在不與漢人同場競爭的前提下，分榜主要是基於考試內容不
同，[61]並非僅出自於族群的差別待遇。

　　順治皇帝自親政以後，親近漢族官僚、傾慕漢文化的舉措逐漸

---

[58] 清‧伊桑阿等纂修，《大清會典（康熙朝）》，卷51，〈禮部‧學校‧儒學〉，頁
2465-2466。

[59] 參見清‧伊桑阿等纂修，《大清會典（康熙朝）》，卷53，〈禮部‧貢舉二‧鄉
試〉，頁2584-2585；清‧鄂爾泰等奉敕修，《清實錄‧世祖章皇帝實錄》，卷
57，頁457下，順治八年六月壬申條。

[60] 原額滿洲25名、蒙古10名、漢軍25名，但恩詔加中，最終錄取滿洲35名、蒙古15
名、漢軍35名，共85名。參見清‧伊桑阿等纂修，《大清會典（康熙朝）》，卷
53，〈禮部‧貢舉二‧會試〉，頁2597。

[61] 參見葉高樹，〈清朝的旗學與旗人的繙譯教育〉，《臺灣師大歷史學報》，48（臺
北，2012.12），頁134。

引發滿洲征服精英集團的不滿，進而從順治十一年宗學永停習漢書始，捍衛滿洲傳統的風暴遂延燒至與漢文相關的教育、考試、入仕制度。[62]起初，在順治十三年（1656），僅宣布減少八旗鄉、會試取中的人數；[63]然在順治十四年（1657）鄉試尚未舉行前，便於該年正月以避免「八旗人民崇尚文學，怠於武事，以披甲為畏途，遂至軍旅較前迥別」為由，宣布停止，[64]實際只施行了兩科。[65]此外不隸屬八旗的三藩下子弟，原先允許和漢軍同與科舉，[66]此時亦遭禁止。[67]

康熙二年（1663），朝廷以「八旗生員停止科舉，無上進之階，特設此科」，[68]以內弘文院學士羅敏、內國史院侍讀學士蘇勒

---

[62] 參見葉高樹，〈清朝的旗學與旗人的繙譯教育〉，頁108-109。

[63] 生員人數減為滿洲80名、蒙古40名、漢軍100名；鄉試中額減為滿洲40名，蒙古15名，漢軍40名，參見清‧伊桑阿等纂修，《大清會典（康熙朝）》，卷51，〈禮部‧學校‧儒學〉，頁2466；同書，卷53，〈禮部‧貢舉二‧鄉試〉，頁2585。

[64] 參見清‧鄂爾泰等奉敕修，《清實錄‧世祖章皇帝實錄》，卷106，頁831下-832上，順治十四年正月甲子條。上諭中認為八旗因崇尚文學而怠於武事者，尚有任職「他赤哈哈番」、「筆帖式哈番」者，認為其「徒以文字由白身優擢六七品官，得邀俸祿，未幾又陞副理事、主事等官」。他赤哈哈番（taciha hafan）、筆帖式哈番（bithesi hafan），是入關後，從中央各部院筆帖式分出的，分別為六品、七品官，是除科舉外，清初旗人重要的以文入仕之途。如被譽為清朝大儒的阿什坦（？-1683），便是在順治二年「以通滿漢文，選授內院六品他赤哈哈番」，雖然他赤哈哈番、筆帖式哈番之後裁撤，但經考試授與部院衙門的繙譯員缺，仍是八旗入仕的重要途徑。參見清‧鄂爾泰等修，《八旗通志‧初集》，卷237，〈阿什坦〉，頁5339；關於他赤哈哈番、筆帖式哈番官制的演變，參見沈一民，〈清初的筆帖式〉，《歷史檔案》，2006：1（北京，2006.02），頁60-61。他赤哈哈番、筆帖式等繙譯人員，在入關初期，除考授外，來源亦有補授、升用、議敘等，參見葉高樹，〈清朝部院衙門的翻譯考試〉，收入王宏志主編，《翻譯史研究‧2016》（上海：復旦大學出版社，2017），頁15-16。

[65] 即鄉試、會試各兩科，分別是順治八年辛卯科鄉試、順治十一年甲午科鄉試；順治九年壬辰科會試、順治十二年乙未科會試。科別參見清‧法式善，《清祕述聞三種（上）》，卷1，〈鄉會考官一〉，頁12-19。

[66] 原包括三藩下、定南王、續順公等降清明將的子弟，均得以「照漢軍例」參加科舉。參見《內閣大庫檔案資料庫》，登錄號005989，〈靖南王耿繼茂‧靖南王為請援例設科事〉，順治十一年一月。清‧鄂爾泰等奉敕修，《清實錄‧世祖章皇帝實錄》卷96，頁754上，順治十二年十二月甲戌條；同書，卷102，頁792上，順治十三年六月癸卯條；同書，卷103，頁799下，順治十三年八月乙酉條。

[67] 清‧鄂爾泰等奉敕修，《世祖章皇帝實錄》，卷106，頁833下，順治十四年正月庚午條。

[68] 共考取滿洲21名、蒙古17名、漢軍118名。參見清‧鄂爾泰等修，《八旗通志‧初集》，卷126，〈選舉表二〉，頁3428。

木，禮部左侍郎布顏等三位旗人官員為主考官舉辦考試。[69]考試的對象僅限八旗，且額外派遣旗人主考官，作法與順治朝滿、漢分榜時期相同，[70]故此次考試內容應亦以繙譯、清文為主。[71]既言「特設」，表示下不為例，[72]因此宣布「中式者送交吏部錄用，不中者革去生員」，[73]隔年亦未開設會試。然或因八旗生員人數過多，抑或為旗人另闢仕途，康熙五年（1666），又計畫舉辦一次考試，「以內秘書院學士塞色黑為滿洲鄉試正考官，內國史院侍讀學士多爾濟為副考官」。[74]

康熙六年（1667），因御史徐誥武的建議，再次宣布允許旗人參與科舉。值得注意的是，此時雖言「復設」八旗科舉，[75]實際與之前的規定大不相同。首先，宣布「滿洲、蒙古、漢軍與漢人同場一例考試」，[76]因此考試內容由語文考試，轉為經義，並以漢文作答，[77]等

---

69 清·鄂爾泰等修，《八旗通志·初集》，卷125，〈選舉表一〉，頁3391。蘇勒木（蘇魯木）推測應與天聰八年以蒙文考取舉人的蘇魯木為同一人，隸屬八旗蒙古；羅敏、布顏雖無法確知旗籍，但二人分別於康熙三年任吏部侍郎、順治十八年任禮部侍郎時，均為滿缺，故可知為旗人。參見東洋文庫、清朝滿洲語檔案史料の綜合的研究チーム譯註，《內國史院檔·天聰八年·本文》，頁128-129，天聰八年四月二十六日；民國·趙爾巽等撰，《清史稿》，卷180，〈部院大臣年表二上〉，頁6378。

70 「順治八年定，……鄉試另點滿洲主考，內院禮部官員各一員」。參見清·鄂爾泰等修，《八旗通志·初集》，卷49，〈學校志三·繙譯考試〉，頁961。

71 《聖祖仁皇帝實錄》稱此次考試為「復行滿洲、蒙古、漢軍，翻譯鄉試」，葉高樹認為「翻譯鄉試」為雍正朝（1723-1735）實錄館館臣依照雍正朝的情形誤植所致。其之所以誤植，或因此次考試一樣是針對語文的考試。參見清·馬齊等奉敕修，《清實錄·聖祖仁皇帝實錄》（北京：中華書局，1985），卷9，頁154下，康熙二年八月乙巳條；葉高樹，〈清朝的繙譯科考制度〉，頁52。

72 一般順天鄉試考官為二名，順治朝僅有滿漢分榜之順治八年辛卯科、順治十一年甲午科時考官為四名，增加了兩名旗人。康熙二年針對八旗生員舉辦的考試，與順治朝滿漢分榜時期考試形式相似，但派遣的三位滿洲主考官，卻未載於史籍，故應與漢人鄉試分開舉行，更凸顯其考試為特設的性質。順天鄉試考官的數量與姓名參見清·法式善，《清祕述聞三種（上）》，卷1，〈鄉會考類一〉，頁3-29。

73 清·伊桑阿等纂修，《大清會典（康熙朝）》，卷53，〈禮部·貢舉二·鄉試〉，頁2585-2586。

74 然史籍末載此次考試是否有真正施行。清·馬齊等奉敕修，《清實錄·聖祖仁皇帝實錄》，卷19，頁276下，康熙五年八月甲寅條。

75 清·鄂爾泰等修，《八旗通志·初集》，卷126，〈選舉表二〉，頁3429。

76 清·鄂爾泰等修，《八旗通志·初集》，卷125，〈選舉表一〉，頁3391。

77 清·伊桑阿等纂修，《大清會典（康熙朝）》，卷51，〈禮部·學校·儒學〉，頁

同讓旗人參與漢人的科舉考試；其次，為保障統治民族權益，將八旗滿洲、蒙古設為「滿字號」，漢軍設為「合字號」，在漢人外另額取中。[78]康熙朝（1662-1722）初期，由於四大臣輔政，代表滿洲征服精英集團對順治朝漢化傾向的反動；康熙六年，康熙皇帝（1654-1722，1662-1722在位）親政，此時重新開設八旗科舉，除肯定文學價值對旗人的意義外，亦是將科舉當做與輔臣角力的場域。[79]

首先，於康熙七年（1668）舉行童試，[80]或因制度草創時期，故仍舊制，以滿洲、蒙古編字號，漢軍則與漢人一同考試，[81]之後，便與鄉試同，讓旗人與漢人同場一例考試。錄取額數方面，滿洲、蒙古滿字號共取40名，漢軍合字號40名；[82]隔年舉辦鄉試，滿字號取10名，合字號取10名；[83]會試滿字號取4名、合字號4名，[84]人數均較順治朝滿、漢分榜時期少許多。後因三藩戰爭爆發，「值用武之際，若令八旗子弟仍與漢人一體考試，必偏尚讀書，有悞訓練」，於是自康熙十五年（1676）丙辰科會試後停辦，[85]使旗人應試再次中止。[86]

2466。

[78] 清・鄂爾泰等修，《八旗通志・初集》，卷126，〈選舉表二〉，頁3429。

[79] 四輔臣針對科舉制度，施行如廢除八股文、大幅減少錄取人數等改革，試圖抑制漢族精英的政治影響力。參見美・安熙龍（Robert B. Oxnam）著，陳晨譯，《馬上治天下：鰲拜輔政時期的滿人政治：1661-1669》，頁11-14、103-108。

[80] 雖無法確知考試年份，然《實錄》中提及「生童於鄉試前一年，八月內考試」，故應是康熙七年八月舉行。參見清・馬齊等奉敕修，《清實錄・聖祖仁皇帝實錄》，卷24，頁328下，康熙六年九月丁未條。

[81] 「康熙六年題准，八旗下有願作漢文考試者，各都統開送禮部移送順天學院，以滿洲、蒙古另編一號，漢軍與漢人同場考試，文優者，即入順天府漢生員額數內」。參見清・伊桑阿等纂修，《大清會典（康熙朝）》，卷51，〈禮部・學校・儒學〉，頁2466。

[82] 另外盛京的八旗子弟，後於康熙十二年宣布，「與盛京民童一體考試漢文」，與京師八旗相同另編滿字號、合字號，分別錄取3名與2名生員，參見清・伊桑阿等纂修，《大清會典（康熙朝）》，卷51，〈禮部・學校・儒學〉，頁2468。

[83] 參見清・伊桑阿等纂修，《大清會典（康熙朝）》，卷53，〈禮部・貢舉二・鄉試〉，頁2586。

[84] 參見清・伊桑阿等纂修，《大清會典（康熙朝）》，卷53，〈禮部・貢舉二・會試〉，頁2598。

[85] 參見清・馬齊等奉敕修，《清實錄・聖祖仁皇帝實錄》，卷63，頁816下，康熙十五年十月己巳條。

[86] 停止旗人應考科舉的同時，宣布八旗生員可改以筆帖式入仕：「吏部題，滿洲、蒙

三藩戰爭在歷時八年後告終（1673-1681），緊接而來的臺灣戰事、雅克薩戰爭亦分別在康熙二十二年（1683）、二十五年結束（1686），八旗應試的制度又再度復行。康熙二十六年（1687）清朝政府宣布八旗准同漢人一體考試，[87]旗人參與文科舉的制度終真正確立，並與清朝科舉制度相始終。此時旗人應試的制度，基本上延續康熙六年的內容，[88]但增加在各級考試前驗看馬步箭的門檻，[89]以藉此保持旗人文武並重的特質。因此具體施行辦法為禮部先行文該旗，將應考生姓名、履歷、年貌造冊，送到禮部，再與兵部一同校對名冊後，讓考生至兵部驗看馬步箭，通過後名冊再送回禮部注冊。[90]乾隆九年（1744）時，將旗內造冊後，送至兵部驗看馬步箭的名冊稱為「箭冊」；旗人在順天府學或國子監，通過科考、錄科，準備應考鄉試的考生名冊稱為「科冊」，必須在箭冊、科冊上均載有姓名的士子，方能赴試。[91]乾隆二十二年（1757）一度取消八旗童試、鄉試前

古、漢軍旗下生員，既經停其考試，應將伊等以無品筆帖式，注冊錄用。從之」。清·馬齊等奉敕修，《清實錄·聖祖仁皇帝實錄》，卷64，頁826上，康熙十五年十二月丙辰條。

[87] 「（康熙）二十六年恩詔，八旗准同漢人一體鄉試，遵旨議定」。參見清·允祿等監修，《大清會典（雍正朝）》，收入《近代中國史料叢刊·三編》（臺北：文海出版社，1992），第77輯，第772冊，卷73，〈禮部·貢舉二·鄉試通例〉，頁4543。實至康熙二十九年（1690）才真正施行，原因是二十六年宣布後認為「今歲鄉試為期以迫，應暫行停止」。參見中國第一歷史檔案館整理，《康熙起居注》，（北京：中華書局，1984），第二冊，頁1629，康熙二十六年五月十六日癸巳條。

[88] 童試、鄉試錄取額數也依照舊例，僅漢軍額數各減為20名、5名。參見清·允祿等監修，《大清會典（雍正朝）》，卷73，〈禮部·貢舉二·鄉試通例〉，頁22a；卷76，〈禮部·學校二·學制額數〉，頁17b。

[89] 「議覆科臣能特條奏，考取滿州生員宜試騎射。上命依議。且諭曰：『騎射本無礙學問，考試舉人、進士亦著騎射』」。參見中國第一歷史檔案館整理，《康熙起居注》，頁1851，康熙二十八年三月二十日。

[90] 參見清·鄂爾泰等奉敕修，《清實錄·世宗憲皇帝實錄》（北京，中華書局，1985），卷86，頁146上-146下，雍正七年九月壬午條看；清·允祹等奉敕撰，《欽定大清會典則例（乾隆朝）》，收入《景印文淵閣四庫全書》（臺北：臺灣商務印書館，1983），第622冊，卷70，〈學校三〉，頁14b-15b。

[91] 此雖僅指鄉試，但造冊制度是延續自雍正朝（1723-1735）施行於各階段考試的辦法，故校對名冊的程序應施行於童試、會試等須驗看馬步箭前的考試。參見清·素爾納等撰，《欽定學政全書》，收入《續修四庫全書》（上海：上海古籍出版社，1997），第828冊，卷66，〈旗學事例〉，頁14b。各省學政舉辦，生員參加的考試稱為歲、科考，歲考為分別生員等第的考試，科考則為錄送鄉試的考試，此外非生

馬步箭考試，故取消箭冊，改為該旗記錄考生姓名、年齡等資料的「旗冊」，[92]但之後又恢復舊制，[93]並施行至科舉廢止。驗看馬步箭的門檻，更施行於其他文學考試制度，如部院衙門的繙譯考試、繙譯科考，[94]以及嘉慶朝（1796-1820）施行的宗室科舉。[95]

旗人雖與漢人一體考試，然除須驗看馬步箭以外，仍存在旗人獨有的細部規定。如童試本包括縣試、府試、院試，童生必須依序應考，[96]但八旗考生僅須上報本旗都統，都統再轉呈順天府丞、學政、

員而欲赴鄉試者，如廩生、各省教職等，則另外參加由學政主考的錄科考試；在籍之貢、監生則參加由國子監舉辦的錄科考試，通過後方應鄉試。參見商衍鎏，《清代科舉考試述錄》（北京：故宮出版社，2014），頁33-36。

[92] 先是雍正七年時，因考生年紀過小，故規定15歲以下者可停考馬射，僅需考步箭，後在乾隆二十二年，因旗人考試生員、舉人時年幼者多，乾脆取消童試、鄉試前的馬步箭考試。其取消至何時雖不明，但可確知起碼在乾隆四十二年（1777）時仍持續，因此時在取消箭冊的同時，簡化錄送鄉試的程序，直接由各旗咨學政、國子監科考、錄科後，便可赴鄉試，省去禮部在中間的轉呈。參見清‧鄂爾泰等奉敕修，《清實錄‧世宗憲皇帝實錄》，卷86，頁146上-146下，雍正七年九月壬午條；清‧素爾納等撰，《欽定學政全書》，卷66，〈旗學事例〉，頁16a；《內閣大庫檔案資料庫》，登錄號：058931，〈兼管順天府尹事袁守侗等‧奏請八旗及各省駐防貢監生員願應順天鄉試者由各旗造冊移咨順天學政國子監考取徑送順天府投卷入場將向例禮部查取旗冊之處停止〉，乾隆四十二年五月二日。

[93] 檔案未載恢復舊制的時間，然乾隆四十三、四十四年，繙譯鄉、會試重開，亦同時恢復試前驗看馬步箭的規定，文科舉或在此時一併恢復舊制。僅能確定嘉慶五年（1800）時，已有旗人應試文鄉試前驗看馬步箭的記載。參見清‧慶桂等修，《清實錄‧高宗純皇帝實錄（二二）》，卷1077，頁470下，乾隆四十四年二月己卯條；《內閣大庫檔案資料庫》，登錄號：18000831日，〈兵部尚書鑲紅旗漢軍都統總管內務府大臣傅森‧兵部為請旨欽點官員監試騎射事〉，嘉慶五年七月十二日。

[94] 部院衙門繙譯考試，指清廷為選補繙譯職缺而舉辦的考試，繙譯職缺包含中書、筆帖式、庫使等共2000多個缺，均為八旗專缺。考試形式近似科舉，由順天府承辦，但不同於科舉定期舉行，而是在各職位補授的人數將盡時舉辦考試，故考期不定。繙譯科考則為雍正皇帝為鼓勵八旗學習滿文，仿文科舉制度而設置，考取者賜與功名，其制度於清中期以後趨於完備，至清末方廢止。參見葉高樹，〈清朝部院衙門的翻譯考試〉，頁1-39；葉高樹，〈清朝的繙譯科考制度〉，頁47-136。不論繙譯考試、繙譯科考，考試的範圍均以《四書》、《五經》為主，再加上試前均須驗看馬步箭，故均為清廷以文科舉為本，延伸出專為八旗設置的文學考試體系。

[95] 《內閣大庫檔案資料庫》，登錄號：210393，〈兵部‧兵部為條奏宗室考試章程由〉，嘉慶五年十一月十八日。

[96] 縣試、府試、院試主考官分別是縣官、知府（順天府為府丞）、學政。參見商衍鎏，《清代科舉考試述錄》，頁6-33。

便可逕考府試、院試。[97]在考試時，旗、民的座位亦須分開。[98]在應試資格方面，原則上所有隸屬於旗籍的八旗子弟均可應試，只是根據不同身分有些許差異。[99]如八旗分為在京、駐防，但應試均須至順天府，[100]惟盛京駐防可在當地童試。[101]另外，新滿洲原可與一般旗人一同應考，但乾隆二十年（1755）因「東三省新滿洲烏拉齊，與在京滿洲等不同，正宜熟習騎射，為國家之用」而停止。[102]又一般不分滿、漢，只要擁有功名未正式任官者，均可參加考試，[103]旗人除一體適用

97 在雍正七年（1729）清廷一度仿效漢人童試，而設立本旗考試，規定八旗童生必須先通過本旗佐領、參領的考試，方能參加府試、院試。在雍正十年，改由翰詹衙門派遣科甲出身滿官一人，會同佐領、參領一同考試。至乾隆十一年（1746）時讓繙譯童試也仿照此例，施行本旗考試。然乾隆十八年（1753）時認為繙譯童試之本旗考試「事屬虛文」而停止，故推測八旗文試則本旗考試亦一併停止。目前可確定的是，至嘉慶朝會典撰修時（嘉慶六年）本旗考試已停止。參見《內閣大庫檔案資料庫》，登錄號：020543，〈正藍旗漢軍都統朱之璉，正藍旗漢軍為送考童生事〉，雍正七年；登錄號：167486-011，〈鑲紅旗漢軍・岱圖奏陳八旗繙譯童生照文生員例考試事〉，乾隆十一年三月（閏）十日；清・允祹等奉敕撰，《欽定大清會典則例（乾隆朝）》，卷70，〈學校三〉，頁16b-17a；清・素爾納等撰，《欽定學政全書》，卷66，〈旗學事例〉，頁15a-15b；清・托津等奉敕纂，《欽定大清會典事例（嘉慶朝）》，收入《近代中國史料叢刊・三編》（臺北：文海出版社，1991），第67輯，第663冊，卷309，〈禮部七十七・學校・旗學事宜〉，頁15b。

98 考試時，八旗與漢人一同入場，只是座位的號房分開。參見清・允祿等監修，《大清會典（雍正朝）》，卷72，〈貢舉一〉，頁4466。

99 非正身旗人的「開戶人」、「另記檔案人」，除本為良民，或抱養之民人，或特旨得應試外，其餘其本身與子孫均不得應試。參見清・慶桂等修，《清實錄・高宗純皇帝實錄（二）》，卷150，頁1157上-1157下，乾隆六年九月甲戌條。

100 參見清・允祹等奉敕撰，《欽定大清會典則例（乾隆朝）》，卷66，〈禮部・貢舉上・送試〉，頁193；同書卷68，〈禮部・學校一・童生入學〉，頁252。

101 盛京駐防八旗通過童試後入奉天府學，鄉試須至順天府。參見清・恭阿拉等纂，《欽定學政全書（嘉慶朝）》，收入《清代各部院則例》（香港：蝠池書院，2004），第16冊，卷56，〈旗學事例〉，頁1b-2a、5b。

102 參見清・素爾納等撰，《欽定學政全書》，卷66，〈旗學事例〉，頁16a。然在乾隆四十二年，「八旗新滿洲烏拉齊等，除初移駐者不准考試外，其在京所生已過二三世，如有能習繙譯者，准與舊滿洲一體考試」，開放新滿洲應試繙譯後，四十四年（1779），鑲黃旗滿洲都統多羅定郡王上奏認為新滿洲「應請照從前舊例，准其一體考試」。其「舊例」應指乾隆二十年以前應考文科舉一事。參見清・托津等奉敕纂，《欽定大清會典事例（嘉慶朝）》卷293，〈禮部六一・貢舉三十・繙譯童試〉，頁25a；清・恭阿拉等纂，《欽定學政全書（嘉慶朝）》，卷56，〈旗學事例〉，頁36a-36b。此外包衣奴僕應試，根據成員不同有應試與任官上的限制，但大體而言，內務府與下五旗包衣均可正常應試。參見黃麗君，《化家為國：清代中期內務府的官僚體制》（臺北：國立臺灣大學出版中心，2020），頁246-262。

103 包括候補、候選人員，此外教職、小京官、內閣中書等，以及已襲世職或廕生者，

外，[104]擁有功名之筆帖式、拜唐阿（*baitangga*）亦可應試。[105]筆帖式原為清初以來旗人重要的入仕之階，有清一代，多見以筆帖式入仕而位極人臣者，[106]而又可同時經科目任官，是旗人進一步拓展任官機會的方法。

　　研究者認為，滿洲統治者讓旗人與漢人同應科舉，是為表示族人資質無遜於漢人，[107]然不論滿、漢分榜時期，抑或是八旗科舉制度正式建立後，以滿、合字號應試，旗人始終獨立於漢人錄取名額之外，並未實際與漢人競爭，讓旗人應試，主因仍是現實政治的考量，因除軍事人才以外，清廷仍須具備文學知識者擔任官職。然而清朝以武功立國，歷朝皇帝始終強調國語騎射為八旗根本，入關以後，八旗科舉制度的建立之所以幾經波折，主要是受到滿洲征服精英集團的反對，因科舉以漢文定優劣，與八旗根本的國語騎射有所牴觸所致。八旗科舉制度有其存在的必要性，身為根本的國語騎射更無法割捨，其中的矛盾，便以試前驗看馬步箭解決。因此馬步箭考試的門檻，是八旗科舉制度中的滿洲特色，也是防止旗人過度沈溺文藝、沾染漢習而立下的限制。

　　均可應試。參見李世愉、胡平，《中國科舉制度通史》，頁67-69；清‧特登額等纂，《欽定禮部則例（道光朝）》，收入《清代各部院則例》（香港：蝠池書院，2004），第20冊，卷85，〈生監科舉鄉試〉，頁8a-8b。

[104] 另外官學生出身的八旗廩生，即使無生員、監生功名，仍得直接參加鄉試。參見清‧托津等奉敕纂，《欽定大清會典事例（嘉慶朝）》，卷271，〈禮部三十九‧貢舉‧錄送鄉試〉，頁24a-24b

[105] 拜唐阿指無品級的執事人、聽差用的人。參見清‧允祹等奉敕撰，《欽定大清會典則例（乾隆朝）》，卷66，〈貢舉上〉，頁38b-39a；清‧曹振鏞等修，《清實錄‧仁宗睿皇帝實錄（三）》（北京：中華書局，1986），卷176，頁320上-320下，嘉慶十二年三月辛未條。

[106] 清‧福格，《聽雨叢談》（北京：中華書局，1984），卷1，〈滿洲翰林不必科目〉，頁27-28。

[107] 陳文石，〈清代滿人政治參與〉，收入氏著，《明清政治社會史論》，（臺北：臺灣學生書局，1991），頁659。

第二節　旗人應試規定的調整

　　八旗生計主要仰賴俸餉，但隨著人口增加，固定的俸餉不足供養，又受到八旗本應維持武力，防衛國家的基本國策影響，使旗人無法自由營生，遂產生「八旗生計」問題。[108]從順治至康熙朝八旗丁數成長約一倍，嘉慶朝（1796-1820）雖因乾隆朝出旗政策的施行而稍有緩解，仍是康熙朝的4分之3，[109]因此嘉慶朝的旗務政策便多著重於改善八旗生計問題。[110]康熙二十六年（1687），朝廷正式宣佈八旗准同漢人一體考試，然並非所有旗人一體適用。因旗人應試須至順天府，使駐防八旗因距離而受限；宗室則被排除在應考範圍之外。這些應試限制均在嘉慶朝出現改變，是清廷希冀藉此拓展旗人的任官機會，可視為八旗生計相關政策的一環。嘉慶四年（1799）正月太上皇駕崩，嘉慶皇帝（1760-1820，1796-1820在位）親政，始對八旗應試制度進行調整。

　　清朝以顯祖宣皇帝（塔克世，?-1583）本支為宗室（uksun），伯叔兄弟之支為覺羅（gioro），[111]宗室、覺羅皆為皇族成員。覺羅因血緣較疏，國家給予的照顧幾乎與一般旗人無異，[112]亦與一般旗人同應科舉；宗室則不予應試。康熙二十六年宣布八旗應試科舉，十年後，三十六年（1697）時，因覺羅阿克三的世職繼承問題，衍生覺羅、宗

---

[108] 周遠廉，〈八旗制度和「八旗生計」〉，收入閻崇年主編，《滿學研究·第七輯》（北京：中國人民大學出版社，2008），頁64-68。

[109] 葉高樹，〈仰食於官：俸餉制度與清朝旗人的生計〉，收入旗人與國家制度工作坊編著，《「參漢酌金」的再思考：清朝旗人與國家制度》（臺北：文史哲出版社，2016），頁271-272。

[110] 劉世珣，《清中期以後的旗務政策（1780-1911）》（臺北：國立臺灣師範大學歷史學系碩士論文，2012），頁89-128。

[111] 參見清·崑岡等修，《欽定大清會典事例（光緒朝）》，收入《續修四庫全書》（上海：上海古籍出版社，1997），第798冊，卷1，〈宗人府·天潢宗派〉，頁1a。

[112] 如以優恤為例，除有幼丁者可多一份收入外，覺羅的待遇實與一般旗人相同，參見葉高樹，〈仰食於官：俸餉制度與清朝旗人的生計〉頁240。

室的入仕問題，[113]康熙皇帝認為：「今伊等（覺羅）於部院衙門俱照常補用，且又考試舉人、進士，並無阻抑不得出仕之處。至宗室人等與其閒處，亦何不可令其考試？」又從官員處得知明代宗室任用「初以貢士取用，後亦考取舉人、進士用之」，故下令「閒散宗室得與考試，則從事於學者眾，亦得習知禮義，著定例，令其考試」，[114]規定「奉恩將軍以上、現有官職，不必赴考，閒散宗室著許其考試」，[115]且「令與滿洲諸生一體應試，編號取中」。[116]

然至康熙三十九年（1700），康熙皇帝與大臣論及考取秀才人數過濫的問題時，提及會試錄取者中，「大臣子姪居多，孤寒未得入彀」的問題。皇帝指出八旗大臣之家「延一經師，費至一二千金，預先議定，或數月或一、二年內，保其必中舉人、進士，夫舉人、進士豈可保為必得之物？！使可保其必得，尚云無弊可乎？」直言官員子姪應試多有「行賄夤緣」之事。故決議讓大臣官員子弟應試者另編字號，一方面藉其「自相角勝」，更能「慎擇其文」以避免行賄者輕易錄取；另一方面亦能使「孤寒取足其數」，[117]而有官卷的設置。[118]由於注意到官員子弟在科場上的優勢與舞弊行為，也連帶影響到天潢貴

---

[113] 清·庫勒納等奉敕撰，《清代起居注冊·康熙朝》（臺北：聯經出版社，2009），頁5896-5897，康熙三十六年八月十五日。

[114] 清·庫勒納等奉敕撰，《清代起居注冊·康熙朝》，頁5948-5949，康熙三十六年九月十八日。

[115] 清·庫勒納等奉敕撰，《清代起居注冊·康熙朝》，頁5926-5928，康熙三十六年九月二十二日；頁5949-5950，康熙三十六年九月二十三日。

[116] 清·允祿等監修，《大清會典（雍正朝）》，卷73，〈貢舉二〉，頁4544-4545。

[117] 清·庫勒納等奉敕撰，《清代起居注冊·康熙朝》，頁8050-8053，康熙三十九年六月二十六日。

[118] 康熙三十九年開始，規定「在京滿漢文官京堂以上、及翰林、科、道、吏部、禮部司官、武官叅領以上、在外文官藩臬以上、武官提鎮以上、其子、孫、同胞兄弟、及同胞兄弟之子」，欲應試，均列為官卷，其錄取比例，如在滿合字號下，則20卷取1卷；直隸及各省則10卷取1卷，如各省鄉試官員子弟較少者，不必列官卷。參見清·允祿等監修，《大清會典（雍正朝）》，卷72，〈貢舉一·科舉通例〉，頁29a-29b。起初鄉、會試均設有官卷，後取消會試，僅施行於鄉試，符合官卷的官員資格範圍亦逐漸縮減，錄取的比例亦降低。關於清朝官卷制度的演變，請參見馬鏞，〈清代科舉的官卷制度〉，《歷史檔案》，2012：3（北京，2012.08），頁79-85。

胄之宗室應考規定，故一併宣布：「宗室朕素加恩，何患無官，倘夤緣中式，亦奚足為榮？嗣後宗室停其考試」。[119]

從康熙三十六年九月宣布准許宗室考試，至三十九年六月停止，期間清廷舉辦了鄉、會試各一次，錄取名單中均未見宗室。[120]但康熙三十八年（1699）確有舉辦宗室歲考，[121]可知宗室應試辦法有實際施行。只是參加歲考的宗室僅20名，又須通過科考，故通過鄉試的人數應相當少，以至無法舉辦會試。[122]宗室考試雖已中止，宗室仍可透過宗學內部考試，以文學入仕。宗學首開設於順治朝，後於康熙朝停辦，又於雍正朝復開，[123]除依照學生每月成績分等第外，宗學又每年兩次「宗人府親試，其學業優長騎射出眾者，奏聞引見」，[124]或依據三年一次的考績，授以七品筆帖式。[125]

至雍正朝，經歷康熙朝晚期諸皇子鬥爭洗禮的雍正皇帝（1678-1735，1723-1735在位），以強化皇權為目的，致力於控制宗室王公權力，[126]同時復開宗學，以教化宗室。[127]關於入仕，雍正皇帝認為宗室「用在部院衙門，倘伊等屬下有為大人者，如何行走；欲令考試舉人、進士，與民等一例搜撿衣物，亦非體統」，受限於宗室天潢貴胄

---

[119] 清‧庫勒納等奉敕撰，《清代起居注冊‧康熙朝》，頁8054，康熙三十九年六月二十六日。

[120] 分別是康熙三十八年（1699）己卯科鄉試與康熙三十九年（1700）丁丑科會試。取中名單參見清‧鄂爾泰等修，《八旗通志‧初集》，卷126，〈選舉表二〉，頁3435-3436。中國第一歷史檔案館攝製，《康熙三十九年庚辰科進士登科錄》，收入《清代譜牒檔案（B字號）‧縮影資料》（北京：中國第一歷史檔案館技術部，1983）。

[121] 清‧庫勒納等奉敕撰，《清代起居注冊‧康熙朝》，頁6890，康熙三十八年正月二十八日。

[122] 光緒朝成書，記載宗室科甲名冊之《宗室貢舉備考》，亦提及康熙朝宗室應考的制度「於三十八年己卯科鄉試一次，旋即停止」。參見清‧瑞聯編，《宗室貢舉備考》，收入《近代中國史料叢刊》（臺北：文海出版社，1969），第39輯，第381冊，頁23。

[123] 關於宗學的建立與演變，請參見葉高樹，〈清朝的旗學與旗人的繙譯教育〉，頁80-85。

[124] 清‧允祿等監修，《大清會典（雍正朝）》，卷1，〈宗人府〉，頁28。

[125] 清‧昭槤撰，《嘯亭雜錄》（北京：中華書局，1980），卷9，〈宗學〉，頁286。

[126] 馮爾康，《雍正傳》（臺北：臺灣商務印書館，2014），頁309-313。

[127] 葉高樹，〈清朝的旗學與旗人的繙譯教育〉，頁81。

的身分，故主張不予應試，僅依爵位等第，授宗人府官職。[128]乾隆七年（1742），乾隆皇帝（1711-1799，1736-1795在位）針對剛結束的宗學考試，認為「並無佳卷」；錄取者也僅是「就短取長，文理稍順而已」，[129]不甚滿意宗學的教育成果。或為鼓勵宗學生積極學習，隔年引見錄取宗學生時，將錄取之宗室玉鼎柱（*uksun ioidingju*）等三人，「俱准作進士，與（乾隆十年）乙丑科會試中式之人一體殿試引見，或選入翰林，或以部屬等官補用」，並指示「嗣後俱照此例行」。[130]隔年更制度化，讓「本年考取一、二等，及往年考取一等並在家肄業」之宗室，均可參加宗學五年一次的大考，佳卷者進呈御覽，引見後以會試中式註冊；及會試之年，「習繙譯者與八旗繙譯貢士同引見，賜進士，以府屬額外主事用；習漢文者，與天下貢士同殿試，賜進士甲第有差」。[131]

　　此時宗室考試的規定，與一般八旗之文科舉制度相異。宗室考試僅一場，考題為經義、時務策各一道，不僅考題數量較少，也不如一般八旗文會試須試三場；[132]又宗室考試五年舉辦一次，與一般舉子會試的三年週期不同步。實際上，宗學本於每年春、秋兩季各舉辦一次以繙譯、經義、時務策為內容的考試，[133]此時僅刪去繙譯題；五年一次大考，亦為宗學原有之制度，[134]故與其說是讓宗室參與科舉，不如說是參與宗學內部考核，通過者冠以功名頭銜，以便宗

---

[128] 清・允祿等監修，《大清會典（雍正朝）》，卷1，〈宗人府〉，頁35-37。

[129] 中國第一歷史檔案館編，《乾隆朝上諭檔》（北京：檔案出版社，1991），冊1，頁827，乾隆七年十二月二十一日，奉上諭。

[130] 中國第一歷史檔案館編，《乾隆朝上諭檔》，冊1，頁837，乾隆八年三月初二日。

[131] 《欽定宗人府則例》，乾隆五十七年纂修，嘉慶七年八月抄送，收入《清代各部院則例》（香港：蝠池書院，2004），冊10，卷12，〈宗學〉，頁90-91。

[132] 參見清・托津等奉敕纂，《欽定大清會典事例（嘉慶朝）》，卷264，〈禮部・貢舉・宗室鄉會試〉，頁8b。

[133] 《欽定宗人府則例》，卷12，〈宗學〉，頁90。

[134] 「宗學五年大考一次，果有進益者，留學；不加增長者，出學，亦應如所奏，分別去留，以示鼓勵。從之」。參見清・慶桂等修，《清實錄・高宗純皇帝實錄（二）》，卷107，頁608上，乾隆四年十二月甲午條。

室入仕。[135]由此考取的進士有乾隆十年（1745）乙丑科的宗室達麟圖（1719-1773）、乾隆十三年（1748）戊辰科的宗室平太（平泰，1726-1776）、良誠（1729-1788），均選為翰林院庶吉士。[136]

只是此措施似乎對於宗學生的學習沒有顯著的效果，如管理宗人府事務的和碩履親王允祹（yūn too, 1685-1763）認為，「現在左右二翼宗學生二百二十六人，讀書未見成效，清語騎射尤屬生疏」，建議裁減宗學生額數。[137]至乾隆十七年（1752），由宗室考試入仕，時任翰林院侍講的宗室達麟圖，因失儀讓皇帝斥其「所學平常，人殊可厭」，遭到罷斥，成為宗室考試制度中止的導火線。[138]乾隆皇帝以康熙、雍正皇帝均有明旨禁止宗室考科舉為由，認定近年施行者「實屬錯誤」，故予以「永行停止，再不可條陳考試。宗室內如果有學問優長者，自施恩錄用也」。[139]除宗室達麟圖遭罷斥外，[140]其餘宗室良誠、平泰二人，庶吉士散館後，分別任翰林院檢討、宗人府額外主事，宗室良誠依循一般進士遷轉慣例，於翰林院、詹事府等單位任職，官至太僕寺少卿；平泰則一直任職於宗人府至理事官，後因病告退。[141]由宗室良誠的任官經歷可知，乾隆朝的宗室考試，讓宗室能跳脫以往僅於宗人府任官的限制，然政策推行時間極短，影響有限。

---

[135] 此外宗室僅參加殿試，並未與一般舉人同於貢院參加會試，而是在國史館參加宗學主辦的考試。參見清・托津等奉敕纂，《欽定大清會典事例（嘉慶朝）》，卷264，〈禮部・貢舉・宗室鄉會試〉，頁7b。

[136] 參見清・托津等奉敕纂，《欽定大清會典事例（嘉慶朝）》，卷264，〈禮部・貢舉・宗室鄉會試〉，頁3b。

[137] 清・慶桂等修，《清實錄・高宗純皇帝實錄（四）》，卷259，頁353下-354上，乾隆十一年二月癸亥條。

[138] 清・昭槤撰，《嘯亭雜錄》，卷2，〈宗室科目〉，頁33-34。

[139] 《欽定宗人府則例》，卷12，〈宗學〉，頁91。又乾隆朝考取宗室進士僅至十三年為止，十六年（1751）、十七年（1752）進士名單中未見宗室。進士名單參見清・鐵保等奉敕撰，《欽定八旗通志》，卷104，〈八旗科第題名一・歷科進士〉，頁24a-25a。

[140] 達麟圖遭到罷斥後，改授宗人府額外主事，此後一直在宗人府任職。參見《愛新覺羅宗譜》，收入《中國少數民族古籍集成（漢文版）》（成都：四川民族出版社，2002），冊47，頁4163-4164。

[141] 參見《愛新覺羅宗譜》，冊49，頁5245-5246、5312-5314。

嘉慶四年，嘉慶皇帝回顧前朝宗室考試制度之所以終止，是源於「宗室當嫺習騎射，以存滿洲舊俗」，只是停試後，「騎射亦未能精熟」，不如「仍准應試，廣其登進之路」，故決議復行宗室應試辦法。[142]從前述可知，康、雍、乾諸皇帝禁止宗室應試的主因，實源於宗室的皇族身分，嘉慶皇帝對此卻避而不談。嘉慶朝男性宗室的出生人口，為順治朝的10倍以上，此後至清末均居高不下。[143]為解決因人口繁衍而產生的宗室生計問題，嘉慶皇帝一方面為無力購置房屋的宗室準備房舍、[144]將宗室遷往盛京；[145]另一方面設置六部宗室缺、[146]開放宗室廕生引見授職、[147]增添宗學學生額數等，[148]以增加宗室入仕之階。種種措施目的是希冀「先裕其生計，然後施之以教」，[149]而嘉慶四年宗室鄉會試制度的復行，雖是違反其父「永行停止，再不可條陳考試」的旨意，但為顧及生計，亦只得放行，宗室科舉制度自此便持續施行至清末科舉廢止。

---

[142] 中國第一歷史檔案館編，《嘉慶道光兩朝上諭檔》（桂林：廣西師範大學出版社，2000），冊4，頁58，嘉慶四年二月十七日，內閣奉上諭。

[143] 參見賴惠敏，《天潢貴冑——清皇族的階層結構與經濟生活》（臺北：中央研究院近代史研究所，1997），頁66。

[144] 參見清・曹振鏞等修，《清實錄・仁宗睿皇帝實錄（二）》，卷113，頁497下，嘉慶八年五月乙未條。

[145] 嘉慶十八年（1813），清廷遷移宗室至盛京，總人數約435人，是歷次遷徙中人數最多、規模最大的一次，移居盛京的宗室，除可獲得房舍外，更可獲得地畝、銀兩。關於嘉慶朝遷徙宗室至盛京的經過，請參見劉世珣，《清中期以後的旗務政策》，頁107-111。

[146] 中國第一歷史檔案館編，《嘉慶道光兩朝上諭檔》，冊4，頁58，嘉慶四年二月十七日，內閣奉上諭；同書，頁150，嘉慶四年五月二日，內閣奉上諭。

[147] 「八旗大員廕生年已及歲者，由各該旗咨報吏部帶領引見，分別錄用，惟宗室廕生向無引見之例。朕思自前年以來，六部各衙門已施恩定有宗室額缺，並准宗室子弟應鄉會試，以廣登進之路，則宗室廕生自宜一體任用，所有嘉慶元年宗室廕生，俱著加恩，交宗人府查明，於及歲時送吏部帶領引見，候朕分別錄用，以示錫類推恩至意」。參見中國第一歷史檔案館編，《嘉慶道光兩朝上諭檔》，冊6，頁18，嘉慶六年正月二十六日，內閣奉上諭。

[148] 《清代宮中檔奏摺及軍機處檔摺件資料庫》（臺北：國立故宮博物院），文獻編號：404011891，〈軍機大臣・字寄管理宗人府王貝勒奉上諭議請在左右兩翼宗學內量為增添並將宗室滋事犯科者分別奏報〉，嘉慶十三年八月二十八日。

[149] 清・曹振鏞等修，《清實錄・仁宗睿皇帝實錄（二）》，卷113，頁497下，嘉慶八年五月乙未條。

嘉慶朝的宗室考試，參考乾隆朝制度，但舊制宗室通過宗學考試後，直接以會試中式者的身分參加殿試，過於優遇，故改為「與生監一體鄉試」，正式施行從嘉慶六年（1801）辛酉科為始。[150]考題為「制藝一篇、五言八韻排律詩一首」，[151]鄉、會試俱同。[152]又同於八旗應試，考前先驗看馬步箭，具體錄送考試程序為先由宗學大臣考試，通過者由宗人府造冊，亦由其驗看馬步箭，合格後，鄉試送順天府，會試送禮部考試。[153]

　　宗室「凡在官學讀書，及在家讀書，願應鄉試者」，均可參加考試，[154]但親王、額駙（efu，駙馬）不與。[155]考試場地跟一般舉子同在貢院，原訂於頭場入場，[156]後因場地空間有限，且宗室考試考題較

---

150 中國第一歷史檔案館編，《嘉慶道光兩朝上諭檔》，冊4，頁58，嘉慶四年二月十七日，內閣奉上諭。

151 《內閣大庫檔案資料庫》，登錄號：210393，〈兵部・兵部為條奏宗室考試章程由〉，嘉慶五年十一月十八日。

152 參見清・托津等奉敕纂，《欽定大清會典事例（嘉慶朝）》，卷264，〈禮部・貢舉・宗室鄉會試〉，頁11a-11b。

153 盛京宗室則由奉天宗學會同奉天府丞考試並驗看馬步箭，通過者一樣造冊送宗人府，與在京宗室一同鄉會試。參見《內閣大庫檔案資料庫》，登錄號：210393，〈兵部・兵部為條奏宗室考試章程由〉，嘉慶五年十一月十八日。另外《欽定大清會典事例（嘉慶朝）》之〈宗室鄉會試〉載宗室、盛京宗室均由兵部驗看馬步箭，然同書兵部〈八旗考試騎射〉，以及《內閣大庫檔案資料庫》宗室考試章程均載由宗人府、奉天宗學驗看。參見清・托津等奉敕纂，《欽定大清會典事例（嘉慶朝）》，卷264，〈禮部・貢舉・宗室鄉會試〉，頁5b-6b；同書，卷581，〈兵部・八旗考試騎射〉，頁19a。

154 參見清・托津等奉敕纂，《欽定大清會典事例（嘉慶朝）》，卷264，〈禮部・貢舉・宗室鄉會試〉，頁4a-6a。

155 清・杜受田等修、英匯等纂，《欽定科場條例》，收入《續修四庫全書》（上海：上海古籍出版社，1995），第829冊，卷1，〈宗室人員鄉會試・附載駁案〉，頁39a。宗室封爵從親王至奉恩將軍，子孫承襲依照功封、恩封、襲封、考封各有規定，無爵位者，即為閒散宗室。乾隆朝規定，閒散宗室滿十七歲，可申請四品頂戴，即為四品宗室，享有四品武職補服，但收入與閒散宗室同，與披甲兵丁相當。嘉慶朝建立的宗室科舉制度中雖未明載，然從宗室舉人、進士除少數筆帖式外，均為四品宗室來看，應延續康熙時的規定，准許應考者，僅奉恩將軍以下、無官職的閒散宗室、四品宗室。如嘉慶十八年原四品宗室希濬呈請會試，但因其中式舉人後，過繼與禮親王為嗣，授三品頂戴，「體制較崇，比照親王、額駙不准鄉試之例」，予以駁回。參見清・杜受田等修、英匯等纂，《欽定科場條例》，卷1，〈宗室人員鄉會試・附載駁案〉，頁39a；關於宗室封爵制度，請參見賴惠敏，《天潢貴胄——清皇族的階層結構與經濟生活》，頁57-65。

156 參見清・托津等奉敕纂，《欽定大清會典事例（嘉慶朝）》，卷264，〈禮部・貢

少，完卷需時較短，故改為待一般舉子三場完畢後，宗室才入場；當日交卷，交卷後僅彌封不謄錄，直送主考總裁，擬定中式名次。[157]至於殿試、朝考則與新進士一體應試，同日入考，其坐次及引見排班，均列在新進士之前。[158]嘉慶朝的宗室考試制度，雖讓宗室參與鄉、會試，然考題相對簡易，又不須參與童試取得生員資格，宗室的身分在清前期一直是應試科舉的限制，然至嘉慶朝卻轉為應試上的優遇。

另外一方面，同在嘉慶朝放寬應試限制的駐防八旗，則未能享有特殊待遇。清入關後，將八旗分為禁衛兵與駐防，[159]前者為八旗中精銳，集於京師，是為在京八旗；後者駐守於全國各大省會、軍事據點，遇有戰事便調遣出兵，是為駐防八旗。兵丁攜帶家口，居住在與當地民人隔離的滿城中，他們雖可如京旗循廕生、筆帖式等途入仕，然因距離遙遠，機會不如京旗，故進身之階主要仍是披甲當差。[160]

清政府規定，旗人欲應考童試、鄉試，須至順天府，[161]駐防旗人若要應試，「在直隸者，尚屬附近，其餘各省駐防，或二、三千里以至六、七千里不等，道途遙遠，費用資繁，不無畏難」。[162]清中期以前，受以京師為鄉土的觀念影響，即使為駐防旗人，履歷仍載京師旗籍，[163]故難以確知駐防八旗應試科舉的狀況，僅能由部分《駐防志》

舉·宗室鄉會試〉，頁7a-7b。

[157] 參見清·托津等奉敕纂，《欽定大清會典事例（嘉慶朝）》，卷264，〈禮部·貢舉·宗室鄉會試〉，頁8a-8b、13b-14b。

[158] 《內閣大庫檔案資料庫》，登錄號：210393，〈兵部·兵部為條奏宗室考試章程由〉，嘉慶五年十一月十八日。

[159] 民國·趙爾巽等撰，《清史稿》，卷130，〈兵志·八旗〉，頁3860-3879。

[160] 關於清朝八旗駐防的建立、駐防子弟生計問題，參見定宜庄，《清代八旗駐防研究》（遼陽：遼寧民族出版社，2002），頁1-2；189-221。

[161] 參見清·允祹等奉敕撰，《欽定大清會典則例（乾隆朝）》卷68，〈禮部·學校一·童生入學〉，頁252；同書卷66，〈禮部·貢舉上·送試〉，頁193。

[162] 《清代宮中檔奏摺及軍機處檔摺件資料庫》，文獻編號：402005890，〈鑲藍旗漢軍等左司關防參領朱炯·奏請將駐防各省八旗生童歲科兩試請均敕令送往就近駐防地知府衙門考試不必赴京與在京生童一體考試以免道途跋涉之勞便鼓讀書上進之志由〉，雍正十二年十一月九日。

[163] 參見潘洪綱，〈由客居到土著——清代駐防八旗的民族關係問題研究〉，《黑龍江民族叢刊》，2006：1（哈爾濱，2006.02），頁75。

記載略窺一二。目前可知在嘉慶二十一年（1816）以前考取功名者有杭州駐防的福申（1780-？）（未載科年）、乾隆二十七年（1762）壬午科舉人巴泰，[164]以及荊州駐防的嘉慶十二年（1807）丁卯科舉人復蒙，其中復蒙被視為是促成荊州駐防應試「風氣始振」者，其子亦同樣考取舉人。[165]

實際上康、雍、乾時期一直有開放駐防八旗就近應試的請求，如康熙五十一年（1712），廣州將軍管源忠奏稱，廣州駐防八旗子弟有以文藝上進之心，惟礙於赴京「路遠費艱」未能應試，乃藉康熙五十二年（1713）萬壽開設恩科之機，請求讓廣州駐防八旗就近應試，[166]但未被接受。至雍正、乾隆朝，官員建請開放駐防八旗就近考試的

---

[164] 巴泰生平不詳；福申為滿洲正黃旗人，後考取嘉慶十六年（1811）辛未科進士，授翰林院庶吉士，任翰林院檢討、侍講等職，最高任都察院左副都御史，後在江西學政任內緣事革職。參見清・張大昌輯，《杭州八旗駐防營志略》，收入《續修四庫全書》（上海：上海古籍出版社，1997），冊859，卷10，〈科第志例・鄉會試題名表〉，頁226。參見清・文慶等修，《清實錄・宣宗成皇帝實錄（二）》（北京：中華書局，1986），卷96，頁569下，道光六年三月己酉條；同書卷132，頁4上，道光八年正月戊申條。

[165] 嘉慶初復蒙考取駐防生員，嘉慶六年（1801）湖北學政上奏，有5位駐防生員欲送鄉試，其中一名為「富猛」，應為同一人，但至嘉慶十二年方考取舉人。後在嘉慶二十五年（1820）庚辰科考取進士，授銓選知縣，但未真正授職，轉而隨侍父親伊犁領隊大臣噶勒柱遠赴塞上，回荊州後在荊州將軍綿齡下擔任幕僚，又轉任教，《荊州駐防八旗志》載「荊郡駐防嘉慶丙子（二十一年）始與省試，士無師法，得蒙提倡，風氣始振，門下士多取科目為名宦者」。參見清・杜受田等修、英匯等纂，《欽定科場條例》，卷4，〈八旗貢監筆帖式等科舉・附載舊例〉，頁17a；清・希元等纂修，《荊州駐防八旗志》，收入《續修四庫全書》（上海：上海古籍出版社，1997），冊859，卷10，〈選舉志第二・舉人〉，頁496-497；同書卷11，〈人物志・儒林〉，頁523；同書卷11，〈人物志・文苑〉，頁525。參見中國第一歷史檔案館攝製，《嘉慶六年順天鄉試錄》、《嘉慶十二年（1807）順天鄉試錄》，收入《清代譜牒檔案（B字號）・縮影資料》（北京：中國第一歷史檔案館技術部，1983）。另外部分《地方志》亦有載清前期駐防旗人科甲名單，如《陝西通志》：雍正十三年（1735）乙卯科舉人吳達善（後考取乾隆元年（1736）丙辰科進士）、滿岱；乾隆十二年（1747）丁卯科舉人張克純、多隆務、張克紳；乾隆三十六年（1771）辛卯科舉人何炳安；乾隆三十九年（1774）甲午科舉人尚廷書。參見民國・吳廷錫纂，《續修陝西通志稿》，收入《中國省志彙編（十五）・陝西通志續通志（二十）》（臺北：華文書局，1969），卷40、41，〈選舉表一〉、〈選舉表二〉，頁3606、3611-3612、3625-3626。

[166] 《清代宮中檔奏摺及軍機處檔摺件資料庫》，文獻編號：401002201，〈廣州將軍管源忠・奏報駐防廣州八旗官兵監生等陳情明年萬壽恩科在廣州應試〉，康熙五十一年十月十二日。

上奏，亦均遭到否決，原因在於皇帝認為，國家設立駐防，「原令其持戈荷戟，備干城之選，非令其攻習文墨，與文人學士爭名塲屋也」，[167]若允許在外考試，「殊失設立駐防之本意」，為「斷不可行之事」。[168]嘉慶四年，湖南布政使通恩（*tunggen*, 1738-？）針對文武兩途駐防八旗入仕、陞用事宜上奏，建議讓各處駐防旗員優秀者，比照京旗，至兵部考驗引見任用，並指出「在京八旗以及各省漢人俱可就近考試，而獨駐防旗人必須遠道就京」，致因「限於資斧」而「念書者甚少」，擬請「准令各處駐防旗人於各該處另設學額一二名，歸入府學應試，俟取進後再聽其赴京鄉試」，經軍機大臣議覆，認為「於造就人才之道似屬有益，應照所請」。[169]

守成法祖的嘉慶皇帝，[170]竟反其父、祖之道，允許駐防八旗就近考試，這一點連嘉慶皇帝自己亦承認是一時失察，但同時強調，比起雍、乾時期，此時「生齒增倍，而披甲名糧，例有定額，概令食糧當差，則人浮於缺，勢有所難，若徒手嬉遊，毫無所事，必至習於非義。其有能讀書向上通曉文義者，如必令遠赴京師應試，資斧又恐不給，是以准就近應歲、科試，以廣進取之階」。[171]在乾隆朝以前，「駐防之地不過出差之所，京師乃其鄉土」，[172]因此駐防旗人不准在當地置產、身故後必須回葬京師、家口亦須還京，惟乾隆二十一年（1756）大規模地將駐防漢軍出旗為民，其空缺由京旗前往充補，為使派往外省駐防的京旗斷絕回京之念，便將以往駐防八旗歸旗的

---

[167] 清・鄂爾泰等修，《清實錄・世宗憲皇帝實錄》，卷121，頁592下，雍正十年七月乙酉條。

[168] 中國第一歷史檔案館編，《乾隆朝上諭檔》，冊1，頁292，乾隆三年七月十二日，內閣奉上諭。

[169] 中國第一歷史檔案館編，《嘉慶道光兩朝上諭檔》，冊4，頁253-254，嘉慶四年七月二十三日。

[170] 參見關文發，《嘉慶帝》（長春：吉林文史出版社，1993），頁564、571-572。

[171] 中國第一歷史檔案館編，《嘉慶道光兩朝上諭檔》，冊5，頁141-142，嘉慶五年三月二十七日，內閣奉上諭。

[172] 清・鄂爾泰等修，《清實錄・世宗憲皇帝實錄》，卷121，頁593上，雍正十年七月乙酉條。

規定一概廢除，使駐防八旗附著於當地。[173]駐防性質的改變，讓駐防八旗須至京師應試的限制發生鬆動，[174]又因八旗人口繁衍，兵額有限，故開放駐防八旗就近考試，讓應試更加方便，拓展駐防旗人的任官機會。

每科童試錄取原為定額，是為學額，此時清廷參考京旗學額與近年錄取比例後，[175]決議先不訂定駐防童試學額，讓各該學政臨場依照5至6人取1名的比例錄取，之後若應試人數增加，再訂定額數。[176]至於駐防八旗就近應試，恐使其怠忽武藝的問題，則以試前驗看馬步箭的方式解決；只是京旗是由兵部驗看，駐防八旗則由駐防大臣負責，通過後錄送當地學政，與民人一併於府考童試。[177]又仿京旗考取生員後入順天府學之例，駐防八旗則入附近的府學就讀，後因府學「於清語騎射皆不通曉，令其教導轉屬無益」，而改由佐領教導，其外的「月課文藝，則交府學閱看」。[178]

清制規定，生員必須參加歲、科考，即定期的考核。科考為送鄉

---

173 除取消以往規定外，更動用公項在當地置地以做駐防八旗公葬之用，定宜庄認為，這加強了駐防八旗與當地的束縛，亦完成駐防從臨時轉向固定的轉變。關於出旗為民辦法施行的原因與影響，參見定宜庄，《清代八旗駐防研究》，頁229-243。

174 為了因應乾隆二十一年駐防旗人置產、歸葬等駐防政策的變化，朝廷在各駐防地陸續設置旗學，其目的為保持八旗民族特質，教育重點在於清語騎射，然在過程中，亦培養了駐防旗人應試的能力，亦間接成為嘉慶朝放寬駐防八旗就近應試的背景。關於乾隆朝駐防各地旗學的設立，參見葉高樹，〈清朝的旗學與旗人的繙譯教育〉，頁97-128。

175 京旗童試學額為滿洲、蒙古60名；漢軍30名，此處清朝政府實際上只參考了滿洲、蒙古學額，配合近年應試人數計算出每5、6人取1名的比例。參見清・托津等奉敕纂，《欽定大清會典事例（嘉慶朝）》，卷305，〈禮部・學校・駐防考試〉，頁23a。

176 參見清・托津等奉敕纂，《欽定大清會典事例（嘉慶朝）》，卷298，〈禮部・學校・八旗學額〉，頁2a。

177 參見清・托津等奉敕纂，《欽定大清會典事例（嘉慶朝）》，卷305，〈禮部・學校・駐防考試〉，23b。駐防旗人童試的院試是在鄰近的府，如杭州駐防在杭州府考試，乍浦駐防在嘉興府考試，參見清・張大昌輯，《杭州八旗駐防營志略》，卷9，〈科第志例〉，頁219。

178 參見清・托津等奉敕纂，《欽定大清會典事例（嘉慶朝）》，卷305，〈禮部・學校・駐防考試〉，頁25a-25b。京旗方面，在雍正四年，於順天府學「設立滿教授一人、訓導一人」，以滿洲進士、舉人、貢生選授，負責管攝八旗生員，並教騎射。參見清・素爾納等撰，《欽定學政全書》，卷66，〈旗學事例〉，頁5a-5b。

試的考試，歲考則依照結果將生員分為六等，一等最佳、六等最低，一等之前列者選為廩膳生（又稱廩生），可歲領廩米；同樣列一等，在廩膳生名額之外者，稱為增廣生，無廩米，但可在廩膳生名額缺出時補上，各學之廩膳、增廣生員的名額是固定的，數量依照當地生員的人數比例推算。[179]駐防八旗就近考童試後，最初因應試人數少，故決議在舉辦兩屆歲科考試後，再定廩膳、增廣額數；後延至三屆，又改成在生員人數達30名左右，上奏覈定。[180]將現存史料中滿30名生員時的奏請，依據上奏之時間、駐防地、生員人數整理為表2-2-1。不同駐防處達到30名所需的時間差異頗大，部分駐防地生員人數增加的速度緩慢，如杭州、京口、成都等地駐防，要等到道光年間才累積到30名左右的生員。

表2-2-1　嘉慶道光朝駐防八旗生員人數表

上奏時間（年份）	嘉慶							道光		
	十二	十二	十二	十三	十五	十六	十九	八	八	十八
駐防地	荊州	西安	涼州	吉林	廣東	寧夏	江寧	杭州	京口	成都
人數	31	34	30	36	31	29	30餘	28	31	36

說　明：此表僅列至道光二十三年（1843）以前，之後駐防旗人改試繙譯。
資料來源：1.清·托津等奉敕纂，《欽定大清會典事例（嘉慶朝）》，收入《近代中國史料叢刊·三編》，第67輯，第663冊，臺北：文海出版社，1991。
　　　　　2.清·崑岡等修，《欽定大清會典事例（光緒朝）》，收入《續修四庫全書》，第804冊，上海：上海古籍出版社，1997。

　　雖開放駐防八旗就近應童試，但欲應鄉試，仍須至順天府。各駐防地必須在禮部行文各駐防將軍時，由該將軍調查應試的生員人數與基本資料，造冊送至京師各旗確認無誤後，讓駐防跟京旗生員一同驗看馬步箭後錄科。[181]允許駐防旗人就近應童試後，開放鄉試與否便

---

[179] 參見商衍鎏，《清代科舉考試述錄》，頁33-37。

[180] 嘉慶十二年，依照湖北學政該處取生員31名之例，規定日後各省駐防取進生員，如在30名「上下在二、三名以內者」，便可上奏定廩膳、增廣額數。參見清·恭阿拉等纂，《欽定學政全書（嘉慶朝）》，卷57，〈駐防事例〉，頁9b-11a。

[181] 清·恭阿拉等纂，《欽定學政全書（嘉慶朝）》，卷57，〈駐防事例〉，頁

成為討論的重點。嘉慶九年（1804），浙江巡撫阮元（1764-1849）上奏，請求讓駐防生員就近應鄉試，惟內閣會同禮部決議駁回。嘉慶皇帝認為，允許駐防旗人就近應童試，「已屬格外恩施」，若鄉試一併開放，「恐駐防八旗競思以文藝進身，轉置騎射於不問，必致拋荒本業，流為文弱，漸失舊風」，況且「京師為八旗子弟世居，顧名思義，豈可入外省鄉試乎」，故「斷不可行」。[182]仍是延續雍、乾時期的看法，顯示嘉慶皇帝雖有現實的考量，對於徹底推翻父、祖的政策仍有猶豫。

　　嘉慶十八年，清廷宣布開放八旗滿洲、蒙古應武舉。[183]八旗武舉始於雍正元年，十一年（1733）即中止，[184]之後僅許八旗漢軍應試，此時重新開放滿洲、蒙古應武舉，更讓駐防八旗就近考武試，[185]似無繼續禁止駐防旗人就近應鄉試的必要，故於同年六月宣布，「各省駐防官兵子弟，准其於本省就近考試入學，因鄉試必須來京，道途遙遠者，每以艱於資斧，裹足不前，現在駐防旗人，並議准就近應武童試。嗣後各省駐防子弟入學者，即令其於該省一體應文武鄉試，於造就人才之道，較為有益」。[186]

　　嘉慶二十一年（1816）駐防就近應鄉試首科，禮部根據順天鄉試約為10餘名取中1名，又考量「各省駐防于嘉慶四年始應試入學，與在京八旗之素習詩書、久經應試者不同，自應寬為定額，以示鼓

　　12b-14a。因與京旗一同由順天府錄科的緣故，即使出身駐防，考取後《鄉試錄》的履歷仍載為「順天府學」之生員。如荊州駐防生員復蒙，考取嘉慶十二年舉人，在該年順天鄉試錄中載「年二十九歲，鑲紅旗滿洲都統恩格佐領下順天府學附生」。參見中國第一歷史檔案館攝製，《嘉慶十二年（1807）順天鄉試錄》。

[182] 中國第一歷史檔案館編，《嘉慶道光兩朝上諭檔》，9冊，頁513-514，嘉慶九年十一月十五日內閣奉上諭。

[183] 中國第一歷史檔案館編，《嘉慶道光兩朝上諭檔》，18冊，頁167，嘉慶十八年五月二十九日，內閣奉上諭。

[184] 清・托津等奉敕纂，《欽定大清會典事例（嘉慶朝）》，卷579，〈兵部・武科・武鄉試〉，頁3b、5b。

[185] 中國第一歷史檔案館編，《嘉慶道光兩朝上諭檔》，18冊，頁214-215，嘉慶十八年七月三日，奉上諭。

[186] 中國第一歷史檔案館編，《嘉慶道光兩朝上諭檔》，18冊，頁208，嘉慶十八年六月二十八日內閣奉上諭。

勵」，[187]且各省駐防生員人數「其最少者，亦在十名以外」，[188]故決議「各省駐防生員於本省鄉試，編立旗字號另額取中，學政錄送十名准取中一名，其零數過半者，議准其照官卷例再取中一名。將來人數增多，總不得過三名，以示限制」。[189]清朝駐防據點當中，畿輔駐防因距離京師較近，[190]與隸屬夾字號的奉天府屬、吉林、黑龍江等地，均於康熙朝允許八旗應試始，便一直參與順天府鄉試，故不在此時開放就近鄉試之列，[191]僅依各處駐防童生人數，在當地設置學額，就近應童試。[192]新疆駐防則未列入直省駐防系統內，[193]因此舉行駐防鄉試

---

187 參見清・長善等修，《駐粵八旗志》，收入《續修四庫全書》（上海：上海古籍出版社，1997），第859冊，卷7，〈經政略・文鄉會試〉，頁15a。

188 「（嘉慶十八年）現在陝西、甘肅駐防生員共有八十九名；福建、廣東、山東、河南、江南、浙江、湖北、四川八省，自十餘名至四十餘名不等；惟山西一省，查十六年學冊，只有九名，現在十七年科考冊尚未到部，再歷下屆歲、科兩考，約計亦可有十餘名。且各省駐防內有願報貢捐監應試者，亦應准其就近一體鄉試，如此統行彙計，其最少者亦在十名以外」。參見清・杜受田等修、英匯等纂，《欽定科場條例》，卷19，〈各省鄉試定額・附載舊例〉，頁64。

189 清・禮部纂輯，《欽定科場條例》，收入《近代中國史料叢刊・三編》（臺北：文海出版社，1989），第48輯，474冊，卷20，〈鄉試定額・各省鄉試定額〉，頁1431。此外考試前必須先由各將軍、副都統等考試馬步箭，合格後才能咨送學政錄科，參見清・崑岡等修，《欽定大清會典事例（光緒朝）》，卷338，〈禮部・貢舉・錄送鄉試二〉，頁357。

190 如熱河承德府屬八旗子弟，欲至京師應考童試，若考試日期為六月初，僅須於五月二十九日出發即可，參見《清代宮中檔奏摺及軍機處檔摺件資料庫》，文獻編號：02717，〈金士松・奏為起程赴京考試八旗生童事〉，乾隆。

191 參見清・崑岡等修，《欽定大清會典事例（光緒朝）》，卷337，〈禮部・貢舉・錄送鄉試一〉，頁344；清・禮部纂輯，《欽定科場條例》，卷20，〈鄉會試定額・各省鄉試定額・例案〉，頁1409；同書卷20，〈鄉會試定額・各省鄉試定額・駁案〉，頁1512-1515。

192 如《欽定大清會典事例（嘉慶朝）》載有畿輔駐防之滄州、熱河駐防童試的相關事宜，表2-2-1中亦有隸屬於盛京駐防的吉林生員人數。只是各駐防處是否設置學額，情況不一，如黑龍江駐防至同治六年（1867）方准就近應童試。參見清・托津等奉敕纂，《欽定大清會典事例（嘉慶朝）》，卷305，〈禮部・學校・駐防考試〉，頁24b-27a；清・崑岡等修，《欽定大清會典事例（光緒朝）》，卷387，〈旗學事宜〉，頁90。

193 「（乾隆）三十二年諭，……伊犁係新定疆域，雖駐有滿洲蒙古官兵，究非內地駐防可比，該處人等止宜勤習清語騎射，學漢文何為？況道途遙遠，不惟鄉試不應咨取，即遇考試清文，亦不准行查」。又同治朝《欽定戶部則例》中，〈直省駐防月支餉銀圖〉、〈直省駐防歲支餉米圖〉中，均未包含新疆駐防，而是另載〈新疆駐防月支餉銀圖〉、〈新疆駐防月支餉米圖〉，可知新疆雖同為駐防，但與直省不同。參見清・托津等奉敕纂，《欽定大清會典事例（嘉慶朝）》，卷271，〈禮部・

的據點，即為山東駐防等11處。[194]

　　駐防八旗就近童、鄉試的制度施行數年後，繙譯鄉試應考人數逐漸下降。道光皇帝（1782-1850，1821-1850在位）認為是「各駐防子弟往往騖於虛名，浮華相尚，遂致輕視弓馬，怠荒武備，其於應習之清語，視為無足輕重」所致，遂於道光二十三年（1843）宣布「嗣後各處駐防俱著改應繙譯考試」。[195]又根據安徽學政李嘉端（1808-1880）的上奏，駐防八旗改試繙譯與道光二十二年（1842）的湖北荊州駐防文生員聯名滋事案件有關。[196]此案源於八旗童生泰成因補考文試而誤班，遭到佐領責打，該營舉人、貢生、生員等70多人便聚眾至學政衙門抗議，並口出惡言。後聚眾者均遭到懲處，原本懲處的名單中亦包含責打童生泰成的佐領，但道光皇帝認為該佐領僅職責在身，便以「身當甲兵，尤其職任所轄」為由，將兵部所奏懲處駁回。[197]守衛地方、保持武藝，是駐防八旗的任務，參與考試僅是次要，道光皇帝本對八旗怠忽清語騎射的不滿日漸加深，駐防文生員滋事案件遂成為導火線，而有全面改試繙譯的決策。然而道光皇帝雖下令各處駐防均改試繙譯，但實際上畿輔駐防、奉天府屬等盛京駐防均照舊應文科舉，[198]受影響者僅有嘉慶朝以後就近應試的外省駐防。此突如其來

貢舉・錄送鄉試〉，頁21a；清・承啓等纂，《欽定戶部則例（同治朝）》，收入《清代各部院則例》（香港：蝠池書院，2004），冊39，卷82，〈兵餉四〉，頁5488-5489、5492-5493。

[194] 包括山東、山西、河南、江南、福建、浙江、湖北、陝西、甘肅、四川、廣東等11處，其中甘肅原為聿字號，入陝西鄉試，至光緒朝方與陝西分闈。參見清・崑岡等修，《欽定大清會典事例（光緒朝）》，卷349，〈貢舉二・鄉試中額〉，頁9b-10a；同書，卷544-545，〈兵部・官制〉，頁518-541；清・伊桑阿等纂修，《大清會典（康熙朝）》，卷53，〈儀制清吏司・貢舉二・鄉試〉，頁1b。

[195] 中國第一歷史檔案館編，《嘉慶道光兩朝上諭檔》，冊48，頁391，道光二十三年閏七月十四日，內閣奉上諭。

[196] 清・杜受田等修、英匯等纂，《欽定科場條例》，卷4，〈八旗貢監生筆帖式科舉・附載駁案〉，頁20b-22a。

[197] 清・文慶等修，《清實錄・宣宗成皇帝實錄（六）》，卷392，頁1040上-1040下，道光二十三年五月癸丑條。

[198] 參見清・杜受田等修、英匯等纂，《欽定科場條例》，卷58，〈繙譯・繙譯童試・附載駁案〉，頁28a。

的決策造成許多駐防處連續數科均因人數不足而延期，[199]且不僅初試者受到影響，已取得功名的駐防文生員、文舉人亦無法應文鄉、會試。[200]然因允許現任官員子弟隨任在京者，可照舊應考文科舉，[201]便有不少留京之駐防旗人欲援此例，卻一一遭到駁回，[202]可見此強硬的命令，確實衝擊了嘉慶朝甫奉准就近應試的駐防八旗。

　　咸豐皇帝（1831-1861，1851-1861在位）登基後，安徽學政李嘉端奏請恢復駐防文科舉，但禮部認為，依照道光皇帝的諭旨，各駐防繙譯考試「必須行之已久、弓馬嫻熟、繙譯精通」，方准恢復文科舉，但「道光二十四、二十六、二十九等年繙譯鄉試，各駐防內有無人應考者，有應考人數不敷取中，仍停考試者」，故恢復駐防文科舉一事「似屬太驟，應無庸議」。[203]後各駐防繙譯考試舉辦情形逐漸穩定，[204]至同治皇帝（1856-1874，1862-1874在位）登基的咸豐十一年底，大學士祁寯藻（1793-1866）上奏時政六事，其中「開制科以收人才」，提及因戰事導致外省多處停科，且「今時事艱難，需才甚急，外省遺才，尚需搜取，八旗舊例更宜疏通」，故建議「於駐防繙譯科甲外，請復駐防考取文舉人、生員之例，與繙譯一體錄用，以廣登進」。[205]身為漢人的祁寯藻基於廣收人才的觀點提出建議，朝廷雖

---

[199] 葉高樹，〈清朝的繙譯科考制度〉，頁87-88。

[200] 清·特登額等纂，《欽定禮部則例（道光朝）》，卷53，〈儀制清吏司·各省繙譯童試事例〉，頁3b、5a。此外原各駐防學額中的廩膳生、增廣生，除已補者保留外，其餘全數裁撤，之後遇缺不補。參見同書，頁3b-4a。

[201] 清·杜受田等修、英匯等纂，《欽定科場條例》，卷58，〈繙譯·駐防繙譯童試·現行事例〉，頁32b。

[202] 如因投供候選知縣而留在京師、擔任直隸教職者之駐防文舉人等。參見清·杜受田等修、英匯等纂，《欽定科場條例》，卷6，〈八旗舉人會試·附載駁案〉，頁43a-43b。投供是指舉人、進士除授為候選知縣後，按期至吏部投呈本人履歷以待銓選。參見清·崑岡等修，《欽定大清會典事例（光緒朝）》，卷72，〈吏部五六·除授一·進士選用知縣〉，頁7b；同書卷73，〈吏部五七·除授二·舉人大挑〉，頁16b。

[203] 清·杜受田等修、英匯等纂，《欽定科場條例》，卷4，〈八旗貢監生筆帖式科舉·附載駁案〉，頁20b-22a。

[204] 葉高樹，〈清朝的繙譯科考制度〉，頁85-89。

[205] 《大清國史人物列傳及史館檔傳包傳稿目錄資料庫》，文獻編號：702003090，〈祁寯藻傳包〉。

採納，仍強調「八旗人等仍不得以專騖漢文，致將繙譯國語稍涉荒廢」。[206]宣布駐防文試、繙譯考試並行後，制度大致沿襲嘉慶朝的內容，而不論文、繙譯生員、舉人，均可自行選擇應何種考試，但新考取的繙譯生員僅能應試繙譯，文生員可擇試繙譯，但不許再考文試。[207]自此至清末，駐防八旗應試文科舉的制度便無太大變化。

　　清中期以降，日漸嚴峻的八旗生計問題，使開放旗人應試限制，成為解決「人浮於缺」、拓展旗人任官機會的辦法之一。此時調整旗人應試規定雖是共同原則，但相較於嘉慶皇帝在統治上，與其堅守祖制，不如與現實政治妥協的做法；道光皇帝則在繼承其父決策的同時，更重視八旗根本，而有駐防八旗全面改試繙譯之舉。然而即使統治者或因所處的時代相異，或治事風格寬嚴不一，而使旗人科舉制度的內容出現變化，但歷朝皇帝始終貫徹清語騎射為八旗根本的原則，故即使是對旗人參與科舉態度相對寬鬆的嘉慶皇帝，亦將「科舉」與「漢習」連結，擺在「清語騎射」的對立面，強調「國家造就八旗人才，以騎射為根本，其考試文藝乃末技耳」，允許旗人應試，目的在於「增此一途以廣登進之路」，即使「缺此一途，亦於八旗人才無損」。[208]科舉是「關係甚重」的「國家掄才大典」，[209]不論旗、民，科舉在入仕任官制度上的重要性無庸置疑，只是「沾染漢習」的危機感終清朝一世從未消逝，故除在應試過程設置騎射門檻外，滿洲統治者勢必需要其他的方式以維護八旗根本。

---

[206] 中國第一歷史檔案館編，《咸豐同治兩朝上諭檔》（桂林：廣西師範大學出版社，1998），冊11，頁530，咸豐十一年十一月二十七日，內閣奉上諭。

[207] 清・崑岡等修，《欽定大清會典事例（光緒朝）》，卷381，〈駐防考試〉，頁107。

[208] 中國第一歷史檔案館編，《嘉慶道光兩朝上諭檔》（桂林：廣西師範大學出版社，2000），冊23，頁260，嘉慶二十三年六月初三日，內閣奉上諭。

[209] 中國第一歷史檔案館編，《乾隆朝上諭檔》，冊1，頁925，乾隆九年七月二十四日，內閣奉上諭；中國第一歷史檔案館編，《乾隆帝起居注》（桂林：廣西師範大學出版社，2002），冊4，頁584，乾隆十年四月初四日。

第三章
科場競爭與旗人家族

第一節 旗人應科舉的取中率

　　科舉制度的出現與中國歷史發展初期的「尚賢」思想有密切的關係，[1]故朝廷以文學能力為標準，選拔優秀、賢能者為官。然明代以後，朝廷逐漸在鄉、會試施行區域配額制，使科舉從「自由競爭」，轉變成以「公平分配」為原則的考試制度，因此相較於人口眾多、文風薈萃的區域，應試人數不多而程度不高的區域反具優勢，[2]顯示個人文學能力不是唯一能左右科場表現的因素。另一方面，清朝對統治民族的優遇原則，亦影響旗人在科場上的競爭力，[3]其在競爭激烈「考試地獄」的錄取情況，[4]值得探究。

　　科舉考試分為童試、鄉試、會試三個階段，應試者必須先通過「士子進身之始」的童試，[5]以進入府、州、縣學等儒學，成為生員。每屆童試錄取的額數稱為「學額」，依額數多寡分為大、中、小學，

---

[1] 參見李弘祺，《學以為己：傳統中國的教育》（香港：香港中文大學出版社，2012），頁106-107。

[2] 參見林麗月，〈科場競爭與天下之「公」：明代科舉區域配額問題的一些考察〉，《國立臺灣師範大學歷史學報》，20（臺北，1992.06），頁43-73。

[3] 本節討論的對象僅限京旗（包括參與順天鄉試的盛京八旗），駐防八旗因參與的科場、錄取比例不同，故留待第四章論之。

[4] 宮崎市定，《科舉——中國の試驗地獄》（東京：中央公論社，1980），頁7。

[5] 中國第一歷史檔案館編，《乾隆朝上諭檔》（北京：檔案出版社，1998），冊1，頁792，乾隆七年八月初一日，內閣奉上諭。

各有40、30、20名。[6]八旗學額獨立於漢人外，通過童試後，歸入順天府學，[7]康熙二十六年（1687），宣布八旗與漢人一體考試後，滿洲、蒙古滿字號學額為40名，漢軍合字號20名；[8]康熙三十三年（1694），允許內務府、五旗王公下包衣應試，滿字號乃增為60名，合字號增為30名，成為定制；[9]再加上盛京八旗學額滿字號11名、合字號8名，[10]故八旗學額總數為109名，是一般大學的2倍多，亦較順天府學之漢人學額要多。[11]然清朝直隸各省學額共25,089名，[12]在駐防童試尚未開放的時期，八旗僅佔總學額的0.4%。

　　學額固定，童試取中率便隨著應試童生人數而變化。[13]乾隆五年（1740），八旗童生報考童試前馬步箭人數為1,031名、十九年（1754）966名、二十二年（1757）1,015名，[14]以上數科童試取中率在

6　又額外訂定府、州、縣學學額：大府20名、大州縣15名、小學4、5名。參見清・允祿等監修，《大清會典（雍正朝）》，收入《近代中國史料叢刊・三編》（臺北：文海出版社，1992），第77輯，第772冊，卷76，〈禮部・學校二・學制員額〉，頁1a。

7　參見清・允祿等監修，《大清會典（雍正朝）》，卷76，〈禮部・學校二・學制員額〉，頁15b。

8　參見清・允祿等監修，《大清會典（雍正朝）》，卷76，〈禮部・學校二・學制員額〉，頁17a-17b。

9　參見清・允祿等監修，《大清會典（雍正朝）》，卷76，〈禮部・學校二・學制員額〉，頁18a。

10　盛京八旗學額於康、雍朝多次增額，於雍正二年（1724）定制。參見清・允祿等監修，《大清會典（雍正朝）》，卷76，〈禮部・學校二・學制員額〉，頁20b。

11　順天府學漢人學額（包括宛平、大興兩縣）為65名。有清一代，順天府學學額多有增減，在此以順治十六年（1659）設置，沿用至康熙朝的額數計。參見清・允祿等監修，《大清會典（雍正朝）》，卷76，〈禮部・學校二・學制員額〉，頁1a-1b。

12　張仲禮著，李榮昌譯，《中國紳士：關於其在19世紀中國社會中作用的研究》（上海：上海社會科學院出版社，1991），頁156-157。

13　參與童試者稱之童生，又稱文童、儒童。參見李世愉、胡平，《中國科舉制度通史・清代卷》（上海：上海人民出版社，2015），頁13。

14　參見《內閣大庫檔案資料庫》（臺北：中央研究院歷史語言研究所），登錄號：223683，〈兵部・兵部為咨取大學士監射由〉，乾隆六年一月二十六日；登錄號：106738，〈兵部・移會典籍廳本年八旗歲考文童生常寧等九百六十六名相應將內大臣大學士尚書等職銜兼寫清漢過部以便開列請旨欽點四員監試騎射〉，乾隆十九年五月二十九日；登錄號：177364，〈兵部・兵部為考試馬步箭事〉，乾隆二十二年七月二十四日。

8.7～9.3％以上。[15]又如嘉慶七年（1802）、十六年（1811）報考馬步箭考試的八旗童生人數分別僅有476、418名，取中率也提升至19％、22％以上。[16]八旗以外，清朝直隸各省童試應試人數依地區有極大差異，少者200名，多者如江南蘇州府應試人數達萬人。[17]一般而言，直省童試取中率約1％，偏遠地區因人少額寬，可高至3％，[18]故旗、民考取生員的難度差距甚大。明清兩代均致力於生員總數的管控，而清朝的控制更為嚴格，使學額往往不及人口的增長，童試的難度亦隨之增加。[19]八旗雖同樣受到管控，佔總學額比例低，然因應試人數少，故考取生員資格的機會高於漢人。

　　鄉試中額與學額一樣是固定的，其額數在清前期多有變動，至乾隆九年（1744）發生順天鄉試考試夾帶、文不對題等多人作弊的事件，乾隆皇帝（1711-1799，1736-1795在位）認為「與其寬登選以啟倖進之門，不如嚴俊造以收得人之實」，故決議從乾隆十二年（1747）丁卯科開始，減少各直省鄉試中額約10分之1。[20]順天鄉試中額自此固定（參見表3-1-1），直至清末，始因戰事頻仍、軍需窘迫而開辦「捐

---

[15] 八旗各階段考試前，須驗看馬步箭，合格者方准應試，故真正應試童者，將少於參與馬步箭考試的人數，又在京八旗學額為90名，以此除馬步箭考試的人數，可知該科童試實際取中率必定在此之上。其算式如下：90/1031≒0.087＝8.7％（乾隆五年）；90/966≒0.093＝9.3％（乾隆十九年）；90/1015≒0.088＝8.9％（乾隆二十二年）。

[16] 《內閣大庫檔案資料庫》，登錄號：062605，〈大學士管兵部保寧‧題請欽點八旗文童生監試騎射大臣〉，嘉慶七年六月二十六日；登錄號：117139，〈協辦大學士兵部尚書明亮‧兵部為欽聘監試八旗文童馬步箭〉，嘉慶十六年五月十一日。取中率計算：90/476≒0.189＝19％；90/418≒0.215＝22％。

[17] 張仲禮著，李榮昌譯，《中國紳士：關於其在19世紀中國社會中作用的研究》，頁97-98。

[18] 參見王立剛，〈清代童試錄取率研究〉，《科舉學論叢》，2013：3（北京，2013.07），頁51-52。

[19] 何炳棣著，徐泓譯，《明清社會史論》（臺北：聯經出版公司，2013），頁212-213、220-226。

[20] 參見中國第一歷史檔案館編，《乾隆朝上諭檔》，冊1，頁931-933，乾隆九年八月十六日，內閣奉上諭；清‧允祹等奉敕撰，《欽定大清會典則例（乾隆朝）》，收入《景印文淵閣四庫全書》（臺北：臺灣商務印書館，1983），第622冊，卷67，〈貢舉下〉，頁43a-44a。

輸廣額」。[21]

表3-1-1　乾隆九年減額前後順天鄉試中額數量對照表

額數\字號	原額		減額後	
	中額	加五經後	中額	加五經後
滿字號	30	31	27	28
合字號	13	14	12	13
南皿字號	39	41	36	38
北皿字號	39	41	36	38
中皿字號	15卷取1名		20卷取1名	
貝字號	108	113	97	102
夾字號	4			
旦字號	4			
鹵字號	1			
總計	238	249	217	228

說　　明： 1.五經額數是臨時酌文取中，必足15卷方取中1名，故未必每科均有。
　　　　　 2.滿字號為八旗滿洲、蒙古；合字號指八旗漢軍；皿字號為監生，又依照地區分南、北、中皿，中皿字號未設定額；貝字號為直隸省生員；夾字號為奉天府學生員；旦字號為宣化府屬生員；鹵字號為長蘆商籍生員。
資料來源： 1.清・允祹等奉敕撰，《欽定大清會典則例（乾隆朝）》，收入《景印文淵閣四庫全書》，第622冊，臺北：臺灣商務印書館，1983。
　　　　　 2.清・慶桂等修，《清實錄・高宗純皇帝實錄（三）》，北京：中華書局，1986。

---

[21] 因太平天國戰爭等戰事頻仍，導致國家財政窘迫，故咸豐三年（1853）時，朝廷宣布施行「捐輸廣額」，藉由給予相對的學額、鄉試中額，鼓勵各直省捐輸。關於各地捐輸廣額的數量，請參見謝海濤，〈中央與地方的交換：晚清咸同年間科舉錄取名額的增加〉，《清史研究》，2009：4（北京，2009.11），頁44-55；張瑞龍，〈中央與地方：捐輸廣額與晚清鄉試中額研究〉，《近代史研究》，2018：1（北京，2018.01），頁92-111。此外，順天鄉試中額仍有一些細部的調整如下：乾隆十八年（1753）取消鹵字號，長蘆商籍生員併入貝字號；乾隆四十四年（1779）新增承德府承字號1名，後於嘉慶十一年（1806）增為3名；嘉慶七年（1802）旦字號歸入貝字號，後於光緒五年又恢復舊制；光緒四年（1878）夾字號增為8名；光緒十三年（1887）增算學生，每20名取中1名，最多不得過3名。參見清・慶桂等修，《清實錄・高宗純皇帝實錄（六）》（北京：中華書局，1986），卷449，頁848上，乾隆十八年十月壬寅條；清・杜受田等修・英匯等纂，《欽定科場條例》，收入《續修四庫全書》（上海：上海古籍出版社，1997），冊830，卷19，〈鄉會試中額・各省鄉試定額〉，頁10b-13b；清・禮部纂輯，《欽定科場條例》，收入《近代中國史料叢刊・三編》（臺北：文海出版社，1989），第48輯，第474冊，卷20，〈鄉會試中額・各省鄉試定額〉，頁36a、38b-39a、43a-43b。

考取生員後，便擁有參與鄉試的資格，然並非所有生員均能應考。清朝每科錄送鄉試的人數比例均有規定，順治二年（1645）首開鄉試時，規定各省鄉闈每舉人一名，能錄送30名，[22] 後增至100名。[23] 乾隆九年減少鄉試中額的同時，亦降低各省錄送鄉試的比例，並依照各地鄉試中額、人口多寡，分為大、中、小省，大省每舉人1名錄送士子80名，中省60名、小省50名。順天鄉試除直隸生員「貝字號」，每舉人1名錄送60名外，其餘依大省例錄送80名。[24] 錄送鄉試的比例既已定制，鄉試的取中率應隨之固定，如大省當為1.3％（80取1），然因實際應試人數的差異，使各地鄉闈取中率不一。以中額數而言，順天鄉試是直隸各省中最多的鄉闈，其依錄送鄉試比例，滿、合、南北中皿、旦、夾、鹵等字號應考人數為10,080名，貝字號6,120名，加上副榜，合計17,670名。[25] 然實際應試人數與取中率如「表3-1-2」：

---

22 參見清・伊桑阿等纂修，《大清會典（康熙朝）》，收入《近代中國史料叢刊・三編》（臺北：文海出版社，1992），第72輯，第717冊，卷52，〈禮部・貢舉一・科舉通例〉，頁2a。

23 參見中國第一歷史檔案館編，《乾隆朝上諭檔》，冊1，乾隆七年二月十三日，內閣奉上諭，頁761。

24 直隸、江南、江西、福建、浙江、湖廣為大省；山東、山西、河南、陝西、四川、廣東為中省；廣西、雲南、貴州為小省。直隸生員貝字號原本為大省80取1，但於乾隆十二年改為60取1。參見清・允祹等奉敕撰，《欽定大清會典則例（乾隆朝）》，卷66，〈貢舉上〉，頁41a-42a。

25 滿、合等字號，以加上五經中額人數計算，不計「中皿」人數，應考人數為（28+13+38+38+4+4+1）×80＝10,080；貝字號應考人數為102×60＝6,120。乾隆十三年（1748）將副榜中額亦併入錄送額數，規定每副榜一名，大省加取40名、中省30名、小省20名；又每正榜五名設副榜一名，故順天鄉試副榜為滿字號5名、合字號2名、南、北皿各7名、貝字號21名。故增收的錄送鄉試人數為840名（21×40）與貝字號630名（21×30）。因此錄送順天鄉試之應考士子人數上限為10800+6120+840+630＝17,670。參見清・托津等奉敕纂，《欽定大清會典事例（嘉慶朝）》，收入《近代中國史料叢刊・三編》（臺北：文海出版社，1991），第67輯，第663冊，卷271，〈貢舉・錄送鄉試〉，頁12a-12b；清・允祿等監修，《大清會典（雍正朝）》，卷73，〈貢舉二・鄉試考試官中額及通例附〉，頁26a-26b。

表3-1-2　清朝順天鄉試應試、取中人數表

人數／科年	應試人數	取中人數	取中率（%）
康熙四十四年（1705）乙酉科	7,500	217	2.9
康熙四十七年（1708）戊子科	7,400	199	2.7
康熙五十三年（1714）甲午科	7,400	238	3.2
雍正元年（1723）癸卯恩科	6,100	293	4.8
雍正四年（1726）丙午科	6,500	243	3.7
雍正七年（1729）己酉科	6,300	244	3.9
雍正十年（1732）壬子科	8,700	267	3.1
乾隆六年（1741）辛酉科	10,000	254	2.5
乾隆十二年（1747）丁卯科	8,000	232	2.9
乾隆十五年（1750）庚午科	8,000	229	2.9
乾隆十七年（1752）壬申恩科	7,000	230	3.3
乾隆二十四年（1759）己卯科	7,400	229	3.1
乾隆三十三年（1768）戊子科	8,500	231	2.7
乾隆五十三年（1788）戊申恩科	6,700	227	3.4
嘉慶三年（1798）戊午科	8,975	227	2.5
嘉慶九年（1804）甲子科	8,900	236	2.7
道光元年（1821）辛巳恩科	8,765	299	3.4
道光二年（1822）壬午科	8,888	246	2.8
道光十七年（1837）丁酉科	8,700	242	2.8
咸豐九年（1859）己未恩科	7,700	243	3.2
同治三年（1864）甲子科	10,600	244	2.3
光緒五年（1879）己卯科	12,000	280	2.3
光緒十一年（1885）乙酉科	11,000	280	2.5
光緒十五年（1889）己丑恩科	13,696	343	2.5
平均	8,530	249	3.0

說　　明：1.表格僅載檔案資料所見載有應試人數者，其尾數雖往往語焉不詳，仍能依此了解不同時間鄉闈的變化。故資料尾數不詳者，在表中以整數計，如「八千七百餘人」，便記為「8700」，以下表格均同。另外光緒二十八年壬寅科順天鄉試應試人數雖有檔案記載，但無八旗故不列表。

　　　　　2.清朝鄉試中額雖有定制，然仍受臨時增額、五經取中人數多寡等因素影響，使各科實際取中人數不一，為更準確計算取中率，表中取中人數均以各科《科舉錄》或檔案資料記載為準，以下各表均同。但乾隆五十三年戊申恩科、嘉慶三年戊午科因缺乏相關資料，故取中人數以規定額數計。

3.取中人數不包括宗室與副榜。

資料來源：1.《內閣大庫檔案資料庫》，臺北：中央研究院歷史語言研究所。
　　　　　2.《清代宮中檔及軍機處檔摺件資料庫》，臺北：國立故宮博物院。
　　　　　3.中國第一歷史檔案館技術部攝製，《軍機處錄副奏摺》，北京：中國第一歷史檔案館，1986-1989。
　　　　　4.清‧徐日暄、田軒來主考，《順天鄉試錄康熙甲午科》，清康熙五十三年刻本，華盛頓：美國國會圖書館藏。
　　　　　5.中國第一歷史檔案館攝製，《順天鄉試題名錄》，收入《清代譜牒檔案（B字號）‧縮影資料》，北京：中國第一歷史檔案館技術部，1983。
　　　　　6.清‧寶鋆等奉敕修，《清實錄‧穆宗毅皇帝實錄》，北京：中華書局，1987。

　　乾隆九年降低錄送鄉試比例後，順天鄉試應試人數一直維持在7,000～9,000名，甚至低至6,000多名，直至清晚期方再度超過萬名，[26]故應試人數平均為8,530名，平均取中率為3.0％。同為大省的江南鄉闈，中額僅次於順天鄉闈，依照錄送鄉試比例，應試人數應為10,000名，[27]然實際上除了乾隆朝（1736-1795）外，嘉、道以後大多逾額錄送，[28]平均取中率僅0.9％（見附錄一）。[29]參與順天鄉試者，包括監生、八旗，以及偏遠地區的旦字號、夾字號，清廷因此制定了較優渥的中額，[30]取中率亦相對突出。又雖無法確知八旗應試順天鄉試

[26] 清晚期受到捐輸廣額辦法施行的影響，各省學額、鄉試中額增加，使科舉各階段考試的取中人數均顯著成長。
[27] 江南鄉試中額為114名，錄送鄉試人數為114×80＝9120，又副榜中額為22名，增錄送鄉試人數880名（22×40），因此錄送鄉試人數上限為9120+880＝10000。
[28] 清朝錄送鄉試士子的考試，除國子監、學政舉辦的科試外，尚有「錄遺」、「大收」等試，讓錄科series取以及未能參加科試者應考，因不限額數，錄送多少「自在學政多寡相權」，故在人口眾多的區域，往往有超額錄送的情形。參見清‧恭阿拉等纂，《欽定學政全書（嘉慶朝）》，收入《清代各部院則例》（香港：蝠池書院，2004），第16冊，卷36，〈錄送科舉〉，頁4a-4b、12a-12b；商衍鎏，《清代科舉考試述錄》（北京：故宮出版社，2014），頁35-36。
[29] 順天鄉試各字號中以皿字號、貝字號所佔額數較多，前者屬大省，後者原亦為大省，然在乾隆十二年，因順天貢院空間有限，且「直隸文風較之江浙兩省，究屬有間」，比較在北五省中文風最盛的山東，「其錄科名數，每舉人一名，部議定為六十名，若將直隸科舉，照山東額數錄送計，取五千九百四十名，已不為少」，故劃為中省。而清朝山東鄉試之平均應試人數略少於順天鄉闈（見附錄二），但中額（69名）卻不及順天的3分之1，平均取中率僅1.1％，較順天鄉試低。參見《清代宮中檔及軍機處檔摺件資料庫》，文獻編號：000178，〈順天府府尹蔣炳等‧奏為順天鄉闈號舍不敷本屆請飭學臣告knowledge中額一名錄送六十名以免擁擠不開由〉，乾隆。
[30] 乾隆九年設定錄送鄉試比例之時，明知滿、合、夾、旦、皿等字號「應試人數雖屬無多」，仍預先設定了較高的錄送比例，同時表明日後若應試人數增加，仍不

的人數，但乾隆十三年時，張廷玉（1672-1755）提到當時滿洲、蒙古、漢軍應考文鄉試人數大約5、600名，[31]中額41名，取中率約6.8～8.2％。又如嘉慶五年（1800）鄉試前報考馬步箭人數為665名，嘉慶十二年為562名，[32]可知該兩科八旗鄉試的取中率在6.2％、7.3％以上，[33]相較於表3-1-2中乾隆、嘉慶朝（1796-1820）順天鄉試的取中率，均高出不少。

　　會試為科舉考試中最後一場裁汰士子的競爭，雖不如童試、鄉試有固定的額數，仍設有地域性的限制。康熙五十一年（1712），清廷施行分省取中制，入場時各省與滿洲、蒙古、漢軍分編字號，再由禮部清查各字號的入場實數，酌量省分大小、人才多寡，欽定中額。[34]每科會試禮部均會上呈前三科各省應試及取中人數，作為本科取中人數的參考，惟留存記載有限，僅將史料所見會試應試人數記載整理如表3-1-3，又為清楚比較旗、民的差異，將表3-1-3取中率化為折線圖如圖3-1-1：

　　得超過舉人1名錄送80名的上限。清・允祹等奉敕撰，《欽定大清會典則例（乾隆朝）》，卷66，〈貢舉上〉，頁41b-42a。

[31]　參見清・鐵保等敕撰，《欽定八旗通志》，收入《景印文淵閣四庫全書》（臺北：臺灣商務印書館，1983），冊665，卷103，〈選舉志二・八旗繙譯科武科緣起〉，頁15b-17b。

[32]　《內閣大庫檔案資料庫》，登錄號：18000831，〈兵部尚書鑲紅旗漢軍都統總管內務府大臣傅森・兵部為請旨欽點官員監試騎射事〉，嘉慶五年七月十二日；登錄號：115867，〈兵部尚書明亮・題為本年丁卯科文鄉試照例將各該處職名繕寫清單恭候欽點四員監試馬步箭〉，嘉慶十二年七月十六日。

[33]　又嘉慶十八年（1813）時，禮部奏陳：「伏查順天鄉試八旗滿洲、蒙古額中二十七名，每科錄取冊送之生員並貢監筆帖式小京官，約有四百名上下，臨期再除去不能入場之人，通統纍算約計十餘名取中一名。」即大約5％～10％的錄取率，可惜未提及漢軍的情況。參見清・長善等修，《駐粵八旗志》，收入《續修四庫全書》（上海：上海古籍出版社，1997），第859冊，卷7，〈經政略・文鄉會試〉，頁14b-15a。

[34]　清・允祿等監修，《大清會典（雍正朝）》，卷74，〈貢舉三・歷科中額〉，6a-6b。

表3-1-3　清朝旗、民會試應試取中人數表

人數　　　科年	旗人			漢人		
	應試人數	取中人數	取中率（%）	應試人數	取中人數	取中率（%）
乾隆二十五年（1760）庚辰科	64	4	6.3	3,930	187	4.8
乾隆二十六年（1761）辛巳恩科	99	6	6.1	4,959	201	4.1
乾隆四十九年（1784）甲辰科	114	4	3.5	3,504	106	3.0
乾隆五十二年（1787）丁未科	113	4	3.5	5,018	133	2.7
乾隆五十四年（1789）己酉科	118	4	3.4	3,031	92	3.0
乾隆五十五年（1790）庚戌恩科	125	4	3.2	4,259	98	2.3
嘉慶元年（1796）丙辰科	134	7	5.2	4,091	141	3.4
同治元年（1862）壬戌科	166	10	6.0	2,797	186	6.6
同治二年（1863）癸亥恩科	175	14	8.0	3,094	183	5.9
同治四年（1865）乙丑科	197	14	7.1	4,091	238	5.8
同治七年（1868）戊辰科	200	14	7.0	4,163	258	6.2
同治十年（1871）辛未科	254	15	5.9	6,894	311	4.5
光緒二年（1876）丙子恩科	246	18	7.3	5,294	321	6.1
光緒三年（1877）丁丑科	285	17	6.0	6,296	306	4.9
光緒六年（1880）庚辰科	325	17	5.2	7,132	306	4.3
光緒九年（1883）癸未科	295	17	5.8	5,649	299	5.3
光緒十二年（1886）丙戌科	296	17	5.7	5,445	299	5.5
光緒二十年（1894）甲午恩科	339	17	5.0	6,489	302	4.7
光緒二十一年（1895）乙未科	301	19	6.3	4,433	247	5.6
光緒二十四年（1898）戊戌科	378	20	5.3	7,497	315	4.2
平均	211	12	5.6	4903	227	4.6

說　　明：由於乾隆二十六年檔案缺損，故該年會試取中人數以《欽定科場條例》補
　　　　　足，其他科別均見於檔案。

資料來源：1.《內閣大庫檔案資料庫》，臺北：中央研究院歷史語言研究所。
　　　　　2.《清代宮中檔及軍機處檔摺件資料庫》，臺北：國立故宮博物院。
　　　　　3.中國第一歷史檔案館編，《嘉慶道光兩朝上諭檔》，桂林：廣西師範大學
　　　　　　出版社，2000，冊23。
　　　　　4.中國第一歷史檔案館編，《咸豐同治兩朝上諭檔》，桂林：廣西師範大學
　　　　　　出版社，1998，冊12、13、15、18、21。
　　　　　5.中國第一歷史檔案館編，《光緒宣統兩朝上諭檔》，桂林：廣西師範大學
　　　　　　出版社，1996，冊2、3、6、9、12。
　　　　　6.清・杜受田等修、英匯等纂，《欽定科場條例》，收入《續修四庫全
　　　　　　書》，第830冊，上海：上海古籍出版社，1997。

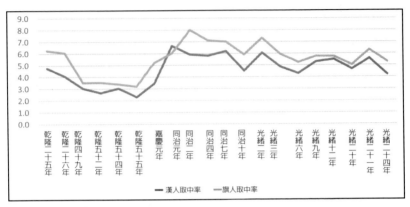

圖3-1-1　清朝旗、民會試取中率折線圖

資料來源：參見表3-1-3。

　　在絕大多數的科年，八旗取中率均高於漢人，僅同治元年
（1862）癸亥恩科漢人的取中率高於八旗。咸豐朝（1851-1861）受太
平天國之役與雲南、貴州回變等戰事影響，地方各省鄉試舉行無常，
至同治朝（1862-1874）仍有多處停科，[35]亦使參與會試的人數隨之減
少，故同治初期漢人的應試人數較少，取中率亦偏高。此外，八旗應
試、取中人數，大體上隨著時間而增加，此雖可導因於八旗科舉制度
的日漸穩定，然漢人亦大致呈現相同的趨勢，可知八旗會試應試、取
中人數的變化，主要是受到清朝整體科舉考試人數變動的影響。另
外一方面，由圖3-1-1可知各科旗、民取中率的差距，約維持在1～2％
左右。由前述統計可知，八旗童試的取中率可達22％以上，鄉試可達
8.2％，較漢人童試取中率的1％以及江南、山東鄉試的0.9％、1.1％高
出許多。然在會試階段，八旗取中率最多約高出漢人2％，顯示在此階
段八旗的優勢較不明顯。在童試、鄉試階段，中額固定，八旗應試人

---

[35] 如咸豐五年（1855）乙卯科鄉試江南等8省停科，咸豐十一年（1861）辛酉科鄉試
更有11省停科，至同治朝，鄉試的舉行雖相對穩定，但同治元年壬戌恩科鄉試仍有6
省、同治三年（1864）甲子科鄉試有5省停科。參見清‧法式善等撰，《清祕述聞三
種（中）》（北京：中華書局，1982），頁691-711。

數較少，取中率也隨之提高；但在依照實際入場人數議定中額的會試階段，八旗的優勢便隨之降低。此外，科舉考試各階段的錄取難度，本隨著考試層級越高而遞減，[36]八旗取中率始終高於漢人，只是隨著漢人錄取的難度遞減，八旗的科舉優勢亦相對轉淡。

清朝宗室雖屬八旗，然在嘉慶四年（1799）奉准考試後，八旗應舉的額數並未隨之增加。在《鄉試題名錄》、《會試題名錄》中，宗室取中名單列於最前面，與一般舉子分榜，因此宗室應試與錄取情形須另外探討。宗室鄉試不預定額數，於考試結束後，根據實際入場人數欽定中額。[37]會試方面，開科初期因人數少，直接由「總裁擇其文理優長者，封卷進呈，恭候欽取」，待應考人數增多再定額；[38]後於道光二年（1822）決議「由禮部覈明實在人數，並開明上三科比較清單，請旨定額」。[39]故直至清末廢除科舉為止，宗室鄉、會試均無定額。將史料所見宗室鄉試應試、取中人數列表如下：[40]

---

[36] 清人言：「縣考難，府考難，院試尤難，四十二年才入泮；鄉試易，會試易，殿試尤易，一十五月已登瀛」。「泮」為地方儒學的別稱，「登瀛」為清代新進士及第授官儀式之一，此處引申為考取進士之意。參見鍾毓龍，《科場回憶錄》（杭州：浙江古籍出版社，1987），頁21。

[37] 參見清·托津等奉敕纂，《欽定大清會典事例（嘉慶朝）》，卷264，〈禮部·貢舉·宗室鄉會試〉，頁4a-6a。

[38] 清廷原訂依照直省、八旗會試之例，在考試前按照人數多寡，訂定中額，後因人數少，才改變辦法。參見清·托津等奉敕纂，《欽定大清會典事例（嘉慶朝）》，卷264，〈禮部·貢舉·宗室鄉會試〉，頁4a-6a；《內閣大庫檔案資料庫》，登錄號：210393，〈兵部·兵部為條奏宗室考試章程由〉，嘉慶五年十一月十八日。

[39] 清·特登額等纂，《欽定禮部則例（道光朝）》，收入《清代各部院則例》（香港：蝠池書院，2004），第20冊，卷84，〈儀制清吏司·宗室人員科舉鄉會試〉，頁3a。

[40] 表3-1-4中為遷就應試人數的資料，取中人數僅列局部科別，完整清朝宗室鄉試取中人數變化請參見附錄三。

表3-1-4　清朝宗室鄉試應試、取中人數表

科年 ＼ 人數	應試人數	取中人數	取中率（％）
嘉慶六年（1801）辛酉科	63	7	11.1
嘉慶九年（1804）甲子科	85	8	9.4
嘉慶十二年（1807）丁卯科	98	8	8.2
嘉慶十三年（1808）戊辰恩科	75	7	9.3
道光十一年（1831）辛卯恩科	136	8	5.9
道光十二年（1832）壬辰科	114	7	6.1
道光十四年（1834）甲午科	113	6	5.3
道光十五年（1835）乙未恩科	118	7	5.9
道光十七年（1837）丁酉科	81	5	6.2
道光二十年（1840）庚子恩科	64	4	6.3
道光二十三年（1843）癸卯科	81	5	6.2
道光二十四年（1844）甲辰恩科	94	5	5.3
道光二十六年（1846）丙午科	78	4	5.1
道光二十九年（1849）己酉科	81	5	6.2
咸豐元年（1851）辛亥恩科	83	5	6.0
咸豐二年（1852）壬子科	85	5	5.9
咸豐五年（1855）乙卯科	83	5	6.0
咸豐八年（1858）戊午科	64	4	6.3
咸豐九年（1859）己未恩科	62	4	6.5
咸豐十一年（1861）辛酉科	45	3	6.7
光緒十五年（1889）己丑科	70	7	10.0
光緒十七年（1891）辛卯科	59	6	10.2
光緒十九年（1893）癸巳科	53	5	9.4
光緒二十年（1894）甲午科	51	5	9.8
光緒二十三年（1897）丁酉科	49	5	10.2
平均	79	6	7.3

資料來源：1.《內閣大庫檔案資料庫》，臺北：中央研究院歷史語言研究所。
2.《清代宮中檔奏摺及軍機處檔摺件資料庫》，臺北：國立故宮博物院。
3.清·杜受田等修、英匯等纂，《欽定科場條例》，收入《續修四庫全書》，第829冊，上海：上海古籍出版社，1997。
4.清·禮部纂輯，《欽定科場條例》，收入《近代中國史料叢刊·三編》，第48輯，第471冊，臺北：文海出版社，1989。

嘉慶六年開科之初，「著加恩，按照人數，每九名取中一名，共中式七名」，[41]為取中率最高的時期，其餘約在5～7％之間，至光緒朝，才又上升至10％左右。光緒朝取中率雖然提高，但受應試人數下降的影響，取中人數未回升至道光朝中期以前的高峰。由表3-1-4可知，應試人數明顯增加，始於道光朝（1821-1850）初期，應為自嘉慶二十四年（1819）起，宗室繙譯鄉試未再舉行所致；[42]原欲參與繙譯鄉試者，眼見考試開辦無期，或轉考文試。然至道光十七年，應試人數突然減少，則因道光十五年順天鄉試結束後，給事中汪報原上奏有疑似亂號，而監試御史未上報的情形，[43]朝廷展開調查的同時，也緊急宣布取中舉人必須覆試，[44]宗室亦須參加。[45]結果分為四等，三等以上者可照常會試，四等則罰停考會試三科，而四等之末，以及不入等者均革去舉人。[46]在不入等之5名中，便有3名宗室，且經調查後得知，其中2名有舞弊行為，遂將舞弊者處以發往盛京、枷號等刑。[47]自此以後，順天鄉試舉辦覆試成為定例，[48]然再無

41　《內閣大庫檔案資料庫》，登錄號：171008-001，〈禮部為鄉試宗室請定中額事〉，嘉慶六年九月十日。

42　嘉慶二十四年，因該科宗室繙譯鄉試應試者僅8名，但其中報患病者7名，應考僅1名，嘉慶皇帝便宣布本科考試停止，待足20名方准考試，之後宗室繙譯鄉試便未再舉辦。關於宗室繙譯鄉會試制度的發展，請參見葉高樹，〈清朝的繙譯科考制度〉，《臺灣師大歷史學報》，49（臺北，2013.06），頁79-80。

43　中國第一歷史檔案館編，《嘉慶道光兩朝上諭檔》（桂林：廣西師範大學出版社，2000），冊40，頁383，道光十五年九月十一日，內閣奉上諭。

44　中國第一歷史檔案館編，《嘉慶道光兩朝上諭檔》，冊40，頁395，道光十五年九月十七日，奉旨。

45　中國第一歷史檔案館編，《嘉慶道光兩朝上諭檔》，冊40，頁397，道光十五年九月十九日，內閣奉上諭。

46　清・杜受田等修、英匯等纂，《欽定科場條例》，卷48，〈覆試〉，頁28a-29b。

47　中國第一歷史檔案館編，《嘉慶道光兩朝上諭檔》，冊40，頁468-471，道光十五年九月二十六日，奉旨；同書頁539、頁550-551，道光十五年十二月十七日，奉旨。

48　清朝鄉、會試的覆試均始於乾隆朝，但鄉試覆試不久即止，僅留會試覆試，宗室科考制度建立後，亦於嘉慶十九年（1814）舉辦宗室會試的覆試。鄉試覆試則於此時順天首開辦，於道光二十三年推展至全國各省。參見清・杜受田等修、英匯等纂，《欽定科場條例》，卷1，〈宗室人員鄉會試〉，頁27b-28a；同書卷48，〈覆試〉，頁31b-33b。關於嘉慶朝以前覆試制度的演變，請參見鄒長清，〈清代宗室

出現不入等之宗室，[49]可知覆試的舉行對意圖僥倖者有一定的威嚇作用，亦使宗室應試人數呈現減少的趨勢。此外，道光朝前期，應試人數增加，取中人數卻維持不變，使取中率隨之降低，甚至在應試人數因覆試的開辦而降低時，取中率也未提高，導致每科宗室鄉試的取中人數已無開科之初的盛況。

會試方面，由於宗室舉人人數不多，參與會試之人數亦有限，因此除嘉慶朝至道光朝初期最高錄取人數達4名外，其餘每科約錄取2～3名。[50]將史料中所見宗室會試應試、取中人數的記載整理為「表3-1-5」，表中取中率看似浮動，然為人數稀少所致，實際上均維持10名取1～2名的比例。就八旗各階段考試錄取率而言，鄉試最高雖有8.2％，亦有6.2％至7.3％左右的記載，八旗會試平均錄取率為5.6％；而宗室鄉、會試錄取率平均分別為7.3％、9.6％，可知相較於一般旗人，宗室考取舉人、進士的機會較高。

表3-1-5　清朝宗室會試應試、取中人數表

人數 科年	應試人數	取中人數	取中率（％）
道光二年（1822）壬午恩科	30	4	13.3
道光十五年（1835）乙未科	33	3	9.1
道光二十七年（1845）丁未科	24	2	8.3
咸豐三年（1853）癸丑科	19	2	10.5
咸豐六年（1856）丙辰科	26	2	7.7
咸豐十年（1860）庚申恩科	17	2	11.8
光緒十五年（1889）己丑科	32	3	9.4

鄉會試覆試制度研究〉，《廣西師範大學學報（哲學社會科學版）》，51：2（桂林，2015.04），頁133-135。
[49] 鄒長清，〈清代宗室鄉會試覆試制度研究〉，頁133-134。
[50] 清・杜受田等修、英匯等纂，《欽定科場條例》，卷1，〈宗室人員鄉會試〉，頁32b-36a；清・禮部纂輯，《欽定科場條例》，卷2，〈宗室人員鄉會試〉，頁21a-26b；中國第一歷史檔案館攝製，《光緒二十一年乙未科宗室會試錄》、《光緒二十四年戊戌科宗室會試錄》，收入《清代譜牒檔案（B字號）・縮影資料》（北京：中國第一歷史檔案館技術部，1983）。

人數 科年	應試人數	取中人數	取中率（％）
光緒十六年（1890）庚寅恩科	35	3	8.6
光緒十八年（1892）壬辰科	33	3	9.1
光緒二十年（1894）甲午恩科	35	3	8.6
平均	28	3	9.6

資料來源：1.《內閣大庫檔案資料庫》，臺北：中央研究院歷史語言研究所。
2.《清代宮中檔奏摺及軍機處檔摺件資料庫》，臺北：國立故宮博物院。

　　人數居於弱勢的八旗，欲在科場上與漢人自由競爭，考取功名的機會將相對渺小，故明代以來日益成熟的配額制度，便成為清朝皇帝維護統治民族特權的手段，使旗人雖與漢人同榜應試，卻如分榜般擁有保障名額。然若僅統計童、鄉試的固定中額，旗人的優遇並不明顯。在童試階段，八旗的學額僅佔全國各直省的0.4％；在鄉試階段，乾隆九年縮減鄉試中額後，八旗額數為41名，佔全國1,247名的3.3％，[51]與旗丁佔全國總人丁的比例相比，差異不大。[52]即使如此，旗人童試、鄉試的取中率卻明顯高於漢人，主因為旗人實際應試的人數相對較少，而清廷設定了符合八旗人口比例，實際卻寬裕的科舉中額所致。因此藉由滿洲統治者細緻的權衡與調整，統治民族的特權得以維護，卻不過分張揚。

---

[51] 清朝鄉試中額至乾隆九年後定制，各省中額總數為1247名，此後雖有增減，但大致約在1200多名左右。參見譚紅艷，〈清前期文鄉試解額變遷研究〉，《清華大學學報（哲學社會科學版）》，30：2（北京，2015.03），頁94。

[52] 由於清朝八旗丁數資料有限，與乾隆九年時間相近的統計，為雍正二年的男丁編審檔案。根據該年的調查，雍正二年八旗男丁人數為657,627丁，全國男丁為25,510,115丁，故八旗丁數約佔全國的2.6％。又丁數雖在明中期以後轉為一種賦稅單位，但在缺乏具體丁數資料時，仍可提供參考，關於明清時期「丁」的性質，請參見何炳棣著，葛劍雄譯，《明初以降人口及其相關問題：1368～1953》（北京：生活‧讀書‧新知三聯書店，2000），頁28-41。以上參見清‧鄂爾泰等奉敕修，《清實錄‧世宗憲皇帝實錄（一）》，卷27，頁421下，雍正二年十二月己亥條；中國第一歷史檔案館，〈清初編審八旗男丁滿文檔案選譯〉，《歷史檔案》，1988：4（北京，1988.11），頁13，〈總理戶部事務允祥等為編審八旗男丁數目事奏本，雍正二年十一月初七日〉。

第二節　旗人家族與科舉考試

當科舉成為入仕任官的主要管道後，傳統中國社會以家族為單位，集中經濟、政治資源支持子弟投身舉業，而使權貴、富有家族的舉子，科場表現相對突出，[53]顯示家族背景對科場競爭有深刻的影響。何炳棣曾依據《科舉錄》記載的進士履歷，分析清朝進士的家族背景，結果發現，來自官員家族的進士約佔整體的63.2％，相較於明朝的50％高出許多，[54]可知至清代，平民家族的子弟要考取功名漸趨困難。然而旗人入仕不唯科目，維持旗人家族勢力亦不必非由科考，家族背景與科場競爭間的關係或因此而產生變化。本節將以旗人進士為例，藉由量化方法分析其家族背景，又參照何炳棣《明清社會史論》，以進士祖上三代功名、任官情況的分類方法，[55]並與其統計結果相較，探究旗、民在家族背景與科場競爭關係上的異同。

統計資料以載有進士祖上三代功名、任官情況的《會試同年齒錄》為中心，兼取《清代硃卷集成》、《進士三代履歷便覽》的記

---

[53] 李弘祺，〈中國科舉制度的歷史意義及解釋——從艾爾曼（Benjamin Elman）對明清考試制度的研究談起〉，《臺大歷史學報》，32（臺北，2003.12），頁251；李弘祺，《宋代官學教育與科舉》（臺北：聯經出版公司，2004，2刷），頁xii—xiii。

[54] 何炳棣著，徐泓譯注，《明清社會史論》，頁134-153。

[55] 何炳棣著，徐泓譯注，《明清社會史論》，頁114-153。在科舉與社會流動的相關討論中，有研究者認為以祖上三代判定舉子的出身背景是不足的，並質疑何氏的研究成果。例如賴惠敏對清代鈕祜祿氏、他塔喇氏家族的研究，城居與屯居會影響家族組成，後者因受官方調遣與遷徙的影響，族人散居各地。未聚族而居的家族人口稀少，親屬關係疏遠的祖先自然對後代的影響有限。鄭若玲的研究亦顯示即使將統計的範圍擴大至祖上五代，結果未呈現明顯差異；另其對舉子姻親與母系親屬的功名、任官情況的統計，亦顯示姻親關係對舉子的科場表現影響有限。此外，目前以清朝進士家族背景為對象進行量化統計者，以何氏囊括的樣本數共7,436名，約佔清朝進士總人數的28%為最多；馬鏞同樣藉《會試同年齒錄》分析清進士祖上三代的功名、任官情況，然以抽樣統計，樣本數為4,346名。關於以祖上三代探討舉子家族背景是否充足的相關討論參見李弘祺，《宋代官學教育與科舉》，頁iii—xiv；賴惠敏，《清代的皇權與世家》（北京：北京大學出版社，2010），頁186-188；鄭若玲，《科舉、高考與社會之關係研究》（武漢：華中師範大學出版社，2007），頁176-183；馬鏞，《清代鄉會試同年齒錄研究》（上海：上海科學技術文獻出版社，2013），頁119-132。

載。由於18世紀留存的資料相對缺乏，另以乾隆朝《鄉試同年齒錄》額外統計附於後，作為補充。以上共收集27科的《會試同年齒錄》、《進士三代履歷便覽》，與《清代硃卷集成》，刪除無法辨識、履歷缺漏的舉子後，總共366名進士，佔清朝八旗參與會試總科數100科的27％，八旗進士總人數1,408名的26.0％，[56]據以呈現八旗進士家族背景的具體樣貌。其次，統計以家族為單位，依據八旗進士祖上三代最高的功名或官職，同時參考何氏的分類原則，[57]加入八旗階級、身分劃分為以下四類：A類：祖上三代沒有獲得任何功名、官職，為「布衣家族出身」；B類：祖上三代有生員或監生，但未有更高的功名與官職，為「低階功名家族出身」，A類與B類進士的祖上三代均未任官，故屬於「平民家族出身」。C類：祖上三代曾獲貢生以上功名，或擔任四品以下官員，[58]因分類基準在於家族是否具備支持子弟舉業的社會經濟背景，八旗兵丁雖非官員，然享有俸祿，[59]故亦同列，為「中等以下官員與兵丁家族」；D類：祖上三代擔任過三品以上官員，為「高官家族出身」。C、D類均為「官員家族出身」。另外異姓世襲爵位，為清朝入仕途徑之一，其中男爵以上者，其子俱為廕生，[60]可影響子弟的入仕，故將進士祖上三代曾獲男爵以上者歸入D類，其餘分為C類。[61]

---

[56] 八旗總進士人數計算自《清朝進士題名錄》。參見江慶柏，《清朝進士題名錄》（北京：中華書局，2007）。

[57] 何炳棣著，徐泓譯注，《明清社會史論》，頁134-137。

[58] 包含所有候補官員群體、吏員、捐過官銜、官職。

[59] 包含前鋒、護軍、驍騎、步兵、親軍等八旗兵丁，以及掌登記檔冊、發放俸餉的領催等旗職。

[60] 清·伊桑阿等纂修，《大清會典（康熙朝）》，卷13，〈吏部·驗封清吏司·功臣世職等·廕敘〉，頁15a。世爵世職爵位分九等，由高至低為：公、侯、伯、子、男、輕車都尉、騎都尉、雲騎尉、恩騎尉，又男爵以上稱世爵，輕車都尉以下稱世職。參見清·托津等奉敕撰，《欽定大清會典事例（嘉慶朝）》，卷118，〈吏部一百五·世爵·世爵等級〉，頁1a-4a；關於清朝世爵世職制度的演變，參見雷炳炎，《清代八旗世爵世職研究》（長沙：中南大學出版社，2006），頁1-52。

[61] 在何氏的分類中，將官員家族分為C、D兩類，主要是因為三品以上官員可廕一子，以此為參考將世爵世職者以同樣的標準分類。參見何炳棣著，徐泓譯注，《明清社會史論》，頁135-136。

八旗以科舉入仕，始於順治朝（1644-1661）。然考試以語言測驗為主，並採滿漢分榜，即以八旗滿洲、蒙古為一榜、漢軍、漢人另為一榜，與清朝大部分時間施行的八旗科舉制度相異，有另外討論的必要。在《順治九年、十二年進士三代履歷》，載有該二科的漢軍進士，將其祖上三代功名、任官情形整理如下表。結果集中在布衣（A類）、高官（D類）家族，後者又以明朝軍官家族為主，[62]此與清初漢軍主要來自降人與奴隸，官員則以明朝軍官較多有關。[63]

表3-2-1　順治朝漢軍進士祖上三代功名、任官情形統計表

科年	類別、人數、比例		A		B		C		D		合計
			人數	%	人數	%	人數	%	人數	%	
順治九年（1652）壬辰科			6	37.5	2	12.5	2	12.5	6	37.5	16
順治十二年（1655）乙未科			12	41.4	4	13.8	4	13.8	9	31	29
總和／平均百分比（%）			18	39.45	6	13.15	6	13.15	15	34.25	45

說　　明：A類「布衣家族出身」：祖上三代沒有獲得任何功名、官職；B類「低階功名家族出身」：祖上三代產生過生員或監生，但未有更高的功名與官職；C類「中等以下官員與兵丁家族」：祖上三代曾獲貢生以上功名，或擔任四品以下官員與八旗兵丁；D類「高官家族出身」：祖上三代擔任過三品以上官員者。其中A類與B類的祖上三代均未任官，屬於「平民家族出身」；C、D類為「官員家族出身」。

資料來源：《進士三代履歷便覽》，收入《國立公文書館所藏書目（28）》，東京：國立公文書館，2012。

滿漢分榜的八旗科舉停止後，[64]康熙朝（1662-1722）前期曾短暫允許八旗應試，將八旗舉子分為滿字號、合字號與漢人一同應試，與後來的八旗科舉制度相同，茲一同列表如下：

---

[62] D類中祖上三代為明朝軍官者，總共有7名，且尚未計入本為明朝軍官，降清後在清朝為官者。

[63] 趙綺娜，〈清初八旗漢軍研究〉，《故宮文獻》，4：2（臺北，1973.03），頁60。

[64] 參見清‧鄂爾泰等奉敕修，《清實錄‧世祖章皇帝實錄》（北京：中華書局，1985），卷106，頁831下-832上，順治十四年正月甲子條。。

表3-2-2　清朝八旗進士祖上三代功名、任官情形統計表

類別、人數、比例 / 科年	A類		B類		C類		D類		合計
	人數	%	人數	%	人數	%	人數	%	
康熙九年（1670）庚戌科	2	33.3	0	0	2	33.3	2	33.3	6
康熙十二年（1673）癸丑科	2	40	0	0	2	40	1	20	5
康熙十五年（1676）丙辰科	4	44.4	0	0	1	11.1	4	44.4	9
康熙三十年（1691）辛未科	1	25	0	0	3	75	0	0	4
康熙三十三年（1694）甲戌科	0	0	0	0	3	33.3	6	66.7	9
康熙三十九年（1700）丁丑科	2	15.4	0	0	5	38.5	6	45.2	13
康熙四十二年（1703）癸未科	2	25	0	0	3	37.5	3	37.5	8
康熙五十一年（1712）壬辰科	2	28.6	0	0	3	42.9	2	28.6	7
康熙五十二年（1713）癸巳恩科	2	28.6	0	0	3	42.9	2	28.6	7
嘉慶元年（1796）丙辰科	1	16.7	0	0	4	66.6	1	16.7	6
嘉慶七年（1802）壬戌科	1	8.3	0	0	7	58.4	4	33.3	12
道光二年（1822）壬午恩科	3	17.6	0	0	8	47.1	6	35.3	17
道光十五年（1835）乙未科	1	5	0	0	9	45	10	50	20
咸豐六年（1856）丙辰科	3	37.5	0	0	2	25	3	37.5	8
咸豐九年（1859）己未科	4	44.4	1	11.1	3	33.3	1	11.1	9
同治七年（1868）戊辰科	4	30.8	1	7.6	6	46.2	2	15.4	13
光緒二年（1876）丙子恩科	2	28.6	0	0	5	71.4	0	0	7
光緒三年（1877）丁丑科	5	45.4	0	0	3	27.3	3	27.3	11
光緒六年（1880）庚辰科	3	23.1	1	7.7	7	53.8	2	15.4	13
光緒十五年（1889）己丑科	3	27.3	0	0	4	36.4	4	36.4	11
光緒十六年（1890）庚寅恩科	1	12.5	1	0	3	50	3	37.5	8
光緒十八年（1892）壬辰科	1	9.1	1	9.1	6	54.5	3	27.3	11
光緒二十一年（1895）乙未科	3	27.3	1	9.1	5	45.5	2	18.2	11
光緒二十四年（1898）戊戌科	0	0	0	0	3	100	0	0	3
光緒二十九年（1903）癸卯科	4	36.4	1	9.1	6	54.5	0	0	11
總和／平均百分比	56	24.4	7	2.1	106	46.8	70	26.6	239
《清代硃卷集成》中八旗進士	2	3.7	1	1.9	31	57.4	20	37.0	54
加上《硃卷集成》總和／百分比	58	19.8	8	2.7	137	46.8	90	30.7	293

類別、人數、比例\科年	A類		B類		C類		D類		合計
	人數	%	人數	%	人數	%	人數	%	
乾隆三年（1738）戊午科順天鄉試	5	12.8	1	2.6	17	43.6	16	41	39
乾隆五十九年（1794）甲寅恩科順天鄉試	1	14.3	0	0	3	42.9	3	42.9	7

說　　明： 1.A類「布衣家族出身」：祖上三代沒有獲得任何功名、官職；B類「低階功名家族出身」：祖上三代產生過生員或監生，但未有更高的功名與官職；C類「中等以下官員與兵丁家族」：祖上三代曾獲貢生以上功名，或擔任四品以下官員與八旗兵丁；D類「高官家族出身」：祖上三代擔任過三品以上官員者。其中A類與B類的祖上三代均未任官，屬於「平民家族出身」；C、D類為「官員家族出身」。

2.《康熙三十六年丁丑科會試一百五十九名進士三代履歷便覽》、《康熙四十五年丙戌科會試三百十五名三代進士履歷便覽》、《康熙四十八年巳丑科會試三百三名三代進士履歷便覽》因資料缺漏過多無法統計，故不列。

3.壽官、誥贈等非正式官職不計，列入布衣。

4.祖上三代包含本生祖、父。若祖上三代姓名欄空白，視為記載不全，不計。

5.若為同科進士，僅載於《清代硃卷集成》者，則併入該科《同年齒錄》的統計。

資料來源： 1.《進士三代履歷便覽》，收入《國立公文書館所藏書目（28）》，東京：國立公文書館，2012。

2.Columbia University rare & special genealogies, New York: C.V. Starr East Asian Library of Columbia University Press, 2010.

3.《康熙四十二年癸末科三代進士履歷》，臺北：國家圖書館藏。

4.《（清）乾隆三年戊午科順天鄉試錄履歷不分卷》，收入《中國科舉文獻叢錄‧中國科舉錄續編（1）》，北京：全國圖書館文獻縮微複製中心，2010。

5.《順天鄉試同年齒錄（乾隆甲寅恩科）》，華盛頓：美國國會圖書館藏。

6.《會試齒錄（嘉慶元年）》，臺北：傅斯年圖書館藏善本。

7.《（清）重訂嘉慶七年壬戌科會試齒錄二卷》，收入《中國科舉文獻叢錄‧中國科舉錄續編（5）》，北京：全國圖書館文獻縮微複製中心，2010，頁1-314。

8.《（清）重訂道光二年壬午恩科同年齒錄不分卷》，收入《中國科舉文獻叢錄‧中國科舉錄續編（6）》，北京：全國圖書館文獻縮微複製中心，2010，頁221-733。

9.《（清）咸豐六年丙辰科會試同年齒錄不分卷》，收入《中國科舉文獻叢錄‧中國科舉錄續編（9）》，北京：全國圖書館文獻縮微複製中心，2010，頁1-771。

10.《咸豐九年己未科會試齒錄》，臺北：傅斯年圖書館藏古籍線裝書。

11.《光緒二年丙子恩科會試同年齒錄》，臺北：傅斯年圖書館藏古籍線裝書。

12.《（清）光緒六年庚辰科會試同年齒錄不分卷》，收入《中國科舉文獻叢錄‧中國科舉錄續編（14-17）》，北京：全國圖書館文獻縮微複製

中心，2010。

13.《光緒二十四年戊戌科會試齒錄》，臺北：傅斯年圖書館藏古籍線裝書。

14.《（光緒辛丑壬寅恩正併科）會試同年齒錄》，臺北：傅斯年圖書館藏古籍線裝書。

15.顧廷龍主編，《清代硃卷集成》，臺北：成文出版社，1992。

在293名八旗進士中，「中等以下官員與兵丁家族出身」（C類）比例最高，為46.8％，「低階功名家族出身」（B類）的2.7％則最低；又在表中的所有科年，「平民家族出身」（A+B）均少於官員家族（C+D）。與表3-2-2同時期科年的清朝進士各類比例為A類16.4％、B類20.0％、C類63.6％、D類5.1％相比，[65]可知旗、民進士家族背景的差異，主要在低階功名家族出身（B類）與高官家族出身（D類）。由於八旗在入仕、任官、遷轉上比起漢人有更大的優勢，[66]故旗人任高官的機會多於漢人；旗、民B類進士人數的差異，並非顯示八旗擁有生員、監生功名的人數少，而是獲得更高階功名、官職的機會高於漢人，此源於八旗在科舉考試中具備的優勢。另一方面，八旗生員、監生雖不具備直接授官的資格，但可參加部院衙門的繙譯考試，考取內閣中書、筆帖式等職，其總數約2,000多名員缺，均為旗人專任，[67]亦使八旗生監任官的機會高於漢人。何炳棣認為，清朝布衣家族出身的進士比例急速降低，顯示平民家族出身者要考取功名變得越來越困難，但此變化的速度因低階功名家族出身的比例上升而稍微緩解。[68]

---

[65] 清朝進士各類比例是將何炳棣統計表格中康熙十二年、十五年以及康熙三十年以後，各科類別加以平均計算而成。其分析的對象是清代《同年齒錄》中的所有進士，但因每科會試八旗錄取的人數少，故可視為漢人進士的統計結果。如道光二年壬午恩科所有進士各類的人數比例為：A類10.9％、B類24.8％、C類64.3％、D類5.3％，若將旗人人數減去，則比例變為A類10.6％、B類24.8％、C類66.1％、D類2.1％。減去旗人進士人數後，比例變化不大，僅D類因人數少，旗人進士所占比例較高而有明顯變化。參見何炳棣著，徐泓譯注，《明清社會史論》，頁139-141；《（清）重訂道光二年壬午恩科同年齒錄不分卷》，收入《中國科舉文獻叢編‧中國科舉錄續編（6）》（北京：全國圖書館文獻縮微複製中心，2010），頁221-733。

[66] 路康樂（Edward J. M. Rhoads）著，王琴、劉潤堂譯，《滿與漢──清末民初的族群關係與政治權力（1861-1928）》，頁40-44。

[67] 葉高樹，〈清朝部院衙門的翻譯考試〉，收入王宏志主編，《翻譯史研究‧2016》（上海：復旦大學出版社，2017），頁15-20。

[68] 何炳棣著，徐泓譯注，《明清社會史論》，頁138。

然而，八旗進士低階功名家族出身的人數始終稀少，加上高官家族出身的人數較多，使八旗進士中的階級分化較漢人更加明顯。

清朝宗室爵位共十四等，[69]低爵位的世襲者以及未受封者的後裔均為閒散宗室，年滿十七歲可申請四品頂戴，即為四品宗室。閒散、四品宗室不同於一般八旗平民，其收入相當於披甲兵丁，[70]因此在宗室進士的分類中不存在平民家族出身者，為避免影響八旗進士家族背景的分析，將宗室進士另外統計如表3-2-3。分類標準方面，除依照官品，分為中等以下官員家族（C類）與高官家族出身（D類）外，宗室爵位中輔國公以上可廕一子，[71]故將進士祖上三代中，不入八分鎮國公以下爵位與閒散、四品宗室列為中等以下官員家族（C類）；輔國公以上者列為高官家族（D類）。

表3-2-3　清朝宗室進士祖上三代功名、任官情形統計表

類別、人數 科年	C類	D類	合計
嘉慶七年（1802）壬戌科	2	1	3
道光二年（1822）壬午恩科	3	1	4
道光十五年（1835）乙未科	3	0	3
咸豐六年（1856）丙辰科	1	1	2
咸豐九年（1859）己未科	0	1	1
同治七年（1868）戊辰科	0	2	2

---

[69] 宗室爵位由高至低為親王、世子、郡王、長子、貝勒、貝子、鎮國公、輔國公、不入八分鎮國公、不入八分輔國公、鎮國將軍、輔國將軍、奉國將軍、奉恩將軍，參見清・托津等奉敕纂，《欽定大清會典事例（嘉慶朝）》，卷2，〈宗人府・封爵・封爵等級〉，頁6b-7a。

[70] 賴惠敏，《天潢貴胄——清皇族的階層結構與經濟生活》（臺北：中央研究院近代史研究所，2009），頁65。

[71] 清・托津等奉敕纂，《欽定大清會典事例（嘉慶朝）》，卷5，〈宗人府五・授官・恩詔給廕〉，頁17a。至同治元年（1862）宣布宗室不入八分公子弟亦得廕子，唯已至清末，且表3-2-3中因祖上三代爵位分類者不多，故仍維持不入八分鎮國公以下歸C類的標準。參見清・崑岡等修，《欽定大清會典事例（光緒朝）》，收入《續修四庫全書》，（上海：上海古籍出版社，1997），冊798，卷5，〈宗人府五・授官・恩詔給廕〉，頁29a-29b。

類別、人數 科年	C類	D類	合計
光緒二年（1876）丙子恩科	1	0	1
光緒六年（1880）庚辰科	1	1	2
光緒十五年（1889）己丑科	2	1	3
光緒十六年（1890）庚寅恩科	1	0	1
光緒十八年（1892）壬辰科	0	2	2
光緒二十一年（1895）乙未科	0	4	4
總和／平均百分比	14	14	28

資料來源：見表3-2-2。

　　共28名宗室進士中，C類與D類的總人數相等，然三品以上官缺的數目理應少於中等以下官缺，宗室進士卻能有半數來自於高官家族，顯示宗室進士的家族背景較為雄厚。此外，在C類中祖上三代為閒散、四品宗室者僅3名。[72]閒散、四品宗室約佔清朝宗室人口的94％，[73]且宗室科舉本為閒散宗室而設立，然由結果可知，出身閒散、四品宗室的家族，要考取進士相當困難。清朝宗室階級分明，高官、高階爵位者與下層的閒散宗室經濟生活大不相同，[74]清嘉道年間的宗室昭槤（1766-1829）提及，「近年科目復盛，凡溫飽之家，莫不延師接友」以應考，[75]無力延請師資的下層宗室，僅能在有限的經濟負擔內投身舉業，仍難與上層宗室競爭。道光十五年爆發順天鄉試科場弊案，朝廷宣布該科中式者均須參加覆試，結果在不入等的3名宗室中有一名鑲藍旗閒散宗室載頤，其父親已故，雖自幼讀書，然應鄉試六次均未中舉。後因同族不入八分輔國公奕案，為自己兒子載齡（？-1883）延請滿洲舉人英亮為師，讓載頤一同受教，而得以中式，

72　咸豐六年進士谿穆歡，與光緒二年恩桂、六年崇寬，祖上三代為閒散或四品宗室。
73　賴惠敏，《天潢貴胄——清皇族的階層結構與經濟生活》，頁71。
74　郭松義，〈清宗室的等級結構及經濟地位〉，收入美·李中清主編，郭松義主編，《清代皇族人口行為和社會環境》（北京：北京大學出版社，1994），頁116-133。
75　清·昭槤撰，何英芳點校，《嘯亭雜錄》（北京：中華書局，1980），卷2，〈宗室詩人〉，頁34。

但因鄉試作答的內容實為默寫老師文章，與自己能力不符，而在覆試被糾出，失去舉人資格。[76]宗室鄉、會試的考題相對簡易，取中難度較低，且清廷對宗室在經濟上的照顧有加，[77]相較一般八旗，宗室的生活應不虞匱乏，然家境相對困窘的宗室要在競爭激烈的科場脫穎而出，仍不及上層宗室家族。

　　八旗進士不分宗室與一般旗人，主要來自於官員家族。然官員家族子弟入仕任官的途徑與資源，理應多於平民家族子弟，仍投身舉業的理由值得探究。鑲黃旗蒙古額爾德特氏（圖3-2-1），從嘉慶朝（1796-1820）軍機大臣和瑛（和寧，1741-？）始，四代中出了四名一品大員，[78]家族勢力顯赫一時。和瑛有三子，次子奎昌，因父得為廕生，官至山東登萊清道，政治表現不甚突出。三子中唯璧昌（1778-1854）官居一品，更福蔭子孫，不僅子恒福（1808-1862）以廕生入仕，孫錫佩、錫璋亦得朝廷特授官職。[79]璧昌次子同福早逝，獲得的政治資源不如恒福一支，子錫珍（1847-1889）則轉投舉業。圖3-2-1中，四代有三代出現進士（灰底者），然以進士入仕者，均是父親無明顯政治表現，使子輩相對缺少政治資源的一房；反之，則多以廕生、筆帖式等途入仕。即使如此，高官家族仍能提供子弟豐富的政治、經濟資源，如謙福實先以捐納得為監生；錫珍本為廕生入仕，但過十多年方授筆帖式，或因耗時過久，轉而考科舉。與清朝同為征服王朝的元朝，一方面採取身分等級制度，身分最高的貴族包括宗室、姻戚、勳

[76] 參見中國第一歷史檔案館編，《嘉慶道光兩朝上諭檔》，冊40，頁471，道光十五年十月二十八日，奉旨。又當時一同受教的宗室舉人載齡，後於道光二十一年（1841）考取進士，官至大學士，參見《大清國史人物列傳及史館檔傳包傳稿目錄資料庫》（臺北：國立故宮博物院），文獻編號：702001386，〈載齡傳包〉。
[77] 「國家厚待天潢，歲費數百萬，凡宗室婚喪，皆有營恤，故涵養得宜」，參見清・昭槤撰，何英芳點校，《嘯亭雜錄》，卷2，〈宗室詩人〉，頁34。
[78] 分別是官至戶部尚書、軍機大臣的和瑛、官至兩江總督、福州將軍的璧昌、官至直隸總督的恒福，以及官至吏部尚書的錫珍。
[79] 錫佩以候補筆帖式賞給吏部額外員外郎，錫璋亦以同職賞給理藩院額外主事。參見《大清國史人物列傳及史館檔傳包傳稿目錄資料庫》，文獻編號：702001867，〈璧昌傳包〉。

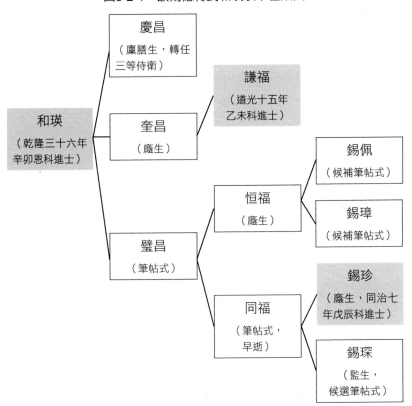

圖3-2-1　額爾德特氏和瑛以下世系圖

資料來源：1.Columbia University rare & special genealogies, New York: C.V. Starr East Asian Library of Columbia University Press,2010.
2.《大清國史人物列傳及史館檔傳包傳稿目錄資料庫》，臺北：國立故宮博物院。

臣，前二者不能任官，故勳臣子弟便成為官僚組織中的最高層；另一方面，國家用人根據「根腳」即家世，故勳臣子弟主要入仕的方式為蔭襲。[80]清朝雖未如元朝存在等級分明的身分制度，但政治權力的分配仍受血緣親屬關係的影響，家族背景亦為八旗子弟入仕的重要根據。[81]蕭啟慶研究元代蒙古、色目進士的家族背景，統計後發現大多來自於官員家族，因蒙古、色目世家子弟固然可以家世蔭襲入仕，但此特權非人人可享有，科舉便成為長子以外官宦子弟入仕的補救途徑。[82]此與清朝八旗官員家族子弟以科舉作為入仕方法之一有相似的背景。

　　漢人以文入仕，科舉幾乎是唯一的管道，又清朝進士大多來自於官員家族，故漢人進士祖上三代擁有功名者必佔絕大多數，因此以往研究者未對清朝進士文、武官職家族背景的比例細究。然八旗子弟以披甲當差為要務，又能文武互轉，[83]八旗進士文、武職官職家族背景比重或異於漢人。在表3-2-4中，將官員家族出身（C、D類）的進士依照祖上三代功名、官職的文、武性質劃分為三種：[84]「功名家族出身」指祖上三代擁有文科舉、繙譯科考功名者；「武職家族出身」指出身武職家族的進士，因武職往往出身記載模糊，故採取寬鬆的定義，包括祖上三代以武舉出身者，以及任官經歷以武職為主者，[85]若僅載現任官職，但三代均為武職者亦列入；「文職家族出身」包括祖上三代經由繙譯考試任筆帖式、內閣中書等文職，以及透過廕生、世爵世職等途授文官者。

---

80 蕭啓慶，〈第一章　中國近世前期南北發展的歧異與統合：以南宋金元時期的經濟社會文化為中心〉，收入氏著，《元代的族群文化與科舉》（臺北：聯經出版公司，2008），頁17-18。

81 葉高樹，〈滿洲親貴與清初政治：都英額地方赫舍里家族的個案研究〉，頁227。如被視為「滿洲將相多由此出」的御前侍衛，就「多以王公、青子、勳戚、世臣充之」。參見清‧福格，《聽雨叢談》，頁25。

82 蕭啓慶，〈第五章　元代蒙古色目進士背景的分析〉，收入氏著，《元代的族群文化與科舉》，頁117-127。

83 清‧福格，《聽雨叢談》，卷1，〈軍士錄用文職〉，頁26。

84 祖上三代中只要有一人符合條件即計入，僅載現任官職者不計，若同一人擁有兩種條件以上者，則以影響日後遷轉者計。

85 若大部分任文職，僅穿插武職者不計。

表3-2-4　清朝八旗進士祖上三代文武功名、官職統計表

類別、人數、比例／科年	功名家族出身		武職家族出身		文職家族出身		樣本數
	人數	%	人數	%	人數	%	
康熙朝	11	28.2	28	71.8	6	15.4	39
嘉慶元年（1796）丙辰科	3	60.0	2	40.0	2	40.0	5
嘉慶七年（1802）壬戌科	6	75.0	2	25.0	0	0.0	8
道光二年（1822）壬午恩科	5	41.7	2	16.7	7	58.3	12
道光十五年（1835）乙未科	11	64.7	6	35.3	8	47.1	17
咸豐六年（1856）丙辰科	3	60.0	3	60.0	1	20	5
咸豐九年（1859）己未科	2	40.0	3	60.0	0	0.0	5
同治七年（1868）戊辰科	4	50.0	1	12.5	5	62.5	8
光緒二年（1876）丙子恩科	4	80.0	1	20.0	3	60.0	5
光緒三年（1877）丁丑科	2	50.0	1	25.0	2	50.0	4
光緒六年（1880）庚辰科	6	75	3	37.5	3	37.5	8
光緒十五年（1889）己丑科	3	50.0	2	33.3	4	66.7	6
光緒十六年（1890）庚寅恩科	2	50.0	2	50.0	3	75.0	4
光緒十八年（1892）壬辰科	6	66.7	3	33.3	2	22.2	9
光緒二十一年（1894）乙未科	5	71.4	2	28.6	0	0.0	7
光緒二十四年（1898）戊戌科	2	66.7	0	0.0	1	33.3	3
光緒二十九年（1903）癸卯科	2	40.0	5	100.0	0	0.0	5
總和／平均百分比	77	57.0	66	38.2	47	34.6	150
《清代硃卷集成》八旗進士	31	63.3	17	34.7	20	40.8	49
加上《硃卷集成》總和／平均百分比	108	57.4	83	38.0	67	35.0	199
乾隆三年（1738）戊午科順天鄉試	7	31.8	15	68.2	5	22.7	22

說　　明：1.康熙朝因部分科年可判別分類之樣本數過少，未免單科比例失衡，且留存各科時間相對集中，故將康熙朝視為整體計。
2.《順天鄉試同年齒錄（乾隆甲寅恩科）》可判別樣本數過少，故不列。
3.因進士祖上三代中具備條件者即列入，表中單一舉子，可能同時具備三種類別，故各類比例的總和非100%。
資料來源：1.見表3-2-2。
2.《大清國史人物列傳及史館檔傳包傳稿目錄資料庫》，臺北：國立故宮博物院。

表3-2-4中的「武職家族出身」包括世爵世職人員授武職者，乾隆朝以前封爵賜職的旗人人數較多，[86]故康熙、乾隆朝武職家族出身者的比例高於其他各朝。除此之外，三種分類的比重受時間影響變化不大。[87]「功名家族出身」顯然在科場競爭中較有利，在絕大多數的時間內，均超過半數。[88]另一方面，「武職家族出身」的比例亦不容忽視，更略高於「文職家族出身」。可知即使是在科舉的最高階段考試——會試的競爭中，八旗家族不須世代業儒亦能有出色的表現。反之，以《道光二年同年齒錄》為例，即使以最寬鬆的定義，將漢人進士祖上三代任武職、或擁有武舉功名者全列為武職家族，也僅有6位，佔全數的2.5%，與八旗進士家族迥異。

清朝入關後戰事逐步平息，武職家族子弟多有棄武從文的例子，[89]然此僅為武職家族出身進士的其中一種樣貌。以盛京駐防旗人、繆氏一族為例（圖3-2-2），其家族子弟主要擔任文職，其中圖基為盛京官學助教，官至兵部員外郎。圖基有五子，除末二子生平無載外，景文、景昌均考取文生員，景文以此任筆帖式、外郎，轉任戶部。三子景運原亦欲投身舉業，然「累應童試不售，家貧改就戎行」，[90]遂由驍騎校官至駐防協領。由於家族人本多以文入仕，景文之子裕紱更高中進士；然景運因棄文從武，其子亦循其父以武入仕，[91]卻僅得低階軍職，至孫輩又重回舉業，其中延福與祖父同，考取生員後，鄉試「屢薦不售」，復投筆從戎。八旗家族在舉業不興時，可轉進武途，武途受挫時，再重回舉業，故在表3-2-4中「武職家

---

[86] 雷炳炎，《清代八旗世爵世職研究》，頁166-180。

[87] 光緒二十九年因京旗禁考，該科進士全數為駐防八旗，而影響該科進士出身自武職家族的比例，此將留待第四章討論。

[88] 另外清朝宗室祖上三代擁有功名者占28名宗室進士的32.1%，武職家族出身者占25%，其餘多為廕生、或直接以宗室身分入仕者，因此各種性質家族比重分布相對平均。

[89] 張杰，《清代科舉家族》，頁85-100。

[90] 參見顧廷龍主編，《清代硃卷集成（68）》（臺北：成文出版社，1992），〈光緒庚寅（十六年）（1890）恩科〉，頁72-73。

[91] 另有一子裕紀早逝。

族出身」的高比例，並非顯示以武功立國的清朝，統治民族拋棄本業的過程；而是呈現八旗於文、武途轉換自如的特色。因此表中武職家族出身的比例並未隨著承平日久而減少，顯示功名、文職家族出身子弟亦多有轉投武途者，故不同於漢人進士家族背景的單一性質，八旗進士則更為多元。

圖3-2-2 盛京駐防繆氏圖基以下世系圖

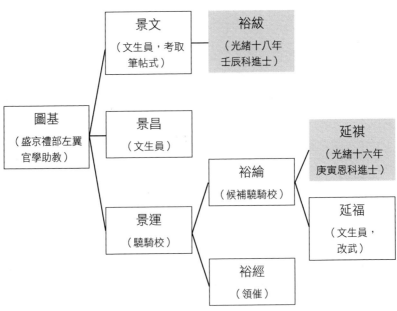

資料來源：顧廷龍主編，《清代硃卷集成》，臺北：成文出版社，1992。

清朝從關外時期開始，主導政治的除宗室王公集團外，亦有以軍功起家，與愛新覺羅家族建立婚姻關係的異姓重臣集團，[92]因以血緣親屬關係分配政治權力，參與政治的方式亦以家世背景為依歸。然清初以來歷朝皇帝透過八旗領屬關係的調整，使皇權日漸集中，[93]宗室、軍功家族再無法抗衡；又隨著國家承平已久，軍功不復為國家任用官員的主要基準，因此八旗子弟參與政治的方式勢必隨之轉變。關於清代旗人家族與科舉關係的討論，有學者認為，家族中必須不斷有人取得功名，方能保持家族的社會政治地位，而提出「科舉家族」的概念；[94]另一方面，亦有八旗官宦子弟主要以筆帖式、廕生等途入仕，經科舉而任高官者並不多的看法。[95]這兩種說法看似矛盾，實際上並不完全衝突，主要是因為旗、民科舉家族中，舉業佔家族經營的重要性，程度高低不同所致。在漢人科舉家族中，除了取得五貢以上功名的子弟外，其餘大多數的族人亦投身場屋，如同治元年（1862）壬戌恩科山東鄉試舉人張蕙圃（1814-？），其家族因世代應舉，被視為是山東的科舉家族代表。[96]在張蕙圃硃卷履歷中，高祖以下共239名，其中擁有科舉功名者，包括生員、監生等共214名，亦即家族高達89.5％的子弟均擁有功名，而出身與文科舉無關者僅25名。[97]山東在清朝各省分中，科場表現尚佳，若是文風更鼎盛的江浙地區，科舉家族中子弟投身舉業的人數比例則更高，[98]因此張蕙圃家

<hr>

[92] 葉高樹，〈滿洲親貴與清初政治：都英額地方赫舍里家族的個案研究〉，《臺灣師大歷史學報》，43（臺北，2010.06），頁174-178。

[93] 杜家驥，《八旗與清朝政治論稿》（北京：人民出版社，2008），頁149-206。

[94] 「科舉家族」指在清朝世代聚族而居，從事舉業人數眾多，至少取得舉人或五貢以上功名的家族，五貢指恩、拔、副、歲、優等五種貢生。參見張杰，《清代科舉家族》，頁20、24-46。

[95] 雷炳炎，《清代社會八旗貴族世家勢力研究》（北京：中國社會科學出版社，2016），頁197-231。

[96] 張杰，《清代科舉家族》，頁38-39。

[97] 出身不詳者不計，下同。又在此家族中，出身與文科舉無關者，均為武舉出身者。硃卷履歷參見顧廷龍主編，《清代硃卷集成（217）》，頁403-414。

[98] 如光緒十九年（1893）癸巳恩科江南鄉試舉人張誠，其家族名宦有張英、張廷玉父子，為極負盛名的科舉家族。在張誠履歷中，光是在十世（張廷玉同輩）41名族人中，擁有科舉功名者便有39名，比例高達95.1％。參見顧廷龍主編，《清代硃卷集

族的例子並非個案。另外一方面，咸豐二年（1852）壬子科順天鄉試舉人、正紅旗滿洲瓜爾佳氏文衡（1825-？），其家族從四世額思圖以下，世代均有子弟取得舉貢以上功名，包括乾隆朝名臣、官至一品的吳達善（？-1771），故被視為以軍功起家，轉向科舉之滿洲科舉家族。[99]文衡硃卷履歷中，四世額思圖以下共63名，其中擁有功名者僅16名，佔總數的25.8％，出身與文科舉無關者，包括廩生、八旗兵丁，以及筆帖式等途者共46名，[100]佔總數的74.2％。顯示文衡家族身為科舉家族的同時，子弟並不以舉業為重，且以他途入仕者，人數更勝一籌，其中亦不乏官位顯赫者。[101]不論旗、民，均存在世代以科舉功名任官，藉此維持家族勢力的例子，然兩者子弟投身舉業的人數比例卻迥異，因此八旗科舉家族的討論，必須注意到科目以外因素對家族發展的重要性。

由進士家族背景的統計結果可知，旗人雖同於漢人，以官員家族出身者為主，但出身自高官家族的比例更高，平民家族則更少，可知旗人進士的階級差異相較於漢人更加顯著。入關後，八旗以佐領為基本單位分配兵額，披甲當差成為旗人的權益也是義務，清廷雖在京師、駐防各地廣設旗學以讓旗人接受教育，[102]但在國語騎射為八旗根本的基本國策下，研習文學經典成為次要；且八旗兵丁的收入可比肩

成（190）》，頁273-277。

99　張杰，《清代科舉家族》，頁89-90。

100　筆帖式為清朝中央、地方衙門的低階文官，雖為官職，卻被視為是八旗獨有的任官管道，故亦列於出身之一。參見民國・趙爾巽等撰，《清史稿》（北京：中華書局，1976-1977），卷110，〈選舉五・推選〉，頁3213。另外文衡履歷中有數名出身無載者，在此以傳記資料補足，高祖輩的雅德、玉德分別以監生、官學生入仕；曾祖輩蘇成額以文生員轉筆帖式；斌良以廩生、桂良以貢生、怡良以候補筆帖式入仕。參見《大清國史人物列傳及史館檔傳包傳稿目錄資料庫》，文獻編號：701001066，〈雅德列傳〉；文獻編號：702001799，〈蘇成額傳包〉；文獻編號：702001742，〈斌良傳包〉；文獻編號：702001769，〈桂良傳包〉；文獻編號：702001172，〈怡良傳包〉。

101　如玉德以官學生入仕，官至閩浙總督；怡良以筆帖式入仕，官至兩江總督。

102　關於清朝旗學的設置與發展，參見葉高樹，〈清朝的旗學與旗人的繙譯教育〉，《臺灣師大歷史學報》，48（臺北，2012.12），頁72-128。

低階文官，[103]故經營舉業者，勢必以有能力額外鑽研文藝的高官家族為主。然而八旗官員家族子弟雖在科場上擁有突出表現，卻不能認為其維持家族勢力的方式以科舉為優先。對漢人家族而言，科舉是唯一的入仕途徑，故在能力許可下，多數子弟從事舉業的情況十分普遍；旗人入仕途徑則多元，滿洲科舉家族中，子弟由科目以外途徑入仕者更甚。[104]因此旗人子弟的科場競爭力僅是影響家族發展的因素之一，關鍵仍在於族人是否能持續任官。

---

[103] 參見葉高樹，〈仰食於官：俸餉制度與清朝旗人的生計〉，頁262。

[104] 道光十五年（1835）乙未科順天鄉試舉人，滿洲正白旗章佳氏慶廉，其家族在七世祖阿思哈以前均為布衣，但阿思哈的下一代始投身舉業，其中以科舉功名入仕，而官居顯赫者不乏其人，如雍乾名臣阿克敦、阿桂父子，嘉慶朝直隸總督那彥成等，五世中更有四世子弟取得舉貢以上的功名，為在科場與政治上均相當顯赫的科舉家族。慶廉履歷載從七世祖以下子弟共20名，有11名出身與科舉無關，佔半數以上。顯示即使在多數藉由功名任高官的家族中，從事舉業者的比例亦遠不及漢人科舉家族。參見顧廷龍主編，《清代硃卷集成（97）》，頁119-129。其中有部分履歷未載，在此以傳記資料補足：阿迪斯、阿彌達以侍衛入仕、那彥堪以筆帖式候補入仕。參見《大清國史人物列傳及史館檔傳包傳稿目錄資料庫》，文獻編號：701007765，〈阿桂列傳〉；文獻編號：701006095，〈臣工列傳·阿彌達〉。

第四章
旗人舉人的仕途發展

第一節　旗人應鄉試的地域性

　　康熙二十六年（1687），清廷宣布旗人與漢人一體應試，[1]卻因旗、民取中率的不同，使旗人的科場表現佔有優勢；而八旗內部亦存在著差異，主要受旗人應鄉試規定變化的影響。清入關後，八旗分為在京與駐防，若欲應考童、鄉試，均須至順天府，[2]實不利於駐防旗人。至嘉慶朝（1796-1820），距離京旗參與科舉百年後，始分別在四（1799）年、十八年（1813）開放駐防旗人就近應童、鄉試。[3]另外一方面，各地駐防八旗雖大多以滿城與當地隔離，卻不免受周遭社會、文化環境的影響，故不同駐防處間科場表現的差異，亦值得注意。本節將從在京、駐防參與鄉試的辦法，以及各駐防地間的科場表現出發，分析地域性對旗人應舉的影響，[4]由於資料所限，不易掌握

---

[1] 參見清・允祿等監修，《大清會典（雍正朝）》，收入《近代中國史料叢刊・三編》（臺北：文海出版社，1992），第77輯，第772冊，卷73，〈禮部・貢舉二・鄉試通例〉，頁4543。

[2] 參見清・允裪等奉敕撰，《欽定大清會典則例（乾隆朝）》，收入《景印文淵閣四庫全書》（臺北：臺灣商務印書館，1983），冊622，卷66，〈禮部・貢舉上・送試〉，頁193；同書卷68，〈禮部・學校一・童生入學〉，頁252。

[3] 中國第一歷史檔案館編，《嘉慶道光兩朝上諭檔》（桂林：廣西師範大學出版社，2000），冊4，頁253-254，嘉慶四年七月二十三日；冊18，頁208，嘉慶十八年六月二十八日內閣奉上諭。

[4] 奉天（盛京）等地駐防從康熙朝始便在當地設有學額，畿輔則因距離京師較近，以上均在嘉慶十八年後仍赴順天府鄉試，故不討論。新疆駐防則未列直省駐防，未准

駐防舉人家族背景、仕途發展，這方面的討論將以通過會試的駐防旗人為主。[5]

駐防八旗就近鄉試的辦法，於嘉慶二十一年（1816）正式施行，取中額數規定：「各省駐防生員於本省鄉試，編立旗字號另額取中，學政錄送十名准取中一名，其零數過半者，議准其照官卷例再取中一名。將來人數增多，總不得過三名，以示限制」。[6]雖設定了10名取1名的取中率，但3名中額的上限，則代表當應試人數超過30名，取中率便隨之下降。開科初期，各駐防地的生員人數約10～40餘名不等，僅陝西駐防89名較多；[7]若全數參與鄉試，取中率除陝西駐防為3.4%外，其餘約6～10%左右。[8]嘉慶十二年（1807），京旗應順天鄉試的取中率約在7.3%，兩者相差不大。[9]

隨著時間，駐防八旗應試的人數逐漸增加。光緒十九年（1893），西安將軍榮祿（1836-1903）提及，各駐防地應鄉試的人數約在40、50名至100名不等，陝西（西安）駐防則人數較多，接近200名，[10]取中率亦降至1～2%。廣州亦為清晚期考生人數大增的駐防地之一，其文鄉試應

應試。參見清‧托津等奉敕纂，《欽定大清會典事例（嘉慶朝）》，收入《近代中國史料叢刊‧三編》（臺北：文海出版社，1991），第67輯，第661冊，卷271，〈禮部‧貢舉‧錄送鄉試〉，頁21a。

5　通過會試的駐防旗人雖為進士，然其與京旗仕途發展的差異實源於鄉試階段，仍不出本節內容。

6　清‧禮部纂輯，《欽定科場條例》，收入《近代中國史料叢刊‧三編》（臺北：文海出版社，1989），第48輯，第474冊，卷20，〈鄉會試定額‧各省鄉試定額〉，頁1430-1431。

7　參見清‧杜受田等修、英匯等纂，《欽定科場條例》，收入《續修四庫全書》（上海：上海古籍出版社，1995），冊830，卷19，〈各省鄉試定額‧附載舊例〉，頁64。

8　陝西駐防取中率為3/89≒3.4%，其餘駐防地10名則取1名，取中率為1/10＝10%，40餘名則為3/50＝6%。

9　嘉慶十二年鄉試前報考馬步箭八旗人數為562名，故該科錄率在41/562≒7.3%。參見《內閣大庫檔案資料庫》（臺北：中央研究院歷史語言研究所），登錄號：115867，〈兵部尚書明亮‧題為本年丁卯科文鄉試照例將各該處職名繕寫清單恭候欽點四員監試馬步箭〉，嘉慶十二年七月十六日。

10　《清代宮中檔及軍機處檔摺件資料庫》（臺北：國立故宮博物院），文獻編號：408018667，〈尚書銜頭品頂戴西安將軍榮祿‧奏為西安駐防鄉試文生人數增多懇恩加廣中額事〉，光緒十九年九月十二日。

試人數「較從前不啻十倍」，取中率也變為「幾於百名取中一名」，時任兩廣總督的張之洞（1837-1909）便建議加額。然朝廷認為「若將廣州駐防中額遽請加增，恐各駐防紛紛援請，既難免冒濫之虞，且恐文闈取中過寬，則駐防各生勢必棄本業而競虛」，加以駁回。[11]因此除臨時廣額外，清朝駐防八旗鄉試的中額均固定3名。京旗順天鄉試取中定額為41名，並規定每舉人1名能錄送80名，[12]每科鄉試能參與的人數上限為3,280名，然乾隆二十三年（1758）京旗滿洲、漢軍生員總數約886名，[13]雖未計蒙古生員，但若全數應鄉試，亦與3280名之人數上限有相當大的距離，此雖為乾隆朝（1736-1795）的人數，仍能得知清廷為在京八旗制定了相對寬裕的鄉試中額。反之，在開科初始，駐防生員人數較多的陝西駐防人數已達89名，然清廷仍僅設定3名中額，可知駐防八旗應鄉試的難度將逐漸甚於京旗。此外，駐防鄉試政策的轉向，亦對駐防八旗的應試造成影響。道光二十三年（1843），朝廷下令駐防八旗改試繙譯，

---

11 清・禮部纂輯，《欽定科場條例》，卷20，〈鄉會試定額・各省鄉試定額・駁案〉，頁1515、1519-1520。另一方面，甘肅駐防原併於陝西鄉闈，合取3名，後於光緒朝（1875-1908）分闈，陝西、甘肅駐防各分2名中額。光緒十九年西安將軍榮祿上奏，請建如其他駐防每科鄉試取中3名獲准，故自光緒二十年（1894）甲午科起，每科陝西駐防鄉試得取中3名，同時朝廷強調「嗣後即應試人數增多，不得再請加額，以符定制」。陝西駐防僅建請與其他駐防處相同的待遇，故得以獲准，與廣州駐防建議增額的情況不同。參見清・禮部纂輯，《續增科場條例》，收入《近代中國史料叢刊・三編》（臺北：文海出版社，1989），第49輯，第485冊，頁1723-1726。

12 清・允裪等奉敕撰，《欽定大清會典則例（乾隆朝）》，卷66，〈貢舉上〉，頁41a-42a；同書，卷67，〈貢舉下〉，頁43a。

13 《內閣大庫檔案資料庫》，登錄號：229200，〈禮部・禮部為順天學政釐正八旗學冊由〉，乾隆二十三年五月。清制規定生員必須參加歲試，以分別等第，由參與歲試的人數，可知生員的大概人數。該檔案中禮部提到該年剛結束的歲試中，滿洲文生員應考者246名，無故不到者256名；漢軍文生員應考者176名，無故不到者208名。又京旗實際應考鄉試的人數如乾隆朝約5、600名，嘉慶五年（1800）鄉試前報考馬步箭人數為665名，嘉慶十二年為562名。參見清・鐵保等奉敕撰，《欽定八旗通志》，收入《景印文淵閣四庫全書》（臺北：臺灣商務印書館，1983），冊665，卷103，〈選舉志二・八旗繙譯科武科緣起〉，頁15b-17b。《內閣大庫檔案資料庫》，登錄號：18000831，〈兵部尚書鑲紅旗漢軍都統總管內務府大臣傅森・兵部為請旨欽點官員監試騎射事〉，嘉慶五年七月十二日；登錄號：115867，〈兵部尚書明亮・題為本年丁卯科文鄉試照例將各該處職名繕寫清單恭候欽點四員監試馬步箭〉，嘉慶十二年七月十六日。

亦即禁止駐防旗人應考文鄉試、會試,至咸豐十一年(1861)駐防文鄉試方復行。[14]復行後,駐防鄉試應考人數稀少,往往不足10名,促使清廷於同治五年(1866)放寬取中的條件:「疊經各該撫以不敷中額奏請暫為變通,請將各省駐防文鄉試人數已足十名,即照定例辦理外,其未足十名者,比照零數過半取中一名之例,聚其人數已及六名准取中一名」。[15]至光緒朝(1875-1908),駐防生員人數逐漸累積後,方於光緒十年(1884),終止該辦法,[16]顯示駐防鄉試制度歷經中止、復開等不穩定的時期,直至光緒朝方步上軌道,然此時已接近科舉制度的尾聲。

　　駐防旗人在當地通過鄉試後,便與京旗一同在京師會試。八旗以京師為鄉土,故在清中期以前,即使為駐防旗人,履歷仍載京師旗籍,[17]影響所及,《科舉錄》等載進士籍貫的文獻,未必清楚標註在京、駐防,故參考《駐防志》、《方志》、《會試同年齒錄》,並對照《進士登科錄》、《會試題名錄》,將駐防八旗獲准就近鄉試後的嘉慶二十二年(1817)丁丑科會試,至光緒三十年(1904)甲辰恩科,除去駐防八旗改試繙譯的時期,八旗進士總數與駐防進士人數統計如圖4-1-1:

14　中國第一歷史檔案館編,《嘉慶道光兩朝上諭檔》,冊48,頁391,道光二十三年閏七月十四日,內閣奉上諭;清‧崑岡等修,《欽定大清會典事例(光緒朝)》收入《續修四庫全書》(上海:上海古籍出版社,1997),冊804,卷364,〈禮部‧貢舉‧駐防繙譯鄉會試〉,頁683。

15　實際上在同治元年(1862)便有先例,河南時因「駐防入場人數不足十名,係兩科並行,可否取中一名等因,奉旨著取一名」,後在同治三年(1864)亦因人數不足10名,「援照壬戌(同治元年)成案懇准取中一名」,參見清‧禮部纂輯,《欽定科場條例》,卷20,〈鄉會試定額‧各省鄉試定額‧例案〉,頁1437-1439。之後甚至有官員建議讓「旗卷散入民卷取中」,等於駐防旗人不另列字號,與漢人一同競爭,以取得考鄉試的機會,但遭到中央回覆:「永不准行」。參見清‧禮部纂輯,《欽定科場條例》,卷20,〈鄉會試定額‧各省鄉試定額〉,頁1439。

16　浙江駐防雖然應試人數仍不足,但「檢查該省近年學冊,駐防文童業經陸續取進有人,數年後自不難積成盈數。……請嗣後各省駐防文鄉試仍照定例,每十名取一名,零數過半者增一名,至多不得過三名,其人數不及十名者,即照駐防繙譯鄉試不敷中額停止舉行之例辦理。其同治五年奏准變通駐防文鄉試中額一案,應請一併查銷」。參見清‧禮部纂輯,《欽定科場條例》,卷20,〈鄉會試定額‧各省鄉試定額‧例案〉,頁1481-1484。

17　參見潘洪綱,〈由客居到土著──清代駐防八旗的民族關係問題研究〉,《黑龍江民族叢刊》,2006:1(哈爾濱,2006.02),頁75。

圖4-1-1　嘉慶朝以後駐防八旗進士人數比例圖

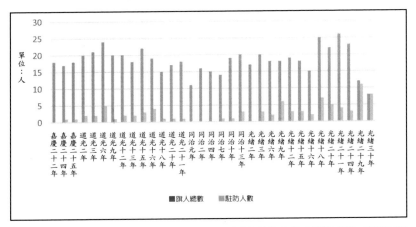

說　　明：通過殿試後方為進士，但為更完整討論駐防旗人於會試的表現，亦將未殿試之駐防旗人計入。

資料來源：1.中國第一歷史檔案館攝製，《清代譜牒檔案（B字號）‧縮影資料‧內閣鄉試題名錄、內閣會試題名錄、內閣進士登科錄》，北京：中國第一歷史檔案館技術部，1983。

2.Columbia University rare & special genealogies, New York: C.V. Starr East Asian Library of Columbia University Press,2010.

3.《同治六年丁卯科并補行辛酉科江南鄉試題名錄一卷》，收入《中國科舉文獻叢錄‧中國科舉錄續編（13）》，北京：全國圖書館文獻縮微複製中心，2010，頁119-188。

4.清‧禮部纂輯，《欽定科場條例》，收入《近代中國史料叢刊‧三編》，第48輯，冊474，臺北：文海出版社，1989。

5.清‧蔣啓勳、趙佑宸修，汪士鐸等纂，《同治續纂江寧府志》，收入《中國地方志集成‧江蘇府縣志輯（2）》，南京：江蘇古籍出版社，1991。

6.清‧李玉宣等修，衷興鍵等纂，莊劍校點，《同治重修成都縣志》，收入《成都舊志叢書（12）‧成都舊志‧通志類》，成都：成都時代出版社，2007。

7.清‧張大昌輯，《杭州八旗駐防營志略》，收入《續修四庫全書》，冊859，上海：上海古籍出版社，1995。

8.清‧長善等修，《駐粵八旗志》，收入《續修四庫全書》，冊860，上海：上海古籍出版社，1995。

9.清‧希元等纂修，《荊州駐防八旗志》，收入《續修四庫全書》，冊859，上海：上海古籍出版社，1997。

10.清‧貽穀纂，《綏遠旗志》，收入《清代八旗駐防志叢書》，瀋陽：遼寧大學出版社，1994。

11.清‧張曜、楊士驤等修，孫葆田纂，《山東通志》，收入《山東文獻集成》，第一輯，冊24，濟南：山東大學出版社，2006。

12.民國‧陳衍、沈瑜慶纂修，福建省教育廳續修，《福建通志》，福州：

　　　福建通志局，1938。
13.民國‧吳廷錫纂，《續修陝西通志稿》，收入《中國省志彙編（十五）‧陝西通志續通志（二十）》，臺北：華文書局，1969。
14.民國‧張仲炘、楊承禧等撰，《湖北通志（六）》，收入《中國省志彙編之五》，臺北：華文書局，1967。

　　光緒二十六年（1900），義和團事件引發八國聯軍之役；隔年，清廷與各國議和，包括順天府在內的地區因「輕信拳匪及鬧教滋事」而「停止文武各考試五年」，[18]故京旗（包括宗室），以及畿輔、盛京、吉林、黑龍江等地駐防八旗，均遭禁考，順天鄉試與會試亦移至河南舉行。[19]在外省應鄉試的駐防八旗不在此限，[20]故自光緒二十九年（1903）癸卯科後的旗人進士，均為駐防。除此之外，圖4-1-1的其餘各科，每科駐防進士的人數均不及旗人進士的一半。駐防鄉闈每科中額3名，11個駐防處，在表定人數上，每科鄉試會產生33名駐防舉人；順天鄉試每科滿字號、合字號最多取中41名，故駐防旗人參與會試的舉人人數與京旗相比本處弱勢，亦對考取進士的人數造成影響。

　　將圖4-1-1各科駐防八旗進士人數合計後共88名，其中祖上三代任官、科名等家族背景可考者55名。依照本文第三章第二節家族背景分

---

[18] 「所有單開直隸省之北京順天府、保定府、永清縣，天津府、順德府、望都縣、獲鹿縣、新安縣、通州、武邑縣、景州、灤平縣，東三省之盛京、甲子廠連山、于慶街、北林子、呼蘭城，山西省之太原府、忻州、太谷縣、大同府、汾州府、孝義縣、曲沃縣、大寧縣、河津縣、岳陽縣、朔平府、文水縣、壽陽縣、平陽府、長子縣、高平縣、澤州府、隰州、蒲縣、絳州、歸化城、綏遠城，河南省之南陽府、光州，浙江省之衢州府，陝西省之甯羌州，湖南省之衡州府等地方，均應停止文武考試五年，以為輕信拳匪及鬧教滋事者戒」。參見清‧世續等奉敕修，《清實錄‧德宗景皇帝實錄（七）》（北京：中華書局，1987），卷482，頁370，光緒二十七年四月庚申條。

[19] 清‧世續等奉敕修，《清實錄‧德宗景皇帝實錄（七）》，卷488，頁459，光緒二十七年十月丙辰條。

[20] 「駐防旗籍宜一體送考也。前年各國議約，有停止順天考試一條，因之宗室、八旗牽連而及最為無理，其外省駐防本不在此例，本年鄉試亦照舊取中。惟聞現在各駐防舉人因京旗停試不免顧望遲疑，而該管將軍都統亦以未奉明文，礙難懸斷。應請飭下政務處，通行電知駐防省分，一體咨送會試，將來知貢舉奏請欽定中額時，註明駐防字樣，自與京旗不相牽混，斷無應賠人口實也」。參見《清代宮中檔及軍機處檔摺件資料庫》，文獻編號：152716，〈郭曾炘‧奏陳會試整頓之事宜〉，光緒二十八年十二月十九日。又光緒二十九年（1903）癸卯科進士中有一名盛京駐防「鍾麟」，是光緒二十四年（1898）通過會試，此時補殿試。

類方法統計後，並與該節八旗進士統計結果相較，如表4-1-1：

表4-1-1　清朝全體、駐防八旗進士祖上三代功名、任官情形比較表

地域人數、比例	類別	A	B	C	D	總數
全體八旗	人數	58	8	137	90	293
	比例（％）	19.8	2.7	46.8	30.7	100
駐防八旗	人數	12	1	38	4	55
	比例（％）	21.8	1.8	69.1	7.3	100

說　　明：1.A類「布衣家族出身」：祖上三代沒有獲得任何功名、官職；B類「低階
　　　　　　功名家族出身」：祖上三代產生過生員或監生，但未有更高的功名與官
　　　　　　職；C類「中等以下官員與兵丁家族」：祖上三代曾獲貢生以上功名，或
　　　　　　擔任四品以下官員與八旗兵丁；D類「高官家族出身」：祖上三代擔任過
　　　　　　三品以上官員者。其中A類與B類的祖上三代均未任官，屬於「平民家族
　　　　　　出身」；C、D類為「官員家族出身」。
　　　　　2.全體旗人進士各類比例參見本文第三章第二節表3-2-2。
資料來源：1.Columbia University rare & special genealogies, New York: C.V.
　　　　　　Starr East Asian Library of Columbia University Press,2010.
　　　　　2.顧廷龍主編，《清代硃卷集成》，臺北：成文出版社，1992。
　　　　　3.《（清）重訂道光二年壬午恩科同年齒錄不分卷》，收入《中國科舉文獻
　　　　　　叢錄‧中國科舉錄續編（6）》，北京：全國圖書館文獻縮微複製中心，
　　　　　　2010，頁221-733。
　　　　　4.《光緒二年丙子恩科會試同年齒錄》，臺北：傅斯年圖書館藏古籍線裝書。
　　　　　5.《（清）光緒六年庚辰科會試同年齒錄不分卷》，收入《中國科舉文獻
　　　　　　叢錄‧中國科舉錄續編（14-17）》，北京：全國圖書館文獻縮微複製中
　　　　　　心，2010。
　　　　　6.《光緒二十四年戊戌科會試齒錄》，臺北：傅斯年圖書館藏古籍線裝書。
　　　　　7.《（光緒辛丑壬寅恩正併科）會試同年齒錄》臺北：傅斯年圖書館藏古籍
　　　　　　線裝書。

駐防進士大多來自於官員家族（C、D類），共佔總數的76.4％，此與
全體旗人進士的統計結果相近，然全體旗人進士「高官家族出身」
（D類）的比例遠高於駐防進士，[21]「中等以下官員與兵丁家族」（C
類）的比例則大幅少於駐防進士。又55名駐防進士中，來自於官員家
族者共42名，其中「武職家族出身者」共22名，[22]佔官員家族出身者的

---

[21] 駐防進士中祖上三代擔任官職最高者為副都統，無官居一品者。
[22] 「武職家族出身」包括祖上三代以武舉出身者，以及任官經歷以武職為主者，其他

52.4％。祖上三代中擁有功名者，對子弟取得進士功名較有利，因此全體旗人進士大多來自於「功名家族」，而武職家族出身的進士比例則為38.2％。然駐防八旗進士「武職家族出身」卻佔半數以上，可知駐防進士大多來自於低階武職家族。家族背景與科場表現息息相關，旗人進士中的階級分化十分明顯，家境背景雄厚的家族，參與科舉較有利，然相較於京旗，駐防八旗家族背景相對弱勢，亦影響科場表現。

　　嘉慶朝以後駐防進士共88名，其中仕途經歷可考的32名（參見附錄四），六品以下的低階官員18名，較中等以上官員（五品以上）14名稍多。[23]駐防鄉試至光緒朝錄取中額逐漸穩定，考取進士的人數亦逐漸增多，然已近清末，故許多駐防進士在宦途之初便中斷，停留在低階官品。另一方面，駐防八旗中不乏家族世代經營舉業者，[24]如河南駐防烏齊格哩氏家族，康熙朝晚期移駐河南後，前三代非小官即未仕，至道光朝的第四代一舉高中三名進士，其中倭仁（wesin, 1804-1871）官至文華殿大學士，逝世後晉贈太保，予諡號；其子亦得以廕生入仕或特恩授官，其中三子福裕（？-1900）官至奉天府府尹，孫輩因倭仁而授官、欽賜舉人者亦多達5人。[25]駐防旗人子弟的政治地位、收入均不如京旗，許多人終其一身僅能任低階武官或甲兵，[26]因此投

祖上三代功名、官職的文、武性質分類包括：「功名家族出身」則指祖上三代擁有文科舉、繙譯科考功名者；「文職家族出身」包括祖上三代經由繙譯考試任筆帖式、內閣中書等文職，以及透過廕生、世爵世職等途授文官者。關於八旗進士文、武家族背景的分類與比例，請參見本文第三章第二節表3-2-4。

[23] 六品以下的低階官員包含試用、委署官員；另中等以上官員中包含兩位一品官員，一為道光九年己丑科進士，河南駐防蒙古倭仁；一為道光十二年壬辰恩科進士，杭州駐防蒙古瑞常（1805-1872），均官至大學士。

[24] 如京口駐防蒙古杭阿坦氏，有清一代京口駐防進士共17人，杭阿坦氏家族便佔了7人，惟家族子弟官運不佳，最高僅任知州。參見顧廷龍主編，《清代硃卷集成（83）》（臺北：成文出版社，1992），頁333-342；《（光緒辛丑壬寅恩正併科）會試同年齒錄》（臺北：傅斯年圖書館藏古籍線裝書）。

[25] 河南駐防烏齊格哩氏家族的任官、科名參見《光緒十八年壬辰科會試齒錄》，in Columbia University rare & special genealogies(New York: C.V. Starr East Asian Library of Columbia University Press,2010)；王鍾翰點校，《清史列傳》（北京：中華書局，1987），卷46，〈倭仁〉，頁3641。

[26] 定宜庄，《清代八旗駐防研究》（瀋陽：遼寧民族出版社，2002），頁217-220。清朝駐防兵丁的餉銀低於京旗，餉米則較多，然餉米發放多採折色，容易受物價變

身舉業不失為改善家族政治地位的機會。

　　清朝直省駐防分布地區範圍廣泛，西至鄰近新疆的甘肅，北至山西與蒙古游牧區域接壤，又在東南沿海人文薈萃、人口密集的各省設置多處據點，社會、文化、經濟狀況各異。茲將嘉慶二十一年後，各駐防地鄉試實際取中人數整理如表4-1-2，以釐清駐防區域與科場表現間的關聯。

表4-1-2　清朝駐防八旗鄉試取中人數表

科年（各駐防地人數）		山東	山西	河南	江南	福建	浙江	湖北	陝西	甘肅	四川	廣東
嘉慶	二十一年（1816）丙子科	2			3	2	3	3	2	＼	1	3
	二十三年（1818）戊寅恩科	2		2		2	3	3	3	＼	1	3
	二十四年（1819）己卯科	2	1	2		2	3	3	3	＼	0	3
道光	元年（1821）辛巳恩科	1				2	2	3	3	＼	1	3
	二年（1822）壬午科	2		1	3	1	3	3	3	＼	1	3
	五年（1825）乙酉科	2				1	3	3	3	＼	1	3
	八年（1828）戊子科	1				1	2	3	2	＼	2	3
	十一年（1831）辛卯恩科	2	2		3	1	3	3	3	＼	2	3
	十二年（1832）壬辰科	1	2	2	3	1	3	3	3	＼	2	3
	十四年（1834）甲午科	1				1	2	3	3	＼	2	3
	十五年（1835）乙未恩科	1	1		3	2	3	3	3	＼	2	3
	十七年（1837）丁酉科	2				2	2	3	3	＼	2	3
	十九年（1839）己亥科	2				2	3	3	3	＼	1	3
	二十年（1840）庚子恩科	2	1			1	1	1	3	＼	2	3
	二十三年（1843）癸卯科	1	1		3	2	2	1		＼	2	3
同治	元年（1862）壬戌科	0	1	1	＼	0	＼	2	＼			3
	三年（1864）甲子科	0	1	0	＼	2	0	＼			2	3
	六年（1867）丁卯科	＼	1	1		1	2	0	3	3	6	3

動而影響收入多寡。參見葉高樹，〈仰食於官：俸餉制度與清朝旗人的生計〉，收入旗人與國家制度工作坊編著，《「參漢酌金」的再思考：清朝旗人與國家制度》（臺北：文史哲出版社，2016），頁261-267。

科年	各駐防地人數	山東	山西	河南	江南	福建	浙江	湖北	陝西	甘肅	四川	廣東
	九年（1870）庚午科	4	1	1	2	1	0	3	3	╲	3	3
	十二年（1873）癸酉科	2				1	0	3	3	╲		3
光緒	元年（1875）乙亥恩科	2		3		1	0	3	2		3	3
	二年（1876）丙子科	3				3	0	3	2			3
	五年（1879）己卯科	3				3	0	3				3
	八年（1882）壬午科	3				3	0	3	2	1		3
	十一年（1885）乙酉科	3	2		3	3	1	3	2	2		
	十四年（1888）戊子科	3				3	2	1	2		3	
	十五年（1889）己丑恩科	3				3	3	3	2			
	十七年（1891）辛卯科	3		3		3	3	3	2			
	十九年（1893）癸巳恩科	3	2	3	3	3	3	3	2	2	3	
	二十年（1894）甲午科	3	1	3	3	3	3	3	3	2		3
	二十三年（1897）丁酉科	3			3	3	3	3	3	3		3
	二十八年（1902）壬寅補行庚子、辛丑恩正併科	7		6		6	5	5	6			
	二十九年（1903）癸卯恩科	3				3		3	3		3	

說　　明：1.甘肅駐防原併入陝西鄉試，光緒元年（1875）分闈，兩地駐防中額各為
　　　　　　 2名。
　　　　　 2.陝西鄉試駐防中額自光緒二十年（1894）甲午科鄉試始增1名，共3名。
　　　　　 3.不開科或該科鄉試停止，以斜線表示。空白者為取中人數不詳。
　　　　　 4.道光二十四年（1844）甲辰科開始，駐防旗人改試繙譯，至咸豐十一年
　　　　　　 （1861）宣告恢復，故表格不列此期間。
　　　　　 5.清晚期各地鄉闈多因戰事延後，故同科鄉試或於不同年舉行，但為方便統
　　　　　　 計，均列同科年。如浙江、福建鄉試實際於同治四年才舉行，仍列於同治
　　　　　　 三年甲子科一欄中。又原訂於光緒二十六年（1900）舉行的庚子科鄉試
　　　　　　 因庚子事件停辦，故先於光緒二十七（1901）辛丑年舉行廣東、甘肅鄉
　　　　　　 試，其餘各省則於光緒二十八年（1902）壬寅補行鄉試，且因併科而中
　　　　　　 額加倍，在此均列於光緒二十八年一欄中。
　　　　　 6.《同治重修成都縣志》載「悟真額」為道光二十年庚子科舉人，表格根據
　　　　　　 《道光十五年乙未恩科四川鄉試題名錄》改為該科舉人。

資料來源：見圖4-1-1。

各駐防鄉闈的規定一致，只要生員人數足30名，便可取中3名，即中
額上限，然由統計結果可知，各駐防地的錄取狀況參差不齊。如開科
初始便有山東、山西、河南、四川等地駐防不足額錄取，更延續至道

光朝（1821-1850），與未開科前，讓駐防旗人就近應試之陳奏「重見疊出，不下百餘次」的情況迥異。[27]這是由於各駐防地生員人數累積的速度不一，如四川駐防至道光十八年（1838）方有生員36名，而陝西駐防則早在嘉慶十二年（1807）便有生員34名。[28]另外一方面，道光朝晚期爆發的太平天國之役，戰事持續時間長且影響省分廣，導致同治朝（1862-1874）多處駐防鄉試停考或延期；陝西駐防則因陝甘回民事變三度停考，至同治八年（1869）方補行鄉試。[29]然各地受戰事影響的程度不同，如湖北駐防在大多的時間均能維持3名取中，浙江、江南則多科不足額錄取。至光緒朝（1875-1908），駐防生員人數逐漸累積，鄉試應考人數隨之增加，由表可看出清末大部分駐防地的錄取情況趨於穩定，然同時亦可見山西駐防仍維持不足額錄取。

駐防地的鄉試中額設有上限，在會試階段則無限制，更能比較各地科場表現的地域性差異，故將嘉慶朝以後的駐防旗人進士，依照駐防地劃分如表4-1-3：

表4-1-3　清朝各駐防地八旗進士人數比例表

駐防地 人數 比例	江南	廣東	湖北	浙江	山東	河南	陝西	福建	四川	山西	甘肅	總數
人數	28	22	8	7	7	7	4	3	1	1	0	88
（%）	31.8	25	9.1	8.0	8.0	8.0	4.5	3.4	1.1	1.1	0	100

資料來源：見圖4-1-1。

---

[27] 中國第一歷史檔案館編，《乾隆朝上諭檔》（北京：檔案出版社，1991），冊1，頁292，乾隆三年七月十二日內閣奉上諭。

[28] 清・崑岡等修，《欽定大清會典事例（光緒朝）》，卷381，〈禮部・學校・駐防考試〉，頁106。清・托津等奉敕纂，《欽定大清會典事例（嘉慶朝）》，卷305，〈禮部・學校・駐防考試〉，頁25a-25b。

[29] 參見清・禮部纂輯，《欽定科場條例》，卷20，〈各省鄉試定額・例案〉，頁1442。

清朝進士依照省分劃分（僅列有八旗駐防的），排名由高至低依序為江蘇、浙江、山東、河南、山西、福建、陝甘、湖北、廣東、四川。[30]而表4-1-3中江南、浙江、山東、河南等省排名位居前列，陝西、福建、四川各省則居後，與清朝進士省分次序相符；又甘肅由於在光緒朝方與陝西分闈，舉人數量稀少，自無法與其他駐防競爭。駐防八旗居住在滿城中，與漢人生活區域隔離，然日常所需仰賴當地，滿城建立後亦經常成為商業中心，更有漢人店鋪於城中開設，[31]無可避免地受到當地社會文化的影響，科舉表現優劣與否亦與當地文風興盛程度相關。

駐防地不僅是旗人居住地區，亦是重要的軍事據點，清朝中晚期戰爭頻仍，對於駐防旗人應試有嚴重的影響。浙江駐防是遭受太平天國戰爭最嚴重的區域之一，所屬杭州、乍浦駐防幾乎全城陣亡，[32]後從各地調官兵攜眷，至光緒朝初期方大致補足兵額。[33]故自同治朝恢復駐防文鄉試，至光緒八年（1882）壬午科，浙江駐防鄉試均以應考人數不足而停考，[34]以致浙江雖與江蘇（江南）同為清朝進士省分分布名次位居前列者，駐防旗人的會試表現卻遠不及後者。湖北荊州駐防則屬於受戰爭侵害較輕的區域，更成為其他駐防地的重要兵額補充來源，[35]故鄉試大多足額錄取，舉人人數持續增加。

除戰爭局勢影響外，駐防地本身的條件亦不無影響。廣州駐防閒散餘丁人數根據道光十六年（1836）廣州將軍蘇勒芳阿（1767-1839）

---

[30] 江蘇、安徽原合為江南鄉闈，後分闈。江南駐防包括江寧、京口，均位於江蘇省境內，故與江蘇省進士比例相較。清朝進士地理分布參見李潤強，《清代進士群體與學術文化》（北京：中國社會科學出版社，2007），頁66-67。

[31] 潘洪綱，《清代八旗駐防族群的社會變遷》（北京：人民出版社，2018），頁337-339。

[32] 參見清・張大昌輯，《杭州八旗駐防營志略》，收入《續修四庫全書》（上海：上海古籍出版社，1995），冊859，卷13，〈守營志烈〉，頁250。

[33] 參見清・張大昌輯，《杭州八旗駐防營志略》，卷17，〈建牙志盛〉，頁295。

[34] 清・張大昌輯，《杭州八旗駐防營志略》，卷10，〈鄉會試題名表〉，頁10a。

[35] 如同治十年（1871）荊州駐防分撥丁至江寧、光緒元年（1875）分撥至杭州。參見清・希元等纂修，《荊州駐防八旗志》，收入《續修四庫全書》（上海：上海古籍出版社，1997），冊859，卷8，〈武備志第一・官兵額設〉，頁3a。

上奏，未食錢糧之及歲男丁人數共950餘人。在各駐防地中偏高，[36]或因此對舉業的經營較為積極。如同治朝初期各駐防地甫經戰事，駐防文童試復行後，各地駐防生員人數增加速度緩慢，山東青州駐防、江南京口駐防分別至光緒二年、八年（1882）方各有生員人數48、33名，而廣州駐防卻於同治十一年（1872）便已有生員人數100名。[37]此外，在廣州駐防閒散人數中，滿洲200餘人、漢軍750餘人，滿洲閒散人數較少，挑補不難；漢軍則人浮於缺，「有自壯至老不能得一錢糧者」。廣州駐防進士全數為漢軍，[38]與當地閒散民族人數比例不無關係。表4-1-3中，山西駐防進士的人數幾乎敬陪末位，由表4-1-2亦可知山西駐防鄉試的取中情況亦不佳，尤其是在其他駐防區地已穩定發展的光緒朝，山西駐防仍不足額錄取。山西駐防包括太

---

[36] 《清代宮中檔及軍機處檔摺件資料庫》，文獻編號：071116，〈大學士管理戶部事務潘世恩等・奏為議覆廣東駐防生息並陳請酌改事宜以昭體恤事〉，道光十六年五月十七日。道光七年（1827），清廷為解決駐防地八旗子弟無缺可補的問題，決議讓部分閒散挑補入綠營，為此要求各駐防上報人數，駐防地除年幼殘疾者之閒散人數如下：江南駐防2500餘名、湖北駐防2000餘名、山東駐防469名、浙江駐防264名、福建駐防72名（指丁壯閒散中有意願挑補綠營者的人數），河南駐防439名（人數來自道光十四年均齊八旗閒散之例行公事），上述與廣州駐防相較，可知廣州駐防在各駐防處中閒散人數較高，僅次於會試表現同樣優秀的江南、湖北駐防。參見《內閣大庫檔案資料庫》，登錄號：212560，〈兵部・兵部為添設餘兵事〉，道光十六年五月；登錄號：215440-001，〈兵部為均齊駐防閒散人丁事〉，道光十四年十二月二十七日。《清代宮中檔及軍機處檔摺件資料庫》，文獻編號：056083，〈普恭等・奏為遵旨會議江寧省城駐防閒散挑補綠營兵缺等由〉，道光七年閏五月十七日；文獻編號：055882，〈湖廣總督嵩孚・奏報籌議駐防滿營閒散挑補綠營兵丁章程〉，道光七年五月十五日；文獻編號：055428，〈署理山東巡撫程含章・奏明東省駐防閒散的議就近挑補由〉，道光七年四月二十五日；文獻編號：055149，〈杭州將軍果勒豐阿等・奏報杭州滿營閒散僅敷本營挑補由〉，道光七年三月十日；文獻編號：055476，〈兼署閩浙總督福建巡撫韓克均・奏報閩浙駐防插補綠營兵額事宜〉，道光七年三月二十九日。

[37] 清・崑岡等修，《欽定大清會典事例（光緒朝）》，卷381，〈禮部・學校・駐防考試〉，頁108。

[38] 嘉慶二十一年後，廣州駐防進士共22名，全為漢軍。駐防進士的旗籍與各駐防地的兵額族別密切相關，如隸屬江南駐防的京口駐防，駐防進士人數共17名，全為八旗蒙古，與以往八旗蒙古大多科場表現弱勢的情況不同，即源於乾隆朝漢軍出旗後，駐守京口旗兵全改為八旗蒙古所致。駐防進士旗籍參見圖4-1-1資料來源。京口駐防兵丁旗籍參見清・春光綦，馬協弟點校，《京口八旗志》，收入《清代八旗駐防志叢書》（瀋陽：遼寧大學，1994），卷上，〈營制志〉，頁479。

原、右衛、綏遠城，其中以綏遠城駐防兵額最多。[39]綏遠城與其他各直省駐防最大的不同，即為地近蒙古土默特部。綏遠城將軍負有管轄土默特蒙古事務的權責，[40]官兵亦須輪流派駐土默特蒙古軍事據點，[41]或因與蒙古游牧地區來往密切，又地處偏遠，故科甲人數不多。顯示各駐防的會試表現與本身條件密切相關，故在清朝進士省分名次後段的湖北、廣東駐防，八旗進士人數得以高於省分名次前列的浙江、山西。

朝廷原依據各地文風高低、應試人數制定不同數量的鄉試中額，藉此維持區域間的平衡；然駐防八旗位處不同地區，卻設定相同的取中額數。為平衡各駐防間的差異，先設定10取1的取中率，使偏遠地區不致舉人人數過少；又限定3名中額，以防人多的駐防處濫取。[42]然3名中額的限制，在應試人數逐漸增加的駐防地顯得緊縮，而限制了駐防旗人的科場表現。駐防不比京師，受地方戰事影響劇烈，加上駐防旗人普遍任低階武官，家族政治、經濟狀況不如京旗，以上因素均影響到駐防八旗的應試，以致京旗始終佔八旗科甲的多數。然而，駐防八旗以「持戈荷戟，備干城之選」為重，[43]任官出路多受限於當地武職，考取舉人、進士後，得以在中央或其他外省各地任官，入仕選擇因此更加寬廣。

---

[39] 太原駐防在雍、乾年間兵額約5、600名；右衛駐防本為防禦噶爾丹而設，戰事結束後，官兵多遭裁撤、移駐他處，而降至最低一級八旗駐防之列。綏遠城在乾隆朝的兵額為2700人。參見定宜庄，《清代八旗駐防研究》，頁20、41；蒙林，〈綏遠城駐防八旗源流考〉，《滿族研究》，1995：2（瀋陽，1995.06），頁28。

[40] 定宜庄，《清代八旗駐防研究》，頁88-90。

[41] 鐵達，〈清綏遠城駐防八旗史實縱覽〉，《內蒙古文物考古》，2003：2（呼和浩特，2003.12），頁98-99。

[42] 「定為十名取中一名者，原恐人少之處或患偏枯；而至多不得過三名者，又防人多之處稍形冒濫」，參見清·禮部纂輯，《欽定科場條例》，卷20，〈鄉會試定額·各省鄉試定額·駁案〉，頁1515、1519-1520。

[43] 清·鄂爾泰等修，《清實錄·世宗憲皇帝實錄（二）》（北京，中華書局，1985），卷121，頁592下，雍正十年七月乙酉條。

第二節　旗人舉人的遷轉經歷

在宋代，地方考試（解試）的錄取者，僅獲得禮部主辦之「省試」應試資格，若省試落第，舉子必須重新再應解試，謂之「重解」；明代以後，通過鄉試的舉人，不僅會試落第不須重解，更能直接授官，與「進士」同列為入仕資格之一。[44]因此取得舉人功名，將能為自身與家族帶來關鍵性的轉變，在明清社會階級分層化中，佔有決定性的地位。[45]然而，舉人除授、任官的待遇不及進士，進士若得「館選」入翰林院，「列卿尹、膺疆寄」的機會便高；[46]舉人則屬中階科舉功名，能為家族帶來轉變的契機，獲得高官厚祿的機會卻相對渺茫。清朝大學士中，舉人出身的漢官僅有1位，旗人則有5位，且旗人自低階科舉功名而位極人臣者大有人在，[47]顯示同為舉人，旗、民的仕途發展不盡相同。

清制會試三科不第的舉人，得至吏部銓選為知縣，稱為「揀選」。[48]然因人數過多，為免留京久候，自康熙四年（1665）起，劃定留京候選的科年，其餘均先回籍，等到自身科年的選期將近再赴

---

[44] 林麗月，〈科場競爭與天下之「公」：明代科舉區域配額問題的一些考察〉，《國立臺灣師範大學歷史學報》，20（臺北，1992.06），頁44。

[45] 何炳棣著，徐泓譯，《明清社會史論》（臺北：聯經出版公司，2013），頁29。

[46] 民國・趙爾巽等撰，《清史稿》（北京：中華書局，1976-1977），卷108，〈選舉三・文科〉，頁3165。

[47] 漢人大學士中唯一出身自舉人者，為道光十二年（1832）壬辰科舉人左宗棠（1812-1885），另有1名出身自博學鴻詞的劉綸（1711-1773），其餘均為進士出身；又八旗大學士中，出身貢、監、生員者共有9名。關於清朝大學士的出身，參見附錄五。

[48] 在順治朝，舉人尚能銓選為通判、推官，後取消。另外舉人亦得授教職，原欲就教的舉人不拘科分，依照廷試的考試結果分發，後取消廷試，直接按科分依次補用，仍須等候吏部銓選；又若舉人銓選知縣時，吏部認為該員條件不足任，或令改教職，故對舉人而言，相較於教職，選補為知縣的仕途發展較佳。參見清・伊桑阿等纂修，《大清會典（康熙朝）》，收入《近代中國史料叢刊・三編》，第72輯，冊711，（臺北：文海出版社，1992），卷8，〈漢缺選法〉，頁10b-11b；清・允祿等監修，《大清會典（雍正朝）》，卷11，〈漢缺除選〉，頁5b；清・允祹等奉敕撰，《欽定大清會典則例（乾隆朝）》，卷5，〈月選二〉，頁3b、14a。

部，稱為「截取」。[49]以揀選、截取赴選的舉人，得與進士和他途銓選知縣者同班參與常例的「月選」，[50]但舉人銓選的次序排在進士之後。至乾隆朝，因舉人任官之途壅塞，而制定「大挑」辦法，即在每科會試放榜後，針對包含當科會試已落第三次的舉人，依照省分分配名額，以年齡、體格外貌、言談為標準，挑中者抽籤後直接分發各省以知縣用，因不需經吏部銓選，可縮短舉人候選的時間。[51]

不論揀選、大挑，在制度建立之初，均為漢舉人專有。順治、康熙年間，取中的八旗舉人主要以筆帖式與小京官任用。[52]至康熙三十九年（1700），宣布「漢軍舉人，照漢人例，三科不中願就知縣者，以知縣用」，[53]八旗滿洲、蒙古則未與。《八旗通志・初集》的〈選舉表〉舉人部分，載有雍正十三年（1735）以前各科舉人中式後的發展，將其統計整理如下表：

---

[49] 清・伊桑阿等纂修，《大清會典（康熙朝）》，卷8，〈漢缺選法〉，頁3b。在學界有截取與揀選、大挑並列為舉人入仕之三種方法的說法，然張振國認為，截取屬於揀選的後續環節，故此種說法值得商榷。參見張振國、王月，〈再論清代的舉人大挑制度〉，《歷史檔案》，2012：2（北京，2012.05），頁71。

[50] 清朝每月吏部銓選中下級官員的辦法稱之為「月選」，依照不同出身、身分，分為進士班、舉人班等班別，各班銓選的排序均有規定，如乾隆朝銓選知縣每輪月選有17缺，依序為進士班5人、舉人班5人、捐納班4人、推升班3人。參見清・允祹等奉敕撰，《欽定大清會典則例（乾隆朝）》，卷5，〈月選二〉，頁19a-19b。關於歷朝知縣月選官缺數的變化，參見張振國，《清代文官選任制度研究》（天津：南開大學歷史學博士論文，2010），頁259-263。

[51] 大挑入選者分為二等，年力精壯者為一等，以知縣分發各省；其餘為二等，選為教職。關於大挑制度的建立與演變，參見馬鏞，〈清代的舉人大挑制度〉，《歷史檔案》，2011：1（北京，2011.02），頁66-70＋75。

[52] 除筆帖式、小京官外，在雍正四年（1726）規定，舉人可考取順天府學滿教授缺。參見清・伊桑阿等纂修，《大清會典（康熙朝）》，卷7，〈滿缺陞補除授〉，頁13b-14a、20b；清・允祿等監修，《大清會典（雍正朝）》，卷8，〈滿缺除選〉，頁8b-9a。小京官指國子監監丞、博士、典簿3缺，通政司漢字知事、詹事府主簿、翰林院典簿各1缺，以及光祿寺署丞8缺，共14缺，後取消通政司漢字知事，改為13缺，均為七、八品官。參見清・允祿等監修，《大清會典（雍正朝）》，卷8，〈吏部・滿缺除選〉，頁8a-8b；同書，〈滿缺陞補〉，頁25b；清・允祹等奉敕撰，《欽定大清會典則例（乾隆朝）》，卷4，〈吏部・月選一〉，頁4a-4b。

[53] 參見清・允祿等監修，《大清會典（雍正朝）》，卷9，〈漢軍缺除授陞補〉，頁5b-6a。

表4-2-1 《八旗通志‧初集》中康雍年間八旗舉人出路統計表

鄉試科別 ＼ 出路、人數	考取文進士		任官						未仕	合計
	人	%	知縣	筆帖式	教職	知縣以上外官	京官及科道官	武職、武進士		
康熙二十九年（1690）庚午科	7	46.7	0	0	0	0	0	0	8	15
康熙三十二年（1693）癸酉科	10	41.7	0	0	0	1	1	1	11	24
康熙三十五年（1696）丙子科	13	43.3	2	0	0	1	0	0	14	30
康熙三十八年（1699）己卯科	15	45.5	1	0	0	0	3	0	14	33
康熙四十一年（1702）壬午科	10	30.3	4	1	0	1	0	1	16	33
康熙四十四年（1705）乙酉科	13	35.1	1	0	0	0	2	1	20	37
康熙四十七年（1708）戊子科	11	31.4	1	0	0	0	1	0	22	35
康熙五十年（1711）辛卯科	9	20.5	6	0	0	2	7	0	20	44
康熙五十二年（1713）癸巳恩科	5	12.2	0	0	0	0	5	0	31	41
康熙五十三年（1714）甲午科	11	27.5	1	1	0	2	2	0	23	40
康熙五十六年（1717）丁酉科	11	27.5	12	2	1	1	1	0	12	40
康熙五十九年（1720）庚子科	9	22.5	6	1	1	1	1	1	19	40
雍正元年（1723）癸卯恩科	20	40.8	4	1	0	1	2	2	19	49
雍正二年（1724）甲辰科	12	30.0	3	1	0	3	0	1	20	40
雍正四年（1726）丙午科	10	23.8	2	1	0	0	0	0	29	42
雍正七年（1729）己酉科	12	30.0	0	0	1	0	0	0	27	40
雍正十年（1732）壬子科	4	8.9	0	0	0	0	0	0	41	45
雍正十三年（1735）乙卯科	0	0	0	0	0	0	0	0	42	42
合計	182		100						388	670
百分比（％）	27.2		14.9						57.9	100

說　明：1.康熙二十九年（1690）始，八旗正式應考鄉試，故此前各科均不列。

2.原書載康熙癸酉科鄉試為三十一年為誤，在此更正為三十二年。

3.各科舉人任官的人數少，每種官職往往只有1人，為免徒佔表格空間，故將官職分為京官、外官，又將八旗舉人主要除授官職：知縣、教職、筆帖式抽出另列。

4.知縣的人數包含候補知縣。

資料來源：清‧鄂爾泰等修，《八旗通志‧初集》，長春：東北師範大學出版社，1985。

雍正朝（1723-1735）後期未仕人數增加，應與《八旗通志‧初集》成書於乾隆四年（1739）相關，[54]大多數的舉人未及任官、應試。除此之外每科舉人考取進士的比例大多在20％以上，康熙朝八旗科舉甫開科之際，考取進士的比例更高至40％以上，此應得益於旗人在科舉取中率上的優勢。又〈選舉表〉中，若該舉人考取進士，則僅記該員進士科年，未載仕途，故表4-2-1中任官者均以舉人身分出仕，其佔總舉人人數的14.9％，可知在康熙、雍正時期八旗舉人的出路，多為參與會試，任官的比例較低。又任官官職中，以知縣最多，最早是康熙三十五年（1696）的耿存恩、田養民，均為漢軍；由於康熙三十九年才開放漢軍銓選知縣，故此二人是考取舉人後待職一段時間後方出仕。在此之後，舉人任知縣的人數有逐漸增多的趨勢，然在每科舉人中仍為數不多。[55]表4-2-1中未仕者共388人，佔舉人人數總和的57.9％，因雍正朝晚期的未仕人數較高，該結果可能高於實際情況，然康熙五十四年（1715）國子監學政伊爾登提及候缺的滿洲舉人人數約200餘名，甚至有20多年未得用者。[56]可知即使八旗考取進士的機會高於漢人，然隨著舉人人數日漸增加，可供除授的京職官缺有限，故從康熙朝晚期開始，八旗舉人任官之途逐漸壅滯。

至乾隆朝，乾隆皇帝（1711-1779，1736-1795在位）諭：「因教養已及百年，人才數倍於前，登用之途，因而壅滯」，[57]故先後於乾

---

[54] 清‧鄂爾泰等修，《八旗通志‧初集》（長春：東北師範大學出版社，1985），〈御製八旗通志序〉，頁2。

[55] 〈選舉表〉官職僅載現任官職，若時間較早的科分，則載該員原任官職，故本表或低估舉人授職知縣的人數；但舉人銓選知縣後多在地方遷轉，而將表4-2-1中知縣以上外官的人數，加上知縣人數，為57名（43+14），僅佔八旗舉人總人數的8.5％。

[56] 中國第一歷史檔案館編譯，《康熙朝滿文硃批奏摺全譯》（北京：中國社會科學出版社，1996），頁1067，〈國子監學政伊爾登奏請任用滿洲舉人摺〉，康熙五十四年十月初十日。

[57] 八旗原本慣例上不外任，其因：「外任上官既眾，習套更煩，是以旗員亦多不願外擢」。參見中國第一歷史檔案館編，《乾隆朝上諭檔》，冊1，頁814，乾隆七年十月二十七日，內閣奉上諭；同書，冊3，乾隆二十四年二月十六日，內閣奉上諭，頁294。

隆六年（1741）、七年（1742）開放八旗進士、舉人外任。[58]然至道光朝，八旗舉人人數持續增加，遂與漢舉人同樣面臨到銓選壅滯的問題。道光五年（1825）山東道監察御史覺羅佛恩多上奏，建請讓八旗舉人能如漢人同與大挑，該年稍早甫通過八旗貢監生照漢軍考授州同、縣丞、吏目等職的辦法，但排除舉人。覺羅佛恩多對此指出，原先八旗舉人有截取之例，「彼時班次甚速，是以毋庸大挑」，自截取之例停止之後，八旗舉人「大約非二十五、六年不能銓選，班次寖形壅滯」，故建請照漢舉人之例予以大挑獲准。[59]此後，八旗舉人得以享有與漢舉人同樣的除授制度。值得注意的是，在吏部銓選辦法中，八旗舉人銓選的班次排在漢人之後，滿洲、蒙古舉人須待銓選班次兩輪後方准選一人，漢軍則在三輪後得選一人。[60]整體而言，在清朝舉人除授制度中，漢舉人佔有優勢，對「首崇滿洲」的清朝而言，[61]是較為特殊的現象。[62]八旗舉人與漢舉人的人數差距十分懸殊，[63]若以八旗舉人優先任用，則乾隆初期除授知縣「約非三十年不可得，少壯

58　清·允祹等奉敕撰，《欽定大清會典則例（乾隆朝）》，卷4，〈月選一〉，頁2b-3b、4a-4b。另外嘉慶朝宗室科考制度建立，考取的宗室舉人不予外任，而除授宗人府筆帖式。參見清·托津等奉敕纂，《欽定大清會典事例（嘉慶朝）》，卷30，〈吏部十七·滿洲銓選·科甲除授〉，頁9a。

59　八旗舉人的截取辦法中止是在嘉慶五年。道光五年八旗舉人獲准大挑後，辦法與漢舉人類似，同分二等，只是二等任用的官職增加小京官一途。參見清·托津等奉敕纂，《欽定大清會典事例（嘉慶朝）》，卷30，〈吏部十七·滿洲銓選·科甲除授〉，頁5a；《清代宮中檔奏摺及軍機處檔摺件資料庫》，文獻編號：408008163，〈山東道監察御史覺羅佛恩多·奏為滿州蒙古漢軍舉人照漢舉人一體大挑以疏通正途而歸畫一事〉，道光五年六月十三日；清·崑岡等修，《欽定大清會典事例（光緒朝）》，卷33，〈滿洲銓選·科甲除授〉，頁11b-12a。

60　參見清·允祹等奉敕撰，《欽定大清會典則例（乾隆朝）》，卷5，〈月選二〉，頁19a-19b。

61　清·鄂爾泰等奉敕修，《清實錄·世祖章皇帝實錄》（北京：中華書局，1985），卷72，頁570上，順治十年二月丙午條。

62　同樣是與漢人一同銓選知縣，八旗進士則與漢進士一起照甲第名次選用。參見清·允祹等奉敕撰，《欽定大清會典則例（乾隆朝）》，卷4，〈月選一〉，頁4a。

63　清朝鄉試中額至乾隆九年後定制，各省中額總數為1247名，此後雖有增減，但大致約在1200多名左右；八旗鄉試中額則為41名。各省鄉試中額總數參見譚紅艷，〈清前期文鄉試解額變遷研究〉，《清華大學學報（哲學社會科學版）》，30：2（北京，2015.03），頁94。八旗鄉試中額參見清·允祹等奉敕撰，《欽定大清會典則例（乾隆朝）》，卷67，〈貢舉下〉，頁43a-44a。

登科，及乎筮仕，已屬衰遲」的漢舉人任官壅滯情形將更加嚴重。[64]
雖然八旗除授知縣的機會較低，但考取進士較漢人易，朝廷又在各部
院衙門設置了許多繙譯職缺，可供八旗舉人應考，如舉、貢、生、監
均具備應試筆帖式的資格，但舉人、貢生考取後授為七品，其餘則授
八、九品，[65]亦為八旗舉人重要的入仕途徑。

　　八旗舉人銓選上較為受限，但舉人出身而居高位，或政績顯著的
八旗官員仍不少。清朝傳記資料中，《清史稿・列傳》收錄人物的數
量較多、囊括的階層相對廣泛，[66]將其中舉人出身的八旗、漢人官員
挑出，除授、遷轉時間可考者共73名，[67]統計結果如下表：

---

[64] 中國第一歷史檔案館編，《乾隆朝上諭檔》，冊1，頁933，乾隆九年八月十六日，
內閣奉上諭。

[65] 參見清・允裪等奉敕撰，《欽定大清會典則例（乾隆朝）》，卷4，〈月選一〉，頁
46a-46b。又部院衙門繙譯職缺的應試資格，參見葉高樹，〈清朝部院衙門的翻譯
考試〉，收入王宏志主編，《翻譯史研究》（上海：復旦大學出版社，2017），頁
18-20。

[66] 馮爾康，《清代人物傳記史料研究》（北京：商務印書館，2000），頁338-339。

[67] 清朝官員授職制度中，有「試用」階段，表示該員已取得任職資格，然未正式得
缺，須經過一定時間的學習期（一般為三年），方能實授。此外，從雍正朝始於地
方官任用上施行委署制，其起因於吏員銓選耗時，當遠省地方官因事故、疾病等
離任時，待新任官到任往往需要半年以上的時間，為免官缺空懸，便挑選會試落
第的舉人，在前任官離任後，隨即前往委署試用，在檔案資料中稱該人員為「在
外候補」、「署某某知縣」。然不論試用、署理，均為暫時任用，為更嚴格統計
任官歷程，故在本表中除授、遷轉時間僅計實授。另外乾隆元年（1736）清國史
館列傳纂修，文職以在京五品以上為入傳標準，若該官無足置議則有表無傳，故五
品官為文官留名的基本門檻。而陳文石將清朝中央政府官職分為四級，第一級為各
機關長官，具有決策影響力量，除通政使司副使、大理寺少卿、國子監祭酒為四品
外，其餘皆三品以上；第二級為實際擬定計畫方案，負責推行的官員，最高只到四
品（內閣侍讀學士），無三品官。可知官員職責畫分，是以三品官作為界線。加上
官員最高官品一品官，以及舉人授職主要官職──七品官知縣，故本表以七品、五
品、三品、一品四階段探討。關於試用制度與雍正朝委署制度的建立，分別參見艾
永明，《清朝文官制度》（北京：商務印書館，2003），頁102-108；近藤秀樹，
〈清代銓選：外補制成立〉，《東洋史研究》，17：2（京都，1958.09），頁158-
179。關於清朝國史館列傳纂修體例，請參見莊吉發，〈傳統與創新──清朝國史館
暨民初清史館纂修列傳體例初探〉，收入氏著，《清史論集（十八）》（臺北：文
史哲出版社，2008），頁7-80。陳文石，〈清代滿人政治參與〉，收入氏著，《明
清政治社會史論》（臺北：臺灣學生書局，1991），頁715。

表4-2-2　《清史稿·列傳》中舉人出身官員的初仕、遷轉時間表

中舉科年 \ 各階段時間（年）	姓名	中舉→初仕	初仕→七品	七品→五品	五品→三品	三品→一品
順治三年（1646）丙戌科	崔維雅	0	不詳	不詳	不詳	
順治五年（1648）戊子科	朱弘祚	4	0	10	7	
順治八年（1651）辛卯科	趙吉士	17	不詳	約20年		
順治十一年（1654）甲午科	馬珒	0				
順治十一年（1654）甲午科	黎士弘	0	不詳	不詳		
順治十七年（1660）庚子科	陳丹赤	0	2	6		
順治十七年（1660）庚子科	彭鵬	6	0	6	8	
康熙二年（1663）癸卯科	張瑾	17				
康熙十一年（1672）壬子科	陳詵	14	0	3	15	7
康熙二十九年（1690）庚午科	廖冀亨	17	不詳			
康熙三十八年（1699）己卯科	楊永斌	7	0	17	6	
康熙五十年（1711）辛卯科	許容	3	0	7	4	
康熙五十年（1711）辛卯科	馮光裕	12	0	不詳	不詳	
康熙五十六年（1717）丁酉科	張師載	11	0	0	17	
康熙五十九年（1720）庚子科	葉士寬	7	0	3		
雍正元年（1723）癸卯恩科	胡寶瑔	14	0	6	5	
雍正十三年（1735）乙卯科	李大本	9	0	7		
乾隆三年（1738）戊午科	周元理	8	0	3	19	3
乾隆三年（1738）戊午科	阿桂	1	0	1	6	14
乾隆九年（1744）甲子科	袁守侗	5	0	7	7	13
乾隆十二年（1747）丁卯科	周克開	9	0	13		
乾隆十二年（1747）丁卯科	鄂寧	6	4	2	5	4
乾隆十二年（1747）丁卯科	王秉韜	12	0	3	37	1
乾隆十二年（1747）丁卯科	徐績	8	0	2	12	25
乾隆十七年（1752）壬申恩科	吳垣	18	0	0	13	
乾隆十七年（1752）壬申恩科	陸燿	7	0	7	36	
乾隆十八年（1753）癸酉科	朱休度	16	7			
乾隆二十一年（1756）丙子科	劉秉恬	5	0	3	6	2
乾隆二十四年（1759）己卯科	荊道乾	18	0	5	15	
乾隆三十三年（1768）戊子科	吳熊光	8	0	5	16	4

中舉科年 　　各階段時間（年）	姓名	中舉→初仕	初仕→七品	七品→五品	五品→三品	三品→一品
乾隆三十五年（1770）庚寅恩科	嵇承志	4	0	7	7	
乾隆三十六年（1771）辛卯科	汪志伊	13	0	2	5	15
乾隆三十六年（1771）辛卯科	岳起	6	8	3	3	
乾隆三十九年（1774）甲午科	秦瀛	2	0	16	8	
乾隆四十年（1775）	裘行簡	0	0	10	16	
乾隆四十二年（1777）丁酉科	張吉安	26	0			
乾隆四十四年（1779）己亥恩科	廖寅	16	不詳	不詳	不詳	
乾隆四十九年（1784）	姚祖同	5	0	14	12	
乾隆五十四年（1789）己酉科	劉體重	32	0	0	18	
嘉慶五年（1800）庚申恩科	昇寅	1	0	5	10	10
嘉慶九年（1804）甲子科	楊國楨	8	0	0	9	20
嘉慶十三年（1808）戊辰恩科	薩迎阿	2	3	1	13	16
嘉慶十八年（1813）癸酉科	張琦	15	0			
嘉慶二十一年（1816）丙子科	唐樹義	14	0	4	11	
嘉慶二十四年（1819）己卯科	吳均	18	0	9		
道光元年（1821）辛巳恩科	吳應連	27	0			
道光元年（1821）辛巳恩科	宗稷辰	15	0	不詳		
道光五年（1825）乙酉科	何汝霖	5	0	1	9	5
道光八年（1828）戊子科	繆梓	26	0	0		
道光十四年（1834）甲午科	張亮基	6	0	7	2	9
道光十四年（1834）甲午科	王肇謙	12	0	8		
道光十五年（1835）乙未恩科	吳棠	14	0	9	3	5
道光十七年（1837）丁酉科	覺羅耆齡	1	0	7	12	6
道光二十年（1840）庚子恩科	嚴樹森	11	0	7	1	
道光二十年（1840）庚子恩科	勝保	2	1	4	4	7
道光二十三年（1843）癸卯科	曹毓瑛	12	0	2	5	3
道光二十四年（1844）甲辰恩科	趙景賢	4	13	0		
道光二十六年（1846）丙午科	陳崇砥	14	0			
道光二十九年（1849）己酉科	潘鼎新	16	0	0		

各階段時間（年） 中舉科年	姓名	中舉→初仕	初仕→七品	七品→五品	五品→三品	三品→一品
道光二十九年（1849）己酉科	英翰	14	0	0	0	11
咸豐元年（1851）辛亥恩科	卞寶第	4	0	3	5	25
咸豐五年（1855）乙卯科	崧蕃	16	0	0	14	10
咸豐九年（1859）己未恩科	徐用儀	4	0	5	11	20
咸豐九年（1859）己未恩科	崧駿	0	4	1	11	\
同治六年（1867）丁卯科	李素	9	0	0	\	\
同治六年（1867）丁卯科	楊儒	21	0	0	7	\
同治十二年（1873）癸酉科	鳳全	3	0	19	7	\
同治十二年（1873）癸酉科	恩銘	27	0	0	2	\
光緒五年（1879）己卯科	宋承庠	12	0	0	\	\
光緒八年（1882）壬午科	端方	7	0	0	9	7
光緒十一年（1885）乙酉科	那桐	4	0	4	6	4
光緒二十年（1894）甲午科	樸壽	1	0	2	7	2
八旗官員平均遷轉時間		7.3	1.1	3	9.2	9
漢人官員平均遷轉時間		10.6	0.5	5.0	9.9	10.8

說　　明：1.以《清史稿・列傳》的《大臣傳》、《循吏傳》中所有正傳、附傳為統計
　　　　　　對象。
　　　　　2.入關前取得功名、以及取得功名后未授職，加入清末團練、練軍者，遷轉
　　　　　　歷程特殊，均不計。
　　　　　3.灰底為八旗官員；斜線代表該舉人未官至該品級。
　　　　　4.考取舉人後，又以他途仕者不計，如乾隆朝雲貴總督劉藻，考取舉人後
　　　　　　又舉博學鴻詞，故不計。
　　　　　5.康熙朝福建總督姚啓聖，為康熙二年（1663）八旗鄉試出身，然該科非
　　　　　　常例舉行的考試，且內容以繙譯為主，故不計。
　　　　　6.漢人官員裘行簡、姚祖同為乾隆皇帝御賜舉人，故不載科，以欽賜功名時
　　　　　　間計。又《清史稿・列傳》載漢官陳崇砥、宋承庠分別為道光二十五年、
　　　　　　光緒四年舉人，然該年未舉辦鄉試，疑為道光二十六年丙午科、光緒五年
　　　　　　己卯科之誤。

資料來源：1.民國・趙爾巽等撰，《清史稿・列傳》，北京：中華書局，1976-1977。
　　　　　2.《大清國史人物列傳及史館檔傳包傳稿目錄資料庫》，臺北：國立故宮博
　　　　　　物院。
　　　　　3.秦國經主編，《中國第一歷史檔案館藏清代官員履歷檔案全編》，上海：
　　　　　　華東師範大學出版社，1997。
　　　　　4.清・李桓輯，《國朝耆獻類徵初編》，收入周駿富輯，《清代傳記叢刊・
　　　　　　綜錄類》，臺北：明文書局，1985，冊162-163。

舉人可除授的官職中，包含知縣等七品官，故表中「初仕→七品」所須時間為各階段中最短，但八旗舉人則得除授筆帖式，[68]使「初仕→七品」時間較多，除此之外，在所有階段，旗人遷轉所須的平均時間均少於漢人。清晚期鄉試施行捐輸廣額，[69]舉人人數大增，授職變得更加困難，且能以捐納取得的官職範圍擴大，更讓候補官員人數與實際官缺數間存在相當大的落差。[70]有許多中舉後遲遲無法實授的舉人，僅能四處署理，或藉軍功、賑濟等議敘加銜，在實授官職時往往已為道員、知府，因此不論旗、民舉人，在清晚期等待實授的時間均較長。又表中八旗舉人全數官至三品以上（包含遷至三品的時間不詳者，下同），官至一品者亦有13名，佔72％；然漢人官至三品以上者33位，佔全數漢舉人的60％，官至一品者僅13名，佔23％。清國史館立傳的標準，除官品外，「事功、學術足紀」的官員亦得在列，[71]故能立傳者均屬於官僚集團中出類拔萃者，然《清史稿・列傳》所載漢舉人的仕途發展仍遠不及旗人。晚清有許多漢人在考取舉人後，透過任地方督撫的幕友、參與兵事得以官至高品，因未列入，

---

[68] 筆帖式分為七品、八品、九品，然清朝會典載滿洲官員品級時，將筆帖式額外列舉，未納入一般官員品級中，可知筆帖式與官員品級有別。故在本表中將除授筆帖式的時間，列為初仕。參見清・托津等奉敕纂，《欽定大清會典事例（嘉慶朝）》，卷14，〈吏部一・官制一・滿洲官員品級〉，頁22a-23a。

[69] 在清晚期，因太平天國戰爭等戰事頻仍，導致國家財政窘迫，故咸豐三年（1853）時，朝廷宣布施行捐輸廣額，藉由給予相對的學額、鄉試中額，鼓勵各直省捐輸。關於各地捐輸廣額的數量，請參見張瑞龍，〈中央與地方：捐輸廣額與晚清鄉試中額研究〉，《近代史研究》，2018：1（北京，2018.01），頁92-111。

[70] 咸豐朝（1851-1861）以後，由於軍需日緊，朝廷以大開捐納的方式解決財政問題，再加上保舉過多，使得晚清候補官員的人數最約高達到3萬人以上。參見蕭宗志，《候補文官群體與晚清政治》（成都：巴蜀書社，2007），頁27-50。

[71] 清朝國史館立傳的標準，除了官職的高低以外，政績、事功亦是重要的標準，故乾隆皇帝諭言：「大臣中如有事功、學術足紀，及過蹟罪狀之確可指據者，自當直書其事，以協公是公非；若內而部旗大員，循分供職，外而都統、督撫之歷任未久，事實無所表見者，其人本無足重輕，復何必濫登簡策，使僅以爵秩崇卑為斷」。參見清・慶桂等奉敕修，《清實錄・高宗純皇帝實錄（十）》（北京：中華書局，1986），頁192上-193上，乾隆三十年九月戊子條。關於清國史館立傳的原則，參見莊吉發，〈傳統與創新──清朝國史館暨民初清史館纂修列傳體例初探〉，頁7-80。

故表中未呈現漢舉人仕途發展的全貌，[72]然亦顯示若非特殊情況，漢舉人的宦途相對侷限。

在制度上，八旗舉人循一般除授辦法入仕的機會較漢人低，除授、升遷卻較漢人快，其中的原因與八旗舉人入仕的模式相關。將表4-2-2的旗、民官員，依照舉人初仕的模式分為四種。第一種是循一般舉人除授辦法，如揀選、大挑等入仕；第二種是該員在考取舉人之前先藉他途任官；第三種是中舉後，藉由捐納、議敘、保舉等方式，[73]縮短等待實授的時間，最後一種為皇帝特賜官職者，[74]分類統計如下表：

表4-2-3　清朝舉人出身官員初仕模式表

旗、民 模式人數與比例	一般除授		中舉前出仕		捐納等方式		特賜官職		合計
	人數	%	人數	%	人數	%	人數	%	
八旗	4	22.2	10	55.6	4	22.2	0	0	18
中舉→初仕平均時間（年）	8.5		4.1		14.3				
漢人	28	50.9	5	9.1	19	34.5	3	5.5	55
中舉→初仕平均時間（年）	11.8		7.2		11.1		2.3		

資料來源：見表4-2-2。

表中以一般除授辦法入仕的漢官比例為50.9％，是表4-2-3漢官各類模式中比例最高的，然早在清前期，漢舉人銓選之途便嚴重壅滯，[75]故為盡量縮短候補時間，許多舉人會選擇透過捐納等方式，力

---

[72] 如道光十二年舉人左宗棠，中舉後雖揀選為知縣，但未實授，改在督撫任幕友，以此進身，官至大學士。參見《大清國史人物列傳及史館檔傳包傳稿目錄資料庫》，文獻編號：702001689，〈左宗棠傳包〉。

[73] 議敘原指考核官員以後，對優異者賜與獎勵的制度，但同時亦為一種入仕途徑，指因功授官職、官銜者。在本表中多因修書、擔任謄錄等議敘授職。參見艾永明，《清朝文官制度》，頁14。

[74] 此類指清朝皇帝巡幸地方時，召試當地儒生，優者賜與功名的同時亦授官職；或因該員祖父、父兄功績、仕宦的緣故，恩賜功名、官職。

[75] 中國第一歷史檔案館編，《乾隆朝上諭檔》，冊1，頁933，乾隆九年八月十六日，內閣奉上諭。

求早獲官職，這類的人數佔34.5％，僅次於一般除授。雖經捐納等方式取得官職，但「中舉→初仕」時間卻與一般除授相差無幾，主要原因是此類模式的官員多為清中期以後考取的舉人。[76]此時除授之途已飽和，欲進入官場若不經捐納、議敘，很難脫穎而出。在考取舉人前已出仕的漢官，「中舉→初仕」的平均時間，是除「特賜官職」外最短的，循此模式者絕大多數先以貢生入仕，又以拔貢為主。拔貢在五種貢生中地位最高，通過朝考後，可授州同等外官，又可在七品小京官上學習行走，故拔貢在清朝的政治地位幾與舉人相當。[77]

　　18名八旗舉人中，在中舉前已出仕者佔了半數以上，循此模式任官的八旗官員，從中舉至初仕平均只有4.1年。其中雖有以拔貢入仕者，但仍以筆帖式最多。[78]如嘉慶十三年（1808）滿洲舉人薩迎阿（1781-1857），先在嘉慶六年（1801）由文生員捐筆帖式，歷鄉試後，於嘉慶十八年（1813）升任七品禮部主事。[79]清廷規定，筆帖式若考取舉人，可升至七品筆帖式，食俸亦升級，且資歷從補筆帖式起計，[80]故對原任筆帖式的八旗官員而言，舉人資格帶來升官、加俸；對八旗舉人而言，先以筆帖式入仕亦則能縮短遷轉時間。此外，不同初仕模式亦影響任官區域，清朝舉人授職以知縣、教職為主，故大多在地方遷轉，然在表4-2-3中舉前出仕者，除同治六年（1867）漢

---

[76] 循一般除授的28名漢官中，清中期以前者22名，嘉慶朝以後者僅6名；考取舉人後透過捐納等方式取得實授官職者共19名，嘉慶朝以後的舉人便有10名。此外八旗舉人循捐納等途入仕者，中舉→初仕的時間高達14.3年，亦是因為其中咸豐五年舉人崧蕃、同治十二年恩銘耗費的時間分別多達16、27年所致。

[77] 五種貢生指歲貢、恩貢、拔貢、優貢、副貢，關於清朝拔貢的入仕途徑，參見邱永君，〈清代的拔貢〉，《清史研究》，1997：1（北京，1997.03），頁97-102。

[78] 中舉前出仕的10名八旗舉人中，2名以廩生、2名以監生、1名以拔貢入仕，以筆帖式入仕者5名。

[79] 《大清國史人物列傳及史館檔傳包傳稿目錄資料庫》，文獻編號：702002066，〈薩迎阿傳包〉。

[80] 清・允祹等奉敕撰，《欽定大清會典則例（乾隆朝）》，卷4，〈月選一〉，頁46a-46b。

軍舉人楊儒（?-1902）、同治十二年（1873）滿洲舉人鳳全（1846-1905），因授職後在地方辦理軍務，故在外遷轉，其餘不分旗、民全在中央任職，僅有少數在五品官以後轉外任。[81]且八旗舉人本得以筆帖式任職中央，如乾隆十二年（1747）滿洲舉人鄂寧（*oning*, 1726-1770）、乾隆三十六年（1771）滿洲舉人岳起（?-1803），均在取得舉人功名後轉任筆帖式，於中央任職至二品官，方轉外任。[82]清制選官以京職為重，[83]多數八旗舉人得以在中央度過仕途的前期，使遷轉速度優於漢人。

清朝科甲除授制度，本使舉人初仕以知縣為大宗，但研究者統計清朝知縣中漢人佔94.1%，旗人佔5.9%，[84]旗人人數雖本居弱勢，仍可見八旗舉人任知縣的機會不及漢人。然旗人閒散可任筆帖式，出任筆帖式後仍可應試，且慣例上旗人多不外任，使八旗舉人的仕途具有在中舉前已出仕、多在京任職的特色，而反較漢舉人升遷快速。因此八旗舉人的仕途發展之所以優於漢人，並非由於清朝除授制度對八旗舉人的優遇，反與制度中的滿洲特色相關。如清朝大學士出身自舉人的旗人有5名，其中鄂爾泰（*ortai*, 1677-1745）考取舉人後，以佐領、侍衛開啟仕途；[85]英廉（*ingliyan*, 1707-1783）在取得舉人功名的同一年，以筆帖式授內務府主事；[86]世續（1853-1921）以舉人議敘為內務府郎

---

[81] 如道光十七年（1837）滿洲舉人覺羅耆齡（1804-1863），在中央任至刑部郎中，後轉任江西知府，歷任江西布政使、巡撫，官至閩浙總督。參見《大清國史人物列傳及史館檔傳包傳稿目錄資料庫》（臺北：國立故宮博物院），文獻編號：702000891，〈覺羅耆齡傳包〉。

[82] 參見《大清國史人物列傳及史館檔傳包傳稿目錄資料庫》，文獻編號：701005847，〈鄂寧〉；文獻編號：701003492，〈岳起〉。

[83] 劉鳳雲，〈從清代京官的資歷、能力和俸祿看官場中的潛規則〉，《中國人民大學學報》，2008：6（北京，2008.11），頁145。

[84] 又清朝知縣的出身以舉人最多，進士居次。參見李國祁、周天生，〈清代基層地方官人事嬗遞現象之量化分析〉，《國立台灣師範大學歷史學報》，2（臺北，1974.02），頁302、308。

[85] 王鍾翰點校，《清史列傳》，卷14，〈鄂爾泰〉，頁1018。

[86] 《大清國史人物列傳及史館檔傳包傳稿目錄資料庫》，文獻編號：701005740，〈英廉〉。

中，[87]顯示能位極人臣的八旗舉人，深受清朝滿洲官缺制度影響，而舉人功名則是錦上添花。

---

[87] 民國・趙爾巽等撰，《清史稿》，卷472，〈世續列傳〉，頁12818。另外兩名為阿桂（agūi, 1717-1797）與那桐（1857-1925），阿桂在考取舉人前，先以廕生任大理寺寺正，中舉後隔年便補授兵部主事；那桐在考取舉人前，先以監生報捐主事，籤分戶部。中舉後，於光緒十五年（1889），因恭辦大婚典禮，保奏實授主事，故此二人在仕途前期未循旗人專缺遷轉。參見《大清國史人物列傳及史館檔傳包傳稿目錄資料庫》，文獻編號：701001109，〈阿桂列傳〉；秦國經主編，《中國第一歷史檔案館藏清代官員履歷檔案全編》（上海：華東師範大學出版社，1997），冊6，頁369。

第五章
旗人進士的仕宦活動

第一節　進士除授的旗民差異

　　清朝進士授職，依考試成績高下判定，根據會試後的「覆試」以及「殿試」、[1]「朝考」的結果，等第高者列庶吉士，進入翰林院。然而進士在朝考後，必須經皇帝引見，方能確定除授的官職，因此舉子的年齡等外在條件，亦不無影響。[2]其次，清朝的鄉、會試均採區域配額制，以維持地區間的平衡，此原則亦施行於進士除授階段，使省分籍貫成為選取庶吉士重要的標準之一。[3]當文學能力非唯一的判定標準，旗、民等族別因素亦可能影響進士除授的結果。

　　入關初期，除延續明制在新科進士中選取庶吉士外，由於急需官員任事，其餘進士便直接依照甲第名次，授與各部主事、中行評

---

[1]　清朝會試後的覆試，始於康熙朝（1662-1722），至嘉慶朝（1796-1820）定制，於會試放榜數日後舉行，入等者方得應殿試。清初原於殿試前先選庶吉士再考試核定，至雍正朝（1723-1735），改為殿試放榜後先行朝考，再選庶吉士，朝考也是決定進士除授等第最重要的考試。參見邸永君，《清代翰林院制度》（北京：社會科學文獻出版社，2007），頁75-77；商衍鎏，《清代科舉考試述錄》（北京：故宮出版社，2014），頁134-135、161-164。

[2]　如雍正元年（1723）皇帝引見新科進士時，若年紀、人才尚可者便以知縣即用，若年紀正值壯年，將來可望者，便可拔為翰林。參見《清代宮中檔奏摺及軍機處檔摺件資料庫》（臺北：國立故宮博物院），文獻編號：402021988，〈太保吏部尚書提督公舅舅隆科多等‧奏報新科進士補用事〉，雍正二年二月八日。

[3]　參見清‧慶桂等奉敕修，《清實錄‧高宗純皇帝實錄（十）》（北京：中華書局，1986），卷758，頁352下-353上，乾隆三十一年四月壬子條。

博、知州、推官、知縣等職。[4]之後須補授的官缺數量減少，進士除授的官職亦隨之縮減，而改以庶吉士、知縣二途為主。[5]康熙五十一年（1712），康熙皇帝（1654-1722，1662-1722在位）認為新科進士不宜在甫出仕、不明事理時便賦予民生刑名錢穀之責，故決議除庶吉士外，其餘進士均交由禮部教習三年；[6]康熙五十四年（1715）期滿考試，優者即行補用，其餘回籍候補。[7]雖然此三年於禮部學習的辦法，於雍正皇帝（1678-1735，1723-1735在位）即位後便取消，[8]不過除庶吉士以外的新科進士，分為即用官職與回籍候選二途的除授辦法卻保留下來。[9]雍正二年（1724），除庶吉士與知縣二途外，又御批內用之員「著用為六部額外主事，學習辦事」。[10]因此，進士除授以「翰林院庶吉士」、「以部屬用」（即六部額外主事）、「知縣即用」、「歸部銓選」（又稱歸班銓選）等途為主的制度大致確立。[11]

---

[4] 「中行評博」指中書、行人、大理評事和太常博士四種官職的合稱。參見清·伊桑阿等纂修，《大清會典（康熙朝）》，收入《近代中國史料叢刊·三編》（臺北：文海出版社，1992），第72輯，第711冊，卷8，〈吏部·漢缺選法〉，頁7a-8a；

[5] 順治十六年（1659）停授知州，推官缺亦於康熙六年（1667）裁去，僅餘知縣為進士授職的主要外任職官；又進士內任京職之所以取消，是由於順治皇帝（1638-1661，1644-1661在位）認為新科進士「未習民事，遽任內職，未為得當」，故決議自此進士除選取庶吉士外，二甲、三甲俱著除授外官，若外任稱職者，適遇京官有缺，便得陞補。此外進士除授知縣，於順治八年（1651）納入吏部銓選，故新科進士除授知縣者，均回籍候選。參見清·伊桑阿等纂修，《大清會典（康熙朝）》，卷8，〈吏部·漢缺選法〉，頁2b、7b-8a；參見清·鄂爾泰等奉敕修，《世祖章皇帝實錄》（北京：中華書局，1985），卷116，頁905下，順治十五年四月丙戌條。

[6] 清·庫勒納等奉敕撰，《清代起居注冊·康熙朝》（臺北：聯經出版社，2009），頁11313，康熙五十一年三月二十二日。

[7] 清·馬齊等修，《清實錄·聖祖仁皇帝實錄（三）》（北京：中華書局1985），卷263，頁589-2，康熙五十四年四月甲申條。

[8] 清·鄂爾泰等修，《清實錄·世宗憲皇帝實錄（一）》（北京：中華書局，1985），卷2，康熙六十一年十二月丙寅條，頁58下-59上。

[9] 雍正元年取消新科進士於禮部學習的辦法後，仍仿照康熙五十四年的作法，依據考試的結果，將期滿的進士，分為留京補用與回籍候選，只是此時留京者授為「內外教習，俟三年滿後，照例遇有月官扣缺補用」。參見清·允祿等監修，《大清會典（雍正朝）》，收入《近代中國史料叢刊·三編》，第77輯，冊762，卷11，〈吏部·漢缺除選〉，頁2a-2b。

[10] 參見清·允祿等監修，《大清會典（雍正朝）》，卷11，〈吏部·漢缺除選〉，頁3a。

[11] 新科進士亦可除授為教職與內閣中書。原本清制規定在每科會試後從落第舉人與朝

清初八旗進士與漢人相同，得選為翰林院庶吉士，其餘以筆帖式、小京官用，[12]僅漢軍進士，得除授為知縣。順治九年壬辰科錄取漢軍進士22名，其中除未載的2名外，授知州者4名、知縣者10名，外任的比例為70％；同榜的漢進士共372名，除去因資料破損無法辨識的26名，以及未載的206名外，[13]共140名進士中，授知州、推官、知縣者分別為7、14、59名，外任的比例為57.1％。[14]入關初期，科舉錄取的漢人科甲固然是清朝地方基層官員的重要來源，然漢軍旗人亦旗亦民的雙重身分，更是外官的最佳人選，是以各省督撫多任漢軍。[15]此「以漢治漢」的用人原則不僅限於封疆大吏，例如在順治六年（1649），八旗科舉尚未舉行前，便以「海宇平定，雲貴而外，盡入版圖，州縣缺多」為由，命八旗漢軍通曉漢文者，「無論俊秀、閒散人等，並赴廷試」，取為貢士後，補用州縣官。[16]漢軍進士的大半派

考入選但未經授職的新進士中，選用為內閣中書，至乾隆五十五年（1790），改在每科進士引見後從歸班進士中選用，並沿用至清末。然不論教職或內閣中書，每科授職例均較少。參見中國第一歷史檔案館，《乾隆朝上諭檔》（北京：檔案出版社，1998），頁584，乾隆五十五年四月初九日，內閣奉上諭。

[12] 清·伊桑阿等纂修，《大清會典（康熙朝）》，卷7，〈吏部·滿缺陞補除授〉，頁20a-20b。

[13] 順治朝（1644-1661）規定漢進士須先於各部院衙門觀政三個月後方授職，此206名進士履歷僅載觀政單位，未載實授。順治十二年（1655）工科給事中韓庭苢（1619-1689）題稱，順治九年進士授職多有壅滯，如推官原選100名，但經過三年，實授者僅半數；又如中行評博原選30名，但此時補授者僅2名。故該206名進士應在成書時尚未補缺，仍於各部觀政，因此實際外任的比例或較《履歷》所載要高。只是已歷三載，漢進士仍多未任實缺，漢軍進士則於取叙後於順治十八年（1661）康熙皇帝即位後取消。另外，進士觀政制度後於順治十八年（1661）康熙皇帝即位後取消。參見《內閣大庫檔案資料庫》（臺北：中央研究院歷史語言研究所），登錄號：038364，〈工科給事中韓庭苢·題陳漢進士科選之策〉，順治十二年三月六日；清·伊桑阿等纂修，《大清會典（康熙朝）》，卷8，〈吏部·漢缺選法〉，頁7a-7b。

[14] 另外漢進士中除授庶吉士者40名，各部主事者20名。參見《順治九年壬辰科進士三代履歷便覽》，收入《國立公文書館所藏書目（28）》（東京：國立公文書館，2012）。

[15] 劉鳳雲，〈清康熙朝漢軍旗人督撫簡論〉，收入閻崇年主編，《滿學研究·第七集》（北京：民族出版社，2003），頁356-357。

[16] 參見清·鄂爾泰等修，《八旗通志·初集》（長春：東北師範大學出版社，1985），卷46，〈學校志一〉，頁904。

往地方任職，同樣基於統治上的需要。[17]

　　庶吉士為進士除授各途中的榮選，[18]然在順治朝，八旗新科進士選為庶吉士的比例並不突出。順治九年壬辰科22名漢軍進士中，選為庶吉士者4名，佔總數的18.2%；順治十二年乙未科停選漢軍庶吉士。[19]又該兩科滿洲、蒙古榜，除一甲三名外，各取中47名進士，其中每科取6名庶吉士，佔12.8%。庶吉士之制始於明朝，在天順朝（1457-1464）後，「庶吉士始進之時，已衛目為儲相」。[20]但清朝初期，科舉不是旗人入仕的主要途徑，[21]庶吉士自非位極人臣的必要條件。[22]

　　至康熙朝，八旗與漢人同場一例考試，[23]旗、民進士的除授辦法漸趨同步，且康熙九年（1670）翰林院復設，[24]為維持統治民族的優

---

[17] 之後的順治十二年乙未科漢軍進士共取中35名，除未載授職的23名外，亦有11名除授為知縣、知州，佔總數的31.4%。參見《順治十二年乙未科進士三代履歷便覽》，收入《國立公文書館所藏書目（28）》。

[18] 進士「以翰林為榮選，次亦望為六部曹郎，以升途較外吏捷耳」。參見清‧陳康祺，《郎潛紀聞》（北京：中華書局，1984），卷8，〈作官須從牧令出身〉，頁165。

[19] 順治皇帝諭曰：「諭吏部，前選庶吉士，因烏真超哈進士，久在旗下，已經學習滿洲規矩，不必與選」。「烏真超哈」為滿文「ujen cooha」，意指重甲兵，此處指漢軍。參見清‧鄂爾泰等修，《八旗通志‧初集》，卷125，〈選舉表一〉，頁3390。

[20] 天順朝以後，「非進士不入翰林，非翰林不入內閣」，以翰林出身的官員為中心主導朝政的局勢已然形成，亦提高庶吉士在進士除授各途中的優勢。參見清‧張廷玉等撰，《明史》（北京：中華書局，1974），卷70，〈選舉二‧科目〉，頁1701-1702。

[21] 清初八旗官員多藉血緣、家世背景入仕，參見陳文石，〈清代滿人政治參與〉，收入氏著，《明清政治社會史論》（臺北：臺灣學生書局，1991），頁666-679。

[22] 如順治十二年進士、康熙朝大學士伊桑阿（1637-1703），為該科滿、蒙進士中居官最高者，但其未選為庶吉士，而以筆帖式授禮部主事。參見《大清國史人物列傳及史館檔傳包傳稿目錄資料庫》（臺北：國立故宮博物院，文獻編號：701005653，卷68，〈欽定國史大臣傳正編‧伊桑阿〉。

[23] 康熙六年清廷宣布復設八旗科舉，首科會試於康熙九年舉行，但不同於此前的滿漢分榜，而讓八旗與漢人同場一例考試，後於康熙十五年（1676）會試後宣布停止，其間共舉行三次八旗科舉。參見清‧鄂爾泰等修，《八旗通志‧初集》，卷126，〈選舉表二〉，頁3429；清‧馬齊等奉敕修，《清實錄‧聖祖仁皇帝實錄（一）》，卷63，頁816下，康熙十五年十月己巳條。

[24] 入關後清廷便設置翰林院，然其與內閣均時廢時興，主導朝政的是以宗室王公、八旗官員組成的「議政王大臣會議」。康熙朝以後議政王公陸續逝世，皇帝亦裁減

勢，八旗進士中選取庶吉士的比例便隨之提高。如康熙九年庚戌科、十二年（1673）癸丑科共取中14名八旗進士，其中庶吉士便佔了12名。[25]雖然康熙十五年八旗科舉中止，但康熙二十九年（1690）恢復後，大體延續前期的除授辦法，[26]與漢進士相異者，唯知縣一途。慣例上八旗不外任，[27]直至乾隆六年（1741），皇帝宣布：「滿漢進士原屬一體，嗣後滿洲進士亦著照依甲第名次選用知縣，俾其漸悉民瘼學習外任之事」，[28]在此之前，漢進士除授辦法中外任的「知縣即用」與「歸班銓選」或仍未適用於八旗。[29]

　　進士除授制度僅規定分配的職官，並未限定各途的人數與比例，故實際上是依據當時內外官缺數量，[30]皇帝引見後，綜合考試成績以

議政成員以利皇權集中，使議政王大臣會議的權力大幅降低；又康熙九年翰林院、內閣復設，從此內閣的基礎正式確立，逐步成為清朝的政治中心，使翰林院庶吉士在明朝以後再度成為新科進士除授中的榮選。參見陳捷先，〈從清初中央建置看滿洲漢化〉，收入氏著，《清史論集》（臺北：東大圖書公司，1997），頁123-126；杜家驥，《八旗與清朝政治論稿》（北京：人民出版社，2008），頁335-346；另外康熙九年會試時，仍設內三院，故當時庶吉士附於內弘文院，稱為內弘文院庶吉士。

25　康熙九年、十二年、十五年各錄取8名、6名、14名八旗進士。康熙十五年十月，因值三藩戰爭的用武之際，不願八旗「偏尚讀書，有誤訓練」，故中止八旗科舉，該年稍早舉行的丙辰科選為庶吉士的八旗進士僅2名，相較前二科比例少許多，或與此相關。參見《康熙九年庚戌科進士三代履歷便覽》、《康熙十二年癸丑科進士三代履歷便覽》、《康熙十五年丙辰科進士三代履歷便覽》，收入《國立公文書館所藏書目（28）》（東京：國立公文書館，2012）；清・馬齊等奉敕修，《清實錄・聖祖仁皇帝實錄（一）》，卷63，頁816下，康熙十五年十月己巳條。

26　雍正朝的八旗進士除授辦法變化不大，僅進一步將除庶吉士外，八旗進士除授的官職限定在正七品有職掌的員缺，另增加了順天府學滿教授缺。參見清・允祿等監修，《大清會典（雍正朝）》，卷8，〈吏部・滿缺除選〉，頁8a-8b。

27　參見中國第一歷史檔案館編，《乾隆朝上諭檔》，頁294，乾隆二十四年二月十六日，內閣奉上諭。

28　清・允裪等奉敕撰，《欽定大清會典則例（乾隆朝）》，收入《景印文淵閣四庫全書》（臺北：臺灣商務印書館，1983），第620冊，卷4，〈吏部・月選一〉，頁2b-3a。

29　八旗進士僅於除授時不予知縣，若先除授京官，後歸吏部銓選，仍有外任的機會，如雍正五年（1727）漢軍進士宋文錦（1702-？），除授以部屬用，分發至吏部，或由於表現不如預期，在學習期滿後不予留部，而發回吏部銓選為知縣。參見秦國經主編，《中國第一歷史檔案館藏清代官員履歷檔案全編》（上海：華東師範大學出版社，1997），冊12，頁290。

30　如雍正元年新科進士除授時，湖北、湖南知縣乏人，故直接揀選5員發往。又如乾隆五十五年，在進士除授前，提及六部中各部額外主事的缺額多寡大相懸殊，如

及進士言談、外表等條件決定的。由於清朝維持三年舉辦一次科舉的原則，故以3的倍數9年為一週期，[31]共24科，整理清朝八旗進士除授的情形如下表：

表5-1-1　清朝八旗進士除授各途人數比例表

除授各途人數比例 科年	庶吉士		以部屬用		即用知縣		歸部銓選		內閣中書與其他		進士總數
	人數	%	人數	%	人數	%	人數	%	人數	%	
康熙三十年（1691）辛未科	3	60.0									5
康熙三十九年（1700）丁丑科	6	35.3									17
康熙四十八年（1709）己丑科	2	25.0									8
康熙五十七年（1718）戊戌科	3	50.0									6
雍正五年（1727）丁未科	4	28.6									14
乾隆元年（1736）丙辰科	5	27.8	3	16.7	0	0.0	10	55.6	0	0.0	18
乾隆十年（1745）乙丑科	6	54.5	2	18.2	0	0.0	3	27.3	0	0.0	11
乾隆十九年（1754）甲戌科	3	42.9	1	14.3	1	14.3	1	14.3	1	14.3	7

兵、工部候補主事欲實授，須等上八、九年，而吏、戶、禮、刑四部則尚屬疏通，故決議本年散館庶吉士以及新科進士均暫停分發至兵、工二部。參見《清代宮中檔奏摺及軍機處檔摺件資料庫》，文獻編號：402021988，〈太保吏部尚書提督公舅舅隆科多等‧奏報新科進士補用事〉，雍正二年二月八日；《內閣大庫檔案資料庫》，登錄號：215797，〈禮部‧禮部為新進士等分部行走由〉，乾隆五十五年五月十二日。

[31] 清朝每科進士除授情形均能掌握，由於資料為數甚多，本文採取「隨機抽樣」法，亦即每一科資料都有相等的機會被抽樣，同時亦能囊括所有皇帝在位時期。關於隨機抽樣在史學上的應用，請參見科瓦利琴科主編，聞一、蕭吟譯，《計量歷史學》（成都：四川人民出版社，1987），頁38-40。

除授各途 人數比例 科年	庶吉士		以部屬用		即用知縣		歸部銓選		內閣中書 與其他		進士 總數
	人數	%	人數	%	人數	%	人數	%	人數	%	
乾隆二十八年 （1763）癸未科	2	50.0	1	25.0	0	0.0	1	25.0	0	0.0	4
乾隆三十七年 （1772）壬辰科	2	50.0	1	25.0	0	0.0	1	25.0	0	0.0	4
乾隆四十六年 （1781）辛丑科	2	50.0	2	50.0	0	0.0	0	0.0	0	0.0	4
乾隆五十五年 （1790）庚戌恩科	4	100.0	0	0.0	0	0.0	0	0.0	0	0.0	4
嘉慶四年 （1799）己未科	4	33.3	5	41.7	1	8.3	2	16.7	0	0.0	12
嘉慶十三年 （1808）戊辰科	5	31.3	4	25.0	2	12.5	5	31.3	0	0.0	16
嘉慶二十二年 （1817）丁丑科	6	33.3	5	27.8	2	11.1	4	22.2	1	5.6	18
道光六年 （1826）丙戌科	8	33.3	6	25.0	6	25.0	3	12.5	1	4.2	24
道光十五年 （1835）乙未科	7	31.8	5	22.7	8	36.4	1	4.5	1	4.5	22
道光二十四年 （1844）甲辰科	4	30.8	4	30.8	1	7.7	3	23.1	1	7.7	13
咸豐三年 （1853）癸丑科	2	20.0	4	40.0	2	20.0	0	0.0	2	20.0	10
同治元年 （1862）壬戌科	4	36.4	5	45.5	2	18.2	0	0.0	0	0.0	11
同治十年 （1871）辛未科	5	26.3	6	31.6	6	31.6	0	0.0	2	10.5	19
光緒六年 （1880）庚辰科	7	38.9	4	22.2	4	22.2	2	11.1	1	5.6	18
光緒十五年 （1889）己丑科	9	52.9	3	17.6	4	23.5	0	0.0	2	11.8	17

除授各途 人數比例 科年	庶吉士		以部屬用		即用知縣		歸部銓選		內閣中書 與其他		進士 總數
	人數	%	人數	%	人數	%	人數	%	人數	%	
光緒二十四年 （1898）戊戌科	7	30.4	8	34.8	6	26.1	0	0.0	2	8.7	23
總和／ 平均百分比	110	40.5	69	27.0	45	13.5	36	14.1	14	4.9	305

說　　明：1.本表以八旗正式參與會試之康熙三十年為始。另乾隆朝以前，囿於資料，僅知各科進士除授庶吉士，其餘各途人數不詳，欄位留白，進士總數不等於該科庶吉士人數，下同。
　　　　　2.一甲三名進士固定授翰林院修撰、編修，故不計。
　　　　　3.「內閣中書與其他」包含教職、小京官、原官續用等途。

資料來源：1.清‧馬齊等修，《清實錄‧聖祖仁皇帝實錄》，北京：中華書局，1985。
　　　　　2.清‧鄂爾泰等修，《清實錄‧世宗憲皇帝實錄》，北京：中華書局，1985。
　　　　　3.清‧慶桂等修，《清實錄‧高宗純皇帝實錄》，北京：中華書局，1986。
　　　　　4.清‧曹振鏞等修，《清實錄‧仁宗睿皇帝實錄》，北京：中華書局，1986。
　　　　　5.清‧文慶等修，《清實錄‧宣宗成皇帝實錄》，北京：中華書局，1986。
　　　　　6.清‧賈楨等修，《清實錄‧文宗顯皇帝實錄》，北京：中華書局，1986。
　　　　　7.清‧寶鋆等奉敕修，《清實錄‧穆宗毅皇帝實錄》，北京：中華書局，1987。
　　　　　8.清‧世續等奉敕修，《清實錄‧德宗景皇帝實錄》，北京：中華書局，1987。
　　　　　9.秦國經主編，《中國第一歷史檔案館藏清代官員履歷檔案全編》，上海：華東師範大學出版社，1997。
　　　　　10.江慶柏編著，《清朝進士題名錄》，北京：中華書局，2007。
　　　　　11.顧廷龍主編，《清代硃卷集成》，臺北：成文出版社，1992

　　乾隆朝（1736-1795）雖已開放八旗進士外任，不過八旗進士即用知縣的人數明顯增加，是在嘉、道（1796-1850）以後，此與乾隆朝晚期八旗進士人數較少，而嘉慶朝錄取人數逐漸增多有關。是以八旗進士除授大多集中在翰林院庶吉士一途，平均佔每科八旗進士人數的40.5％；「即用知縣」、「歸部銓選」則僅佔13.5％、14.1％。又漢進士除授各途的人數比例如表5-1-2：

表5-1-2　清朝漢進士除授各途人數比例表

除授各途人數比例 科年	庶吉士		以部屬用		即用知縣		歸部銓選		內閣中書與其他		進士總數
	人數	%	人數	%	人數	%	人數	%	人數	%	
康熙三十年（1691）辛未科	30	20.1									149
康熙三十九年（1700）丁丑科	37	13.0									285
康熙四十八年（1709）己丑科	62	22.1									281
康熙五十七年（1718）戊戌科	52	33.3									156
雍正五年（1727）丁未科	31	14.8									209
乾隆元年（1736）丙辰科	59	18.2	49	15.1	21	6.5	189	58.3	6	1.9	324
乾隆十年（1745）乙丑科	45	15.1	45	15.1	38	12.7	147	49.2	24	8.0	299
乾隆十九年（1754）甲戌科	32	14.3	12	5.4	40	17.9	139	62.1	1	0.4	224
乾隆二十八年（1763）癸未科	27	14.9	17	9.4	4	2.2	133	73.5	0	0.0	181
乾隆三十七年（1772）壬辰科	31	20.0	27	17.4	7	4.5	90	58.1	0	0.0	155
乾隆四十六年（1781）辛丑科	40	24.7	21	13.0	7	4.3	94	58.0	0	0.0	162
乾隆五十五年（1790）庚戌恩科	20	22.2	17	18.9	17	18.9	30	33.3	6	6.7	90
嘉慶四年（1799）己未科	66	32.2	75	36.6	14	6.8	50	24.4	0	0.0	205
嘉慶十三年（1808）戊辰科	70	28.9	6	2.5	95	39.3	64	26.4	7	2.9	242
嘉慶二十二年（1817）丁丑科	65	27.8	42	17.9	50	21.4	59	25.2	18	7.7	234

除授各途人數比例 / 科年	庶吉士		以部屬用		即用知縣		歸部銓選		內閣中書與其他		進士總數
	人數	%	人數	%	人數	%	人數	%	人數	%	
道光六年（1826）丙戌科	39	16.3	26	10.9	119	49.8	55	23.0	0	0.0	239
道光十五年（1835）乙未科	47	19.0	47	19.0	129	52.2	22	8.9	2	0.8	247
道光二十四年（1844）甲辰科	40	20.7	30	15.5	95	49.2	26	13.5	2	1.0	193
咸豐三年（1853）癸丑科	63	30.1	59	28.2	65	31.1	14	6.7	8	3.8	209
同治元年（1862）壬戌科	45	25.1	32	17.9	81	45.3	9	5.0	12	6.7	179
同治十年（1871）辛未科	85	28.2	70	23.3	125	41.5	11	3.7	10	3.3	301
光緒六年（1880）庚辰科	82	26.5	80	25.9	112	36.2	14	4.5	21	6.8	309
光緒十五年（1889）己丑科	78	28.4	77	28.0	98	35.6	10	3.6	13	4.7	275
光緒二十四年（1898）戊戌科	75	23.7	82	25.9	119	37.7	12	3.8	28	8.9	316
總和／平均百分比	1,221	22.5	732	18.2	1,236	27.0	1,168	28.5	158	3.4	5,464

說明與資料來源見表5-1-1。

　　漢進士除授各途的比例，除其他類以外較為平均，佔最高的是「歸部銓選」28.5％。其次，若將主要的除授四途，分為兩類，「庶吉士」、「以部屬用」是京官，「即用知縣」與「歸部銓選」是外官，八旗進士在京的比例則為67.5％（40.5％＋27.0％），外官的比例為27.6％；漢進士則在京比例40.7％，外任55.5％。且嘉慶朝宗室科考制度建立後，宗室進士除庶吉士、以部屬用外，「其歸班者不

選外任知縣，應以科甲小京官用」，[32]更讓八旗進士除授的官職集中在京師。

　　進士以庶吉士的身分進入翰林院，必須經過三年的學習，經考核後依照等第高低授職，謂之「散館」。[33]此時在考試中獲得高等者，授為翰林官，稱之「留館」；次等者，改以部屬用或即用知縣、歸部銓選。其他進士除授各途，如分發為各部主事、知縣者，僅取得任官的資格與分發單位，尚須等待缺額方能實授；歸部銓選更須先參與吏部銓選，等待實缺的時間或更長，[34]故進士除授以後，實未能隨即任官。道光十三年（1833）成書的《道光二年壬午恩科會試同年齒錄》，載有該科進士十年以後的任官情況，[35]是科共222名，除已逝世、以及他途授職者外，[36]計216名，依除授分類統計官品如下表：

32　「（嘉慶十三年）又定宗室文進士，除奉旨以翰林改用，其以部屬錄用者，歸於宗人府及各部額外主事上學習行走，其歸班者不選外任知縣，應以科甲小京官用」。參見清・托津等奉敕纂，《欽定大清會典事例（嘉慶朝）》，收入《近代中國史料叢刊・三編》，第65輯，冊644，卷30，〈吏部・滿洲銓選・科甲除授〉，頁8b。

33　清・福格，《聽雨叢談》（北京：中華書局，1984），卷6，〈庶吉士散館〉，頁134。

34　吏部知縣的銓選，分為雙月與單月，雙月為主要的大選，依照進士、新進士、舉人、俸滿教職、捐納等出身的順序依次選用。參見清・允祹等奉敕撰，《欽定大清會典則例（乾隆朝）》，卷5，〈吏部・月選二〉，頁15b。

35　在該《同年齒錄》中，除刻印有道光十三年時各進士之任官情形外，亦有以手寫的方式補上後續仕途，並於書前載有「冊內紅筆字皆先公手書」、「同蘇謹記」的字樣。應為光緒朝（1875-1908）協辦大學士翁同龢（1830-1904）之父，同時為道光二年進士翁心存（1791-1862）的手筆。依其生卒年推斷，其記載可能晚至咸豐朝（1851-1861）。然因無法確知書寫時間，故本表仍以原書刻印記載官職統計。參見《（清）重訂道光二年壬午恩科同年齒錄不分卷》，收入《中國科舉文獻叢錄・中國科舉錄續編（6）》（北京：全國圖書館文獻縮微複製中心，2010），頁223。

36　已逝世者為除授翰林院庶吉士的漢人進士沈丹槐，與歸班銓選的旗人進士鄂絡額湖。以他途授職者包括：漢進士王庭蘭，以捐納任候補郎中；梁恩照、徐青照本以舉人任職，考取進士後繼續留任為刑部候補主事、同知；滿洲進士吉年（1796-?）本由舉人以筆帖式委署主事，考取進士後除授為即用知縣，但改任原職。參見《大清國史人物列傳及史館檔傳包傳稿目錄資料庫》，文獻編號：702002459，〈王庭蘭傳包〉；清・文慶等修，《清實錄・宣宗成皇帝實錄》（北京：中華書局，1986），卷33，頁591下，道光二年四月戊申條。《（清）重訂道光二年壬午恩科同年齒錄不分卷》，頁509。

表5-1-3　道光二年壬午恩科進士十年後的任官情形表

除授	一甲與庶吉士						以部屬用				即用知縣					歸部銓選
官品	二～三品	四～五品	六～七品	候補主事	候補知縣	合計	四～五品	六～七品	候補主事	合計	四～五品	六～七品	候補知縣	候補官員	合計	待選
人數	3	11	19	4	3	40	1	7	8	16	16	120	14	1	151	9
比例%	7.5	27.5	47.5	10	7.5	100	6.3	43.8	50	100	10.6	79.5	9.3	0.7	100	100

說　　明：1.表中候補主事、知縣，指分發後未得實缺者；在即用知縣類中，有些官職
　　　　　　僅載候補知府，雖為候補，但推測應由知縣歷知州、同知而升任待缺，故
　　　　　　仍記為四～五品。
　　　　　2.漢進士梅曾亮雖除授為即用知縣，後轉任候補郎中，其原因史籍未載，故
　　　　　　列為「即用知縣」一欄的「候補官員」中。
資料來源：1.《（清）重訂道光二年壬午恩科同年齒錄不分卷》，收入《中國科舉文獻
　　　　　　叢錄・中國科舉錄續編（6）》，北京：全國圖書館文獻縮微複製中心，
　　　　　　2010，頁221-733。
　　　　　2.民國・趙爾巽等撰，《清史稿・列傳》，北京：中華書局，1976-1977。
　　　　　3.清・文慶等修，《清實錄・宣宗成皇帝實錄》，北京：中華書局，1986。

　　即用知縣被視為是除授各途中出路較為狹窄的一途，授該途者
亦多為三甲進士，[37]卻是表5-1-3中獲得實缺比例最高的，在151名進
士中，候補僅接近10％。地方基層的官缺遠多於在京，[38]庶吉士為榮
選，升遷尚寬，但以部屬用的額外主事，有經十年仍不得實授者，故
而該途中五品官以上的比例尚不及即用知縣。[39]其次，不論何途，任
六～七品官的比例均為最高，可知獲得進士功名後經過十年，升遷
的幅度仍有限。又除授為歸部銓選的進士，則全數未能獲得實缺，故
《清史稿》載：「雍正二年，侍郎沈近思請單月復銓用四人，於是
（進士知縣）需次二、三年即可得官」，但「乾、嘉以後，納貲之例

---

[37]　李潤強，《清代進士群體與學術文化》（北京：中國社會科學出版社，2007），頁
　　　98-99。
[38]　李治亭，〈清代基層官員銓選制考察——以《清史稿・循吏傳》為例〉，《社會科
　　　學戰線》，2008：3（長春，2008.03），頁232-233。
[39]　除授以部屬用者，雖候補時間相當長，但進士除授各途中，除一甲三名直接授翰林
　　　院官職外，其餘進士均僅能由七品任起，只有以部屬用的各部主事為六品官。參見
　　　齊如山，《中國的科名》（瀋陽：遼寧教育出版社，2006），頁166。

大開，咸、同而冗濫始甚……甲榜到部，往往十餘年不能補官，知縣遲滯尤甚」。[40]

在表5-1-3中包含了16名的旗人進士，分別是除授為「一甲與庶吉士」者6名、「以部屬用」者2名、「即用知縣」者6名、[41]「歸部銓選」者2名。除授「以部屬用」與「歸部銓選」者人數較少，前者在十年後任六～七品官與候補主事各1名，後者則均待選中，故在十年後的任官比例與漢進士相比未有明顯差異。然除授為「一甲與庶吉士」的6名旗人進士中，便有半數在十年後官至三品以上，亦即在表5-1-3「一甲與庶吉士」欄位中任三品官以上者，全是旗人。[42]另外一方面，旗人進士除授為即用知縣者，在十年後無人官至五品以上，全數任六～七品官，亦即表5-1-3「即用知縣」一欄中，五品官以上者全為漢人。該科除授為「即用知縣」的漢人進士有如楊以增（1781-1856）、李僡（1790-1853）般，最後分別官至陝西巡撫、山東巡撫的地方大員；[43]反之，外任的旗人進士除官至知府的吉達善（1791-？）外，[44]其餘多生平無載。顯示旗人進士外任者少，能居官顯赫者不多，相對於庶吉士的快速升遷，可說是雲泥之別。[45]

---

[40] 參見民國・趙爾巽等撰，《清史稿》（北京：中華書局，1976-1977），卷110，〈選舉五・推選〉，頁3212-3213。甲榜即進士，乙榜則指舉人。

[41] 除授為「即用知縣」的6名旗人進士，分發的省分分別為：陝西1、湖北1、四川2、直隸1、河南1。雖人數有限，仍可略窺出旗人進士分發知縣的區域包含邊疆、內地省分，與漢人間無明顯差異。參見《（清）重訂道光二年壬午恩科同年齒錄不分卷》，頁343、393、483、433、533、705、

[42] 分別是時任禮部侍郎的文慶（wenking, 1796-1856）、任內閣學士兼禮部侍郎的宗室恩桂（uksun engui, 1800-1848），以及任詹事府詹事的宗室受慶。

[43] 《大清國史人物列傳及史館檔傳包傳稿目錄資料庫》，文獻編號：702003037，〈楊以增包〉；文獻編號：702000912，〈李僡傳包〉。

[44] 《（清）重訂道光二年壬午恩科同年齒錄不分卷》，頁533。

[45] 嘉慶七年（1802）壬戌科進士，亦能藉由《同年齒錄》觀察除授各途十年後的仕途發展。此科選為庶吉士者十年後僅有1人官居三品以上，為宗室果齊斯歡（1768-1828），時任兵部侍郎（正二品）；除授為即用知縣的八旗進士僅1名，時任知縣（正七品），而同科授為即用知縣的漢進士則有1名官至五品、2名官至六品。此科因京官缺員壅滯，進士大多除授為庶吉士與知縣，結果反使該二途升遷緩慢。整體而言十年後的發展不如之後的道光二年壬午恩科進士，然仍能窺見八旗進士中庶吉士的優勢，以及外任者在仕途發展上的侷限。參見《（清）重訂嘉慶七年壬戌科會試齒錄二卷》，收入《中國科舉文獻叢錄・中國科舉錄續編（5）》（北京：全國圖

道光二年壬午恩科進士中，選入翰林院者共41名（含一名未散館已逝世者），三年後散館，留館的24名中，旗人5名、漢人19名，亦即在此科202名漢人進士中，最終成為翰林者，僅有9.4％；但在20名的八旗進士中，任翰林官的比例則達25％。進士除授的結果與仕宦生涯間有密切聯繫，選授為庶吉士者，在仕途發展上的優勢自不待言；外任知縣者，雖未必全無晉升高官的機會，然須耗費更多的時間。相對於漢人進士多除授為知縣，旗人進士則大多授為庶吉士，可明顯看出旗人進士在仕途起跑點上的優勢。然而該優勢卻不見於外任者，除授為知縣的旗人進士，升遷速度反較同途的漢人緩慢許多。清朝地方省分以漢人區域為主，各省地方大員雖不少見旗人坐鎮，[46]但貼近百姓的知縣官缺仍大多任用漢人，此以漢制漢的原則也讓少數除授為知縣的旗人進士仕途多默默無名。因此八旗進士除授上的優勢，僅見於庶吉士，而與其餘各途間的發展差異較漢人更為顯著。

第二節　旗人進士與文武兼資

　　清朝進士遷轉有固定模式，以庶吉士為例，在散館以後，一為內遷翰林院、詹事府，一為外轉科、道，任監察御史、六科給事中；前者升任六部官員，後者升任按察使、布政使。[47]乾、嘉朝禮親王昭槤（1766-1829）曾描述近年進士出身官員中升遷快速者：「阮中丞元中式後，未三年即擢少詹事；桂香東侍郎中式五年間，擢內閣學士；董鄂少司馬恩寧中式七年，官至亞卿」。[48]可見進士的遷轉範圍雖固

46　參見劉世珣，〈封疆大臣　職任緊要：清代的旗人督撫〉，收入旗人與國家制度工作坊編著，《「參漢酌金」的再思考：清朝旗人與國家制度》（臺北：文史哲出版社，2016）頁137-149。

47　李潤強，《清代進士群體與學術文化》，頁101-109。

48　少詹事為正四品官、內閣學士為從二品、亞卿即中央官署副職的別稱，此處指禮部侍郎正二品。參見清·昭槤，《嘯亭雜錄》（北京：中華書局，1980），卷9，〈仕

定，仍受個人能力、機緣左右，其中旗、民等族別造成的影響亦值得注意。大學士為清朝官員最高的正一品，[49]藉由大學士群體的遷轉歷程，可知從不同入仕途徑出發的官員，各需歷經多少時間，方能位極人臣，以得知各途在遷轉上的優劣。故本節將以清朝大學士為中心，分析八旗進士與各途的遷轉歷程，及與漢人間的差異。

八旗官員中文武互轉的例子，經常可見，如旗員因罪革職降級時，可藉由轉任「侍衛」迴避緩衝，且清朝官員升遷的範圍有明確的規定，但旗人因可轉武職，再以對品轉文職，使八旗官員可越過遷轉的限制，升遷範圍更為廣泛。[50]在清朝27名進士出身的八旗大學士中，[51]有22名曾擔任武職，將其經歷整理如表5-2-1：

表5-2-1　清朝進士出身八旗大學士武職經歷表

科年	旗籍	姓名	武職經歷
順治十二年（1655）乙未科	滿洲	伊桑阿	無
康熙十二年（1673）癸丑科	滿洲	徐元夢	無
康熙三十六年（1697）丁丑科	滿洲	福敏	無
康熙四十八年（1709）己丑科	滿洲	阿克敦	署兩廣總督兼署廣州將軍 革職後，以額外內閣學士署副都統
雍正元年（1723）癸卯恩科	滿洲	尹繼善	協辦大學士兼任都統

宦最速〉，頁277。

[49] 清初大學士兼尚書銜，為正二品，至雍正八年（1730）改大學士為正一品。參見清・允祿等監修，《大清會典（雍正朝）》，卷7，〈吏部文選司・品級〉，頁1b；清・鄂爾泰等修，《清實錄・世宗憲皇帝實錄（二）》，卷93，頁246上，雍正八年四月丁未條。

[50] 陳文石，〈清代滿人政治參與〉，收入氏著，《明清政治社會史論》（臺北：臺灣學生書局，1991），頁725-731。

[51] 清朝旗、民大學士的出身參見「附錄五」。其中進士出身者28名，光緒十二年（1886）丙戌科進士榮慶（？-1917）因仕途歷經清末新政，官職系統與前相左，不計。

科年	旗籍	姓名	武職經歷
乾隆三十七年（1772）壬辰科	漢軍	百齡	無
乾隆四十年（1775）乙未科	滿洲	覺羅長麟	侍郎或尚書任內兼任副都統、都統革職後以副都統銜任庫爾喀拉烏蘇領隊大臣
乾隆四十九年（1784）甲辰科	漢軍	蔣攸銛	以四川總督署理成都將軍
乾隆五十八年（1793）癸丑科	內務府滿洲	英和	侍郎或尚書任內兼任副都統、都統
嘉慶六年（1801）辛酉恩科	滿洲	覺羅伊里布	革職後發往浙江軍營署乍浦副都統，後任廣州將軍
嘉慶十年（1805）乙丑科	滿洲	穆彰阿	侍郎或尚書任內兼任副都統、都統
嘉慶十年（1805）乙丑科	滿洲	覺羅寶興	侍郎或尚書任內兼任副都統、都統降級調用，以侍衛任吐魯番領隊大臣泰寧鎮總兵外省駐防將軍
道光二年（1822）壬午恩科	滿洲	文慶	侍郎或尚書任內兼任副都統、都統革職後任侍衛
道光二年（1822）壬午恩科	蒙古	柏葰	侍郎或尚書任內兼任副都統、都統犯事任熱河都統
道光六年（1826）丙戌科	滿洲	麟魁	侍郎或尚書任內兼任副都統、都統革職後任侍衛
道光九年（1829）己丑科	蒙古	倭仁	以副都統銜往葉爾羌幫辦大臣，後任盛京副都統以大學士署都統
道光九年（1829）己丑科	滿洲	全慶	侍郎或尚書任內兼任副都統、都統革職後任侍衛
道光十二年（1832）壬辰恩科	蒙古	瑞常	侍郎或尚書任內兼任副都統、都統
道光十八年（1838）戊戌科	滿洲	寶鋆	侍郎或尚書任內兼任副都統、都統
道光十八年（1838）戊戌科	滿洲	宗室靈桂	侍郎或尚書任內兼任副都統、都統

科年	旗籍	姓名	武職經歷
道光二十一年（1841）辛丑恩科	滿洲	宗室載齡	侍郎或尚書任內兼任副都統、都統
道光二十五年（1845）乙巳恩科	滿洲	文祥	侍郎或尚書任內兼任副都統、都統
道光三十年（1850）庚戌科	漢軍	徐桐	無
咸豐三年（1853）癸丑科	滿洲	宗室麟書	侍郎或尚書任內兼任副都統、都統
咸豐九年（1859）己未科	滿洲	宗室福錕	侍郎或尚書任內兼任副都統、都統 宗室佐領
同治元年（1862）壬戌科	滿洲	宗室崑岡	侍郎或尚書任內兼任副都統、都統
光緒二年（1876）丙子恩科	滿洲	裕德	侍郎或尚書任內兼任副都統、都統

資料來源：《大清國史人物列傳及史館檔傳包傳稿資料庫》，臺北：國立故宮博物院藏。

文慶（wenking, 1796-1856）在道光二十年（1840）以戶部侍郎任江南鄉試正考官時，誤寫上、江卷名，導致錄取人數超額，又私自帶人入闈閱卷而遭革職，後於道光二十二年（1842）以三等侍衛充庫倫辦事大臣重回官場。[52]同表中類似文慶在仕途遭逢重挫，以武職重啟仕途者，還有全慶（ciowanking, 1802-1882）、覺羅伊里布（1772-1843）等。[53]除此之外，亦有如覺羅寶興、倭仁（wesin, 1804-1871）等，任駐防武職的少數例子。另外一方面，乾隆五十八年（1793）癸丑科進士英和（1771-1840），選為庶吉士後，散館任編修，歷任翰林院侍講、侍講學士、詹事府詹事，與漢庶吉士的前期仕途相似；值得注意的是，之後遷內閣學士兼禮部侍郎銜時，兼任正紅旗滿洲副都統，且

---

[52] 參見《大清國史人物列傳及史館檔傳包傳稿資料庫》，文獻編號：702002663，〈文慶傳包〉。

[53] 全慶在道光十九年（1839）大理寺卿任內，因出班任意遲到早退而降職調用，又適逢丁母憂，故於道光二十一年（1841）方任頭等侍衛充古城領隊大臣；覺羅伊里布則在任兩江總督時遭革職，後發軍前效力。參見《大清國史人物列傳及史館檔傳包傳稿資料庫》，文獻編號：702001715，〈全慶轉包〉；文獻編號：702002378，〈伊里布傳包〉。

在各部侍郎、尚書任內，均兼八旗副都統、都統。[54]與英和同樣在侍郎、尚書任內兼八旗武職者，在表中曾任武職的22名八旗大學士中，就有16名。

都統，原稱固山額真（*gūsai ejen*），[55]是管理八旗旗務的大臣。關外時期，八旗共議國政，各旗內部政治、經濟獨立，各旗的最高軍政首長主旗貝勒（*gūsa ejelehe beile*），對旗下屬人擁有私人隸屬關係，即使汗也不能無故干涉，固山額真在各旗中的地位僅次於主旗貝勒、不主旗貝勒；擔任固山額真者，亦多宗室或率眾來歸的部族大姓。[56]入關後，隨著皇權的集中，主旗貝勒不復抗衡，而逐漸退出八旗事務，[57]都統則成為總管各旗的官員。雍正元年（1723），設置八旗都統衙門，都統的滿文名稱從固山額真改為固山昂邦（*gūsa be kadalara amban*），至此，都統已轉化為協助皇帝辦理旗務的八旗職官。[58]

都統、副都統各為正一品、二品，前者滿洲、蒙古、漢軍每旗

---

[54] 參見《大清國史人物列傳及史館檔傳包傳稿資料庫》，文獻編號：701000764，〈英和列傳〉。

[55] 固山額真的漢名，在順治十七年時定為「都統」。參見清・鄂爾泰等奉敕修，《清實錄・世祖章皇帝實錄》（北京：中華書局，1985），卷133，頁1030下，順治十七年三月甲戌條。

[56] 掌管旗且對旗下牛录（*niru*，漢譯佐領）擁有佔有權者，稱為「主旗貝勒」，又稱「旗主」，而在該旗中擁有部分牛录，但不掌管該旗者，稱為「不主旗貝勒」。關於關外時期主旗貝勒的權力及與固山額真的關係，參見張晉藩、郭成康，《清入關前國家法律制度史》（瀋陽：遼寧人民出版社，1988），頁159-187。

[57] 從康熙晚期開始，皇帝便多次派遣兄弟、諸子，以「辦理旗務」為名，介入八旗事務，削弱旗主、王公對旗下事務、屬人的控制權。雍正帝同樣派遣諸弟介入八旗事務外，更進一步將其官職由「辦理旗務」改為「都統」，使管理八旗者與旗下屬人之間的關係轉化為官民關係。參見清・馬齊等修，《清實錄・聖祖仁皇帝實錄（三）》，卷281，頁752上-752下，康熙五十七年十月庚午條。馮爾康，《雍正傳》（臺北：臺灣商務印書館，2015），頁309-311。

[58] 「雍正元年，總理事務王大臣等議覆，據給事中碩塞奏稱：『八旗都統印信，所有清文固山額真二字，所關甚鉅，非臣下印信可得濫用，應行改定，以昭名分』等語，查國家定分，不可不嚴，官銜命名，務核其實，應如碩塞所請」。參見清・鄂爾泰等修，《八旗通志・初集》（長春：東北師範大學出版社，1985），卷34，〈職官志一・八旗官職〉，頁617。關於八旗都統衙門的建立與皇權的關係，參見杜家驥，〈清代八旗制度中的值年旗〉，《歷史教學（下半月刊）》，2011：11（天津，2011.11），頁3-4。

一員，後者每旗二員。[59]在順治朝至康熙初期，從各部侍郎、尚書轉任八旗副都統、都統，或由八旗官員轉任各部侍郎、尚書的例子並不多。[60]此時部院與八旗間的轉任，沒有固定官職、品級，大學士、郎中均可轉任都統、副都統。[61]在康熙朝四大臣輔政（1661-1669）期間，輔政大臣之一的鰲拜（oboi）將黨人由八旗大臣轉任六部，以增加在六部的權力，[62]使六部與八旗武職間的轉任略增。康熙皇帝親政後，這樣的例子減少許多。然康熙二十二年（1683），康熙皇帝宣佈「自後副都統缺出，可將侍郎職名一併開列，朕將酌而用之」，[63]部院大臣與八旗武職間的轉任遂漸趨頻繁。值得注意的是，從入關後至康熙朝，八旗、部院官員間的遷轉，大多屬於轉任；[64]進入雍正朝，

---

[59] 清·伊桑阿等纂修，《大清會典（康熙朝）》，卷81，〈兵部一·品級〉，頁1b-2a；同書，卷81，〈兵部一·八旗官制〉，9b。

[60] 《世祖章皇帝實錄》載由六部尚書、侍郎轉任都統、副都統者，僅有順治十七年（1660）工部尚書穆理瑪（？-1669）轉任鑲黃旗滿洲都統，其餘均為八旗內部遷轉。參見清·鄂爾泰等奉敕修，《清實錄·世祖章皇帝實錄》，卷139，頁1078下，順治十七年八月辛亥條。

[61] 如康熙元年（1662）以大學士覺羅巴哈納（gioroi bahana，？-1666）為鑲白旗滿洲都統；康熙四年（1665）以兵部郎中土賴（tulai）為鑲藍旗蒙古副都統。參見清·馬齊等修，《清實錄·聖祖仁皇帝實錄（一）》，卷6，頁113上，康熙元年五月壬辰條；同書，卷15，頁232上，康熙四年六月戊辰條。

[62] 鰲拜集團的成員本由八旗高級武官組成，前述由六部官員轉任八旗都統的穆理瑪，為鰲拜之弟，亦基於同樣的理由改任八旗官員，至後期鰲拜方透過將黨羽轉任六部官員，希冀擴大自己在六部的權力。如阿思哈（asha，？-1669）、噶褚哈、濟世分別在康熙六年二月、三月與七年六月由都統轉任尚書。參見清·馬齊等修，《清實錄·聖祖仁皇帝實錄（一）》，卷21，頁292上，康熙六年正月庚子條；同書，卷21，頁296上，康熙六年三月乙酉條；同書，卷26，頁363上，康熙七年六月丁亥條。關於鰲拜集團成員官職變化的意義，參見美·安熙龍（Robert B. Oxnam）著，陳晨譯，《馬上治天下：鰲拜輔政時期的滿人政治：1661-1669》（北京：中國人民大學出版社，2020），頁97、150-151。

[63] 中國第一歷史檔案館整理，《康熙起居注》（北京：中華書局，2009），頁1004，康熙二十二年五月十四日。實際上在康熙二年（1663），朝廷已將都統、副都統可由尚書、侍郎陞任的辦法取消，然由上述康熙初期鰲拜黨羽的轉任可知，該政策並未確實執行。參見清·伊桑阿等纂修，《大清會典（康熙朝）》，卷7，〈吏部五·滿缺陞補除授〉，頁2a。

[64] 順治十七年戶部侍郎范達禮（？-1681）是少數受命以侍郎兼任副都統者，然因事務繁重而請辭，朝廷認為其「明係畏避武職，殊屬不合」，便下令范達禮解任侍郎職，專管副都統事。參見清·鄂爾泰等奉敕修，《清實錄·世祖章皇帝實錄》，頁1063上，順治十七年六月壬子條。

漸由轉任改為兼任。[65]係因都統政治權力降低，即使同時兼任六部、八旗官員，亦無權勢過大的疑慮。至嘉慶朝，旗人任六部侍郎、尚書同時兼任八旗副都統、都統幾成慣例。如在雍正七年（1729），15名六部滿侍郎中，有4位兼任八旗副都統；乾隆三十一年（1766）15名六部滿侍郎中，有6位兼任八旗副都統；嘉慶六年（1801）16名六部滿侍郎中，除不詳一名外，其餘全數兼八旗副都統。[66]八旗都統為在京武官，因此表5-2-1中仕途以外任為主的尹繼善（1695-1771）、覺羅伊里布便不適用，倭仁亦因在仕途前期被派往盛京，回京任官時已高居尚書，而失去兼任八旗武職的機會，其餘在雍正朝以後考取進士，無武職經歷者均為漢軍。[67]康熙二十三年（1684）以後，漢軍副都統、都統的職缺，滿洲、蒙古亦得補授；反之漢軍則不得充補滿洲、蒙古員缺，[68]使漢軍任八旗都統、副都統的機會較少。

---

[65] 如「工部右侍郎馬進泰，為正藍旗漢軍副都統，仍兼理工部侍郎事務」，「陞戶部右侍郎覺羅塞德，為正黃旗漢軍都統，仍兼侍郎行走」。參見清·鄂爾泰等修，《清實錄·世宗憲皇帝實錄（一）》，卷39，頁577上，雍正三年十二月甲申條；同書，卷45，頁681下，雍正四年六月乙丑條。

[66] 參見錢實甫，《清代職官年表》（北京：中華書局，1980），冊1，〈部院滿侍郎年表〉，頁396、422、447；清·鄂爾泰等修，《八旗通志·初集》，卷108，〈八旗大臣年表二〉，頁2676-2677；清·鐵保等奉敕撰，《欽定八旗通志》，收入《景印文淵閣四庫全書》（臺北：臺灣商務印書館，1983），第671冊，卷322，〈八旗都統年表三·滿洲八旗三〉，頁30a-30b；同書，卷325，〈八旗都統年表六·蒙古八旗三〉，頁30b-31a；同書，卷328，〈八旗都統年表九·漢軍八旗三〉頁30a-30b。〈人名權威人物傳記資料庫〉http://archive.ihp.sinica.edu.tw/ttsweb/html_name/index.php（臺北：中央研究院歷史語言研究所）。又在表5-2-1以侍郎、尚書兼八旗副都統、都統者中，有少部分是署理。署理原為官員協助該員、該部處理事務的臨時性手段，然在嘉慶朝以後，任命六部官員兼八旗都統、副都統已成慣例，即使僅為署理，亦常見在該員遷轉六部各侍郎時，亦同時調任署理的副都統，而演變成不同單位的長時間署理。如宗室載齡（？-1883），在咸豐十一年（1861）以刑部侍郎署理正藍旗漢軍副都統，後升吏部侍郎時，署理的副都統亦改為鑲黃旗漢軍。關於清朝官員的署理制度，參見蔡松穎，〈歷練有素　足備任使：清朝六部中的旗人〉，收入旗人與國家制度工作坊編著，《「參漢酌金」的再思考：清朝旗人與國家制度》（臺北：文史哲出版社，2016），頁119-122；《大清國史人物列傳及史館檔傳包傳稿目錄資料庫》，文獻編號：702001686，〈載齡傳包〉。

[67] 漢軍蔣攸銛雖有署理成都將軍的經歷，卻未以侍郎、尚書兼八旗武職。參見《大清國史人物列傳及史館檔傳包傳稿目錄資料庫》，文獻編號：701001118，〈吳璥列傳〉。

[68] 清·伊桑阿等纂修，《大清會典（康熙朝）》，卷81，〈兵部一·八旗官員陞除〉，頁15b-16a。

科舉考試以文學能力辨優劣，除授又以翰林院庶吉士為榮選，進士出身的八旗大學士自然多「沉潛經籍，涵泳藝林」的翰林，[69]因此，雖常見在文、武官職間遷轉的旗人官員，但在早期，旗人進士的宦途仍不多見武職經歷。如表5-2-1在雍正朝以前考取進士的伊桑阿（1637-1703）、徐元夢（sioi yuwan meng, 1655-1741）、福敏（fumin, 1673-1756）均未任武職，至康熙晚期的阿克敦（akdun, 1685-1756）方有武職經歷。部院官員兼任八旗武職並非進士的專利，如光緒朝滿洲大學士中，繙譯生員出身的恩承（1820-1892）、舉人出身的那桐（1857-1925），亦有相似的遷轉歷程，只是恩承在進入六部以前，曾於侍衛處任筆帖式；那桐亦曾任事於八旗都統衙門，[70]雖均為文職，但對熟悉八旗武職事務仍有幫助。相較於生員、舉人等以文入仕途徑，進士升遷相對迅速，遷轉亦少迂迴，故較無熟悉翰詹、六部以外衙門事務的機會。康熙二十二年，康熙皇帝宣布侍郎得轉任副都統時，諭曰：「今觀各部侍郎內，雖辦事有才，而操守不足，家計殷富者有數人焉，應將伊等改授武職」。[71]雍正皇帝亦要求「部院堂司官亦每月如期在本旗教場，該管都統佐領看練弓馬」，以令「有文事者必有武備」。[72]騎射武功除了是尚武精神的展現外，亦是維護滿洲儉樸特質的方法，[73]故滿洲統治者時時要求八旗官員保持騎射能力，以六部官員兼任八旗武職亦出於同樣的考量，且能同時熟悉旗務與六部事務，可收行政、用人上的益處。

[69] 清‧鄂爾泰等修，《清實錄‧世宗憲皇帝實錄（二）》，卷131，頁699上，雍正十一年五月癸未條。

[70] 《大清國史人物列傳及史館檔傳包傳稿目錄資料庫》，文獻編號：702001616，〈恩承傳包〉；秦國經主編，《中國第一歷史檔案館藏清代官員履歷檔案全編》（上海：華東師範大學出版社，1997），冊6，頁369。

[71] 中國第一歷史檔案館整理，《康熙起居注》，頁1004，康熙二十二年五月十四日。

[72] 中國第一歷史檔案館編，《雍正朝起居注冊》（北京：中華書局，1993），頁777，雍正四年九月十五日，奉上諭。

[73] 雍正三年（1725）針對盛京風俗陋習，雍正皇帝認為欲「復還滿洲舊日儉樸風俗」，便須「勤學騎射武藝」。參見中國第一歷史檔案館編，《雍正朝起居注冊》，頁478，雍正三年四月十二日，奉上諭。

清朝用人以科舉為中心，論者亦將科舉出身的八旗官員人數隨著時間增多，作為統治者用人時日益重視功名的證明，[74]然兩者間是否存在必然的關係，須要比較各途的遷轉歷程方能得知。清朝八旗大學士的各項出身人數，由多至少排列如下：[75]。

表5-2-2　清朝八旗大學士各類出身人數表

出身	人數
不詳	38
進士	28
世爵	11
廕生	9
舉人	5
監生	5
繙譯舉人	5
繙譯進士	4
繙譯生員	4
貢生	2
生員	2
官學生	2
明諸生	1
合計	116

資料來源：參見附錄五。

共116名八旗大學士中，進士出身者28名，數量僅次於出身不詳者，此外，人數較多者為「世爵」、「廕生」出身者。以世爵入仕

---

[74] 參見張杰，《清代科舉家族》（北京：社會科學文獻出版社，2003），頁248-251。

[75] 由表可知出身不詳者占旗人大學士的多數，張瑞德認為在量化方法運用於社會流動史學研究時，若不詳的比例過大，量化結果會缺乏學術價值。然根據不同社會背景，不詳本身亦可被視為重要的社會變動，如陳文石以《清史列傳》、《清史稿》為基礎，觀察滿洲文職293人的出身，結果呈現不詳與閒散比例偏高，陳氏認為這是清朝政府有意的安排，呈現出部族政權的本質。參見張瑞德，〈測量傳統中國社會流動問題方法的探討〉，《食貨月刊》，5:9（臺北，1975.12），頁438；陳文石，〈清代滿人政治參與〉，頁660。

者，多以軍功、武職升遷，與進士主以文職升遷不同，故不討論。出身「不詳」者的遷轉雖不易計算，但38名出身不詳者中，初仕官為筆帖式者19名，佔了半數。「筆帖式為滿員進身之階」，[76]且能考取筆帖式者，除舉人以下低階功名者，以及官學生、廕監生、八旗前鋒、護軍、領催外，閒散亦得經考試繙譯挑取。[77]使筆帖式雖為官職，卻近似於出身。故以下擬針對出身自廕生、筆帖式、進士的旗人大學士，統計其達到五品、三品、一品、（協辦）大學士所需的時間。[78]雍正八年定大學士品級為正一品，高於部院尚書的從一品，大學士方成為清朝官員最高品級，[79]故在此統計的對象，為雍正朝以後的大學士。

表5-2-3　清朝廕生出身八旗大學士各階段遷轉時間表

各階段遷轉時間（年） 任大學士時間、姓名		入仕→ 五品	五品→ 三品	三品→ 一品	一品→ （協辦） 大學士
乾隆朝	楊應琚	不詳	20	5	10
嘉慶朝	慶桂	不詳	10	15	19
道光朝	琦善	2	0	17	11
道光朝	宗室耆英	不詳	4	8	17
光緒朝	榮祿	6	8	12	18
平均		4	8.4	11.4	15

---

[76] 民國・趙爾巽等撰，《清史稿》（北京：中華書局，1976-1977），卷114，〈職官一・宗人府〉，頁3265。

[77] 清・允祿等監修，《大清會典（雍正朝）》，卷8，〈吏部・滿缺除選〉，頁8b-16a。

[78] 在本文第四章第二節亦採用同樣的方法，統計舉人遷轉時間，以五品、三品、一品、（協辦）大學士四階段探討的原因，請參見該節。又清朝殿閣大學士因事故、生病、受差遣辦事等時，閣務交由各部尚書兼理，故自雍正朝始設協辦大學士，其雖為兼銜，但卻幾乎成為榮升大學士的必經途徑，是官僚體系中的重要關卡，但有時卻因身故、犯案，而有仕途止於協辦者。故將擔任協辦大學士卻未能升至大學士者一併列入討論。關於清朝協辦大學士的意義與轉變，參見古鴻廷，《清代官制研究》（臺北：五南出版社，2005），頁56-59。

[79] 清・鄂爾泰等修，《清實錄・世宗憲皇帝實錄（二）》，卷93，頁246上，雍正八年四月丁未條。

說　明：1.遷轉時間以實授計，若為跳級升遷，則計算最接近的時間。如慶桂於乾
　　　　隆三十年（1765）直接由戶部員外郎（從五品）升內閣學士兼禮部侍郎
　　　　（從二品），「五品→三品」便以此年計。以下各表同。
　　　 2.主以武職遷轉的李侍堯、裕誠，均不計。
　　　 3.「入仕」指以廕生引見授職的時間。
　　　 4.以廕生考取科舉功名者不計。
資料來源：1.《大清國史人物列傳及史館檔傳包傳稿資料庫》，臺北：國立故宮博物
　　　　院藏。
　　　 2.《愛新覺羅宗譜》，收入《中國少數民族古籍集成（漢文版）》，冊
　　　　52，成都：四川民族出版社，2002。
　　　 3.王鍾翰點校，《清史列傳》，北京：中華書局，1987。

　　廕生出身者在仕途前期遷轉時間多不詳，然清制廕生得對品任用，分為四等，一品廕生以五品官用，二品廕生以六品官用，三品廕生以七品官用，四品廕生以八品官用。[80]雍正元年（1723）規定廕生引見分發後，至各部學習行走；[81]乾隆元年（1736）進一步將學習期定為二年，期滿後依該部考核正式分發。[82]可知廕生從入仕至實授的時間，原則上為2年，如琦善（kišan, 1788-1854）「入仕→五品」的時間便與此相符。故廕生在仕途前期的遷轉時間應少於進士、筆帖式。然廕生出身者在仕途後段的遷轉時間逐漸增多，在「一品→（協辦）大學士」階段平均須15年。康熙皇帝曾評論廕生出身官員，因為多為官員子弟、殷富之人，故「有品行者實多」，只是多「辦事不及」，更有「極庸劣不諳事者」，此外，廕生出身者因前期升遷快速，而年齡多「稚弱極少者」，[83]因此廕生出身的大學士，在前期雖因制度上的優勢快速升遷，後期則囿於能力，反而遷轉漸趨緩慢。

---

[80] 參見清‧伊桑阿等纂修，《大清會典（康熙朝）》，卷7，〈吏部‧滿缺陞補除授〉，頁18a。

[81] 參見清‧允祿等監修，《大清會典（雍正朝）》，卷8，〈吏部‧滿缺除選〉，頁10b-11a。

[82] 參見清‧允祹等奉敕撰，《欽定大清會典則例（乾隆朝）》，卷4，〈吏部‧文選清吏司‧月選一〉，頁21b-22a。

[83] 中國第一歷史檔案館整理，《康熙起居注》，頁1136，康熙二十三年二月初七日。

表5-2-4　清朝筆帖式出身八旗大學士各階段遷轉時間表

各階段遷轉時間（年） 任大學士時間、姓名		入仕→ 五品	五品→ 三品	三品→ 一品	一品→ （協辦） 大學士
雍正朝	孫柱	26	13	9	10
雍正朝	尹泰	不詳	35	0	6
雍正朝	邁柱	不詳	11	1	8
乾隆朝	楊廷璋	不詳	不詳	9	4
乾隆朝	舒赫德	不詳	7	9	25
乾隆朝	鄂彌達	23	2	4	24
乾隆朝	兆惠	不詳	4	16	4
乾隆朝	官保	不詳	24	10	2
嘉慶朝	宗室祿康	不詳	不詳	14	4
嘉慶朝	宗室琳寧	11	15	3	2
嘉慶朝	托津	不詳	16	10	3
光緒朝	宗室敬信	11	9	14	10
平均		17.8	13.6	8.3	8.5

說　　明：1.主以武職遷轉的高其位，及雖以筆帖式入仕，實以世爵展開仕途的訥親，
　　　　　　均不計。
　　　　　2.「入仕」指授筆帖式的時間。
　　　　　3.以筆帖式考取科舉功名者不計。
資料來源：見表5-2-3。

　　以筆帖式入仕者，則與廩生相反，「入仕→五品」平均長達17.8
年。筆帖式為低階文職，其能升任的官職範圍廣泛，上至六品部院
主事，下至太常寺贊禮郎、內閣中書，[84]仕途不可謂不廣，然如六品
的六部主事缺，除筆帖式可升任外，小京官、二品廩生、內閣中書
等，各種低階在京文職均得升任，[85]還須與除授「以部屬用」，經學
習期後等待實授的進士競爭。康熙二十九年（1690），在討論補授刑

---

[84] 清・允祿等監修，《大清會典（雍正朝）》，卷8，〈吏部・滿缺陞補〉，頁
　　34b-42b。太常寺讀祝官、贊禮郎，均為六品銜食七品俸，主要負責祭祀時各項執
　　事、宣讀祝文。關於讀祝官、贊禮郎的職務與升遷，參見雷炳炎，《清代社會八旗
　　貴族世家勢力研究》（北京：中國社會科學出版社，2016），頁232。
[85] 清・托津等奉敕纂，《欽定大清會典事例（嘉慶朝）》，卷14，〈吏部・官制・滿
　　洲官員品級〉，頁14a-14b。

部主事缺的人選時，康熙皇帝認為「眾筆帖式在衙門抄寫文案，因事差遣，有至二三十年不得陞者，甚屬屈抑」，故以歷俸三十一年的筆帖式巴吉爾圖補授。[86]可知早在清前期，筆帖式的升遷已頗為耗時。因此表5-2-4中，筆帖式「入仕→五品」的時間雖多不詳，然如鄂彌達（1685-1751）花費23年方官至五品者應非少數。

表5-2-5　清朝進士出身八旗大學士各階段遷轉時間表

科年、姓名	各階段所需時間（年）	中式→五品	五品→三品	三品→一品	一品→（協辦）大學士	合計
康熙十二年（1673）癸丑科	徐元夢	10	30	4	6	50
康熙三十六年（1697）丁丑科	福敏	25	0	4	12	41
康熙四十八年（1709）己丑科	阿克敦	5	3	26	5	39
雍正元年（1723）癸卯恩科	尹繼善	4	2	4	15	25
乾隆三十七年（1772）壬辰科	百齡	13	7	13	8	41
乾隆四十年（1775）乙未科	覺羅長麟	不詳	不詳	10	13	
乾隆四十九年（1784）甲辰科	蔣攸銛	14	8	5	11	38
乾隆五十八年（1793）癸丑科	英和	3	3	14	9	29
嘉慶六年（1801）辛酉恩科	覺羅伊里布	14	8	12	3	37
嘉慶十年（1805）乙丑科	穆彰阿	4	4	10	11	29
嘉慶十年（1805）乙丑科	覺羅寶興	3	5	18	10	36
道光二年（1822）壬午恩科	文慶	2	5	15	11	33
道光二年（1822）壬午恩科	柏葰	10	1	11	8	30
道光六年（1826）丙戌科	麟魁	7	2	8	19	36
道光九年（1829）己丑科	倭仁	4	9	19	1	33
道光九年（1829）己丑科	全慶	4	6	15	18	43
道光十二年（1832）壬辰恩科	瑞常	1	11	13	5	30
道光十八年（1838）戊戌科	寶鋆	11	5	8	12	36
道光十八年（1838）戊戌科	宗室靈桂	5	1	22	14	42

[86] 清‧庫勒納等奉敕撰，《清代起居注冊‧康熙朝》（臺北：聯經出版社，2009），頁261-262，康熙二十九年四月十四日。

各階段所需時間（年） 科年、姓名		中式→五品	五品→三品	三品→一品	一品→（協辦）大學士	合計
道光二十一年（1841）辛丑恩科	宗室載齡	6	2	13	15	36
道光二十五年（1845）乙巳恩科	文祥	9	3	5	9	26
道光三十年（1850）庚戌科	徐桐	14	6	7	12	39
咸豐三年（1852）癸丑科	宗室麟書	9	3	15	12	39
咸豐九年（1859）己未科	宗室福錕	9	10	6	0	25
同治元年（1862）壬戌科	宗室崑岡	10	5	8	11	34
光緒二年（1876）丙子恩科	裕德	4	8	6	9	27
平均		8	5.9	11.2	10.0	35

資料來源：見表5-2-3。

　　進士出身者的遷轉優勢在於「五品→三品」階段，尤其八旗大學士仕途多始於庶吉士，後任職翰林院、詹事府，此部門官缺幾為科甲獨佔，升遷亦較快速，如道光二年（1822）進士柏葰（1796-1859），道光十六年（1836）任翰林院侍講學士（從五品），隔年便陞至詹事府詹事（正三品）。[87]其次，進士出身的八旗大學士，在各階段的遷轉時間，都在廕生與筆帖式的中間值，且各階段之間的差距，比起廕生出身者在「一品→（協辦）大學士」與「入仕→五品」間遷轉時間相差高達11年，以及筆帖式「入仕→五品」與「三品→一品」間相差9.5年，進士出身者在各階段最大的差距為「三品→一品」與「五品→三品」間的5.3年。換言之，進士出身的八旗大學士，在仕途各階段所花費的時間較平均，顯示清朝進士的遷轉體系已相對完備、制度化，然清朝用人雖以科舉為中心，出身進士之旗人大學士的升遷優勢卻不格外突出。接著進一步將清朝漢人大學士的遷轉時間與八旗大學士的三項出身比較如下：

---

[87] 《大清國史人物列傳及史館檔傳包傳稿目錄資料庫》，文獻編號：702002159，〈柏葰傳包〉。

表5-2-6　清朝大學士主要出身平均遷轉時間比較表

各階段遷轉時間（年）族別、出身		入仕→五品	五品→三品	三品→一品	一品→（協辦）大學士
八旗	進士	8	5.9	11.2	10.0
	筆帖式	17.8	13.6	8.3	8.5
	廕生	4	8.4	11.4	15
漢人	進士	10.0	6.4	11.0	8.0

資料來源：表5-2-3、表5-2-4、表5-2-5、附錄六。

　　若將表5-2-6以遷轉階段的中間值三品為分界，劃分為前、後期，統計結果顯示在仕途前期，同樣是進士出身，八旗的升遷較速，尤以「入仕→五品」相差較大。進士早期陞轉有一定的模式，個人能力對仕途的影響較小，在此階段八旗進士的升遷優於漢人，表示在不考慮個人能力時，旗、民之別確實有影響力。反之，在仕途後期，漢人進士的遷轉時間均少於八旗，尤其在「一品→（協辦）大學士」這個階段，漢人進士的遷轉時間甚至少於所有八旗各類出身者。三品以上的在京文官，包括大學士、各部尚書、侍郎等各機關長官，擁有直接上疏、面奏請旨的權力，具備影響決策的力量，[88]與皇帝接觸的機會亦較高。在此階段漢人進士擁有最短的遷轉時間，可知欲競逐高位，族別未必是必要條件，反而政治表現等個人特質或能成為重要的影響因素。[89]

---

[88] 陳文石，〈清代滿人政治參與〉，頁715-716。

[89] 《嘯亭雜錄》提及雍正元年滿洲進士尹繼善從中式至任巡撫僅6年，升遷極為快速。若以考取進士至（協辦）大學士的遷轉時間計，尹繼善為25年，與宗室福錕並列為進士出身八旗大學士中最短的。然漢人大學士如雍正十一年進士陳大受（1702-1751）遷轉時間僅15年，其他少於25年者亦大有人在，如康熙五十七年進士徐本（1683-1747）為16年、道光十五年進士葉名琛（1807-1859）為20年、道光二十七年進士李鴻章（1823-1901）為21年等。此外，八旗進士升至大學士的平均時間為35年，與漢人進士同，可見進士出身八旗大學士升遷的速度，與漢人相比並不突出，此亦與仕途後段漢進士遷轉時間較短相關。清．昭槤，《嘯亭雜錄》，卷7，〈尹文端公〉，頁190-191。旗、民由進士升至大學士的平均時間，參見表5-2-5、附錄六。

相對於明朝用人重文輕武，遂使武備廢弛，清朝皇帝則強調「國家設官分職，文武兼資」。[90]故即使為漢官，如雍、乾朝漢武臣岳鍾琪（1686-1754）曾以將軍兼任甘肅巡撫、陝甘總督等文職，[91]可舉出數例文武互用的例子，然其中均無文進士。[92]相較於此，進士出身的旗人官員不僅擁有武職經歷者多，更普遍在仕途的中段兼任武職，此固然是滿洲尚武精神的展現，更是清朝皇帝維護旗人儉樸特質的方法，使旗人即使與漢人同為進士出身，遷轉歷程卻極具滿洲特色。另外一方面，漢人大學士絕大多數出身自進士，可知漢人要位極人臣，取得進士功名是最基本的條件；在八旗大學士的各項出身中，除不詳者外，亦以進士為最多。然而，出身進士的旗人大學士，其仕途發展相較於筆帖式、廕生各途相對平穩，卻不突出，可知功名作為辨別官員素質高下的標準有其重要性，卻不代表科舉在八旗官員各類出身中擁有強勢的地位。

---

[90] 中國第一歷史檔案館，《乾隆朝上諭檔》，冊13，頁255-256，乾隆五十一年七月初九日。

[91] 參見《大清國史人物列傳及史館檔傳包傳稿目錄資料庫》，文獻編號：701005797，〈國史大臣列傳正編‧岳鍾琪附岳濬〉，卷122。

[92] 清‧福格，《聽雨叢談》（北京：中華書局，1984），卷1，〈文武互用〉，頁21。

第六章
結論

　　唐宋以降，科舉制度成為傳統中國取士任官最重要的管道，以非漢民族入主中原的「征服王朝」亦加以沿用，但對其中的遼（1066-1125）、金（1115-1234）、元（1271-1381）政權而言，科舉制度建立的目的是取得漢族精英的支持以穩定統治，是以主要施行於漢人群體，即使有本民族參與，亦非朝廷任官的主要方式，對其官員選拔並不重要。[1]相較於此，在同為征服王朝的清朝統治下，科舉的施行縱然存在穩定政權的意圖，但卻更進一步將其視為國家用人最主要的制度，值得注意的是，也成為旗人重要的入仕途徑。

　　科舉以文學能力為標準，藉考試定高下，講究公平原則，同時注重區域間的平衡，因此朝廷針對人數較少的偏遠地區，設定較高的錄取率，以使科場表現相對弱勢者亦能擁有競爭力，滿洲統治者便藉此為旗人設置優遇的中額，以維護統治民族的權益。由於旗人考取功名較漢人容易，在八旗科舉制度逐漸穩定後，科舉出身的八旗官員人數日漸增加，使科目成為八旗官員的重要出身之一。

　　清朝以武功立國，早在關外時期便以騎射為本，更以金朝仿漢習、忘舊制而滅國為例，告誡後世切勿「忘舊制、廢騎射，以效漢俗」。[2]然而清朝科舉制度以明制為基礎，採用儒家經典「四書」、

---

[1] 李弘祺，《學以為己：傳統中國的教育》（香港：香港中文大學出版社，2012），頁150。

[2] 清‧鄂爾泰等修，《清實錄‧太宗文皇帝實錄》（北京：中華書局，1985），卷32，頁404下，崇德元年十一月癸丑條。

「五經」為內容，是以旗人參與科舉考試無疑是「沾染漢習」之舉，明顯違反祖制，也因此在清朝初期，八旗科舉制度時廢時興。受關外時期以來氏族政治的影響，清初旗人多藉血緣、家族背景入仕，或披甲當差挑取武職，以軍功參與政治。然隨著國家承平已久，八旗人口日漸增加，既有的任官管道逐漸不符需求，且除軍事人才外，朝廷亦需要任用文學人才以利施政，入關初期，筆帖式等低階文官的考試不定期地舉行，即基於此，八旗科舉制度便應運而生。面對八旗根本與漢習間的扞格，滿洲統治者選擇在旗人應試制度中設置門檻，規定應試前必須驗看馬步箭。又因京師為八旗鄉土，旗人應試均須至順天府，使具備守衛地方職責的駐防八旗難以參與科舉；身為天潢貴冑的宗室亦禁止考試，顯示滿洲統治者試圖透過種種限制，壓抑科舉對旗人的影響。

　　清中期以後，八旗人口增加帶來的生計問題日漸嚴峻，朝廷為解決人浮於缺的問題，放寬了宗室、駐防應試的限制，僅維持騎射的門檻。史籍多載旗人騎射能力下降的例子，科舉考試前的馬步箭測驗亦曾出現弊端，是以研究者認為騎射的門檻對八旗根本的維護效果有限，科舉制度則加速了旗人騎射能力的退化。[3]然而，試前驗看馬步箭的門檻，僅施行於旗人，且朝廷更將此規定推衍至部院衙門繙譯考試、繙譯科考等所有以文學為標準，選拔旗人的考試制度，顯示其對限制旗人應試，以及八旗尚武精神的展現有其重要性，而維護騎射能力的效用，應屬因人而異。

　　另外一方面，藉科舉拓展旗人入仕途徑的同時，滿洲統治者維護滿洲特色的方式，不僅仰賴馬步箭考試。漢人欲入仕，科舉幾乎是唯一的途徑，功名亦為任官的基本條件；但旗人入仕制度的最大特色，便是多元。除蔭生、世職等仰賴血緣、家族背景的任官管道外，亦能透過部院衙門的繙譯考試，考取筆帖式、內閣中書；更能挑缺為八旗

3　章廣，〈功名的"代價"：八旗科舉與滿洲舊俗的轉變論析〉，《滿族研究》，2018：4（瀋陽，2018.12），頁53-55。

軍職,披甲當差。旗人除可在多種入仕途徑中,依據本身的條件,選擇適合的管道外,亦能先取得廩生身分再參與科舉,或先考取舉人再任筆帖式,亦即將不同的入仕方法交相運用,增加任官的籌碼。因此八旗科舉制度的建立,對旗人而言,拓展了參與政治的機會;對統治者而言,在允許旗人應試的同時,維持固有的旗人多元入仕制度,可避免八旗群體專以科目入仕,更藉官員兼任的系統,讓旗人官員即使出身科甲,亦普遍具有八旗武職的經歷,是以可免於朝廷由單一性質的文人官僚集團所主導,而使國家文、武人才兼收,得在文治、武功上均大有斬獲。

由於滿洲統治者不以科目為唯一的取才標準,是以在眾多任官途徑中,科舉出身的旗人官員遷轉優勢並不突出,藉由血緣、家族背景條件任官的廩生,仍為升遷最速的入仕管道。即使如此,在眾多旗人入仕途徑中,科舉仍屬相對優先的選項。廩生升遷速度雖快,但須具備一定的家族背景;筆帖式被視為旗人進身重要之階,但早在清前期,其遷轉已頗為耗時。相較之下,進士的遷轉時間相對平均,家族背景限制較低;八旗舉人除授的制度雖不如漢人完善,但在他途授官、遷轉壅滯時,舉人功名有助於加快升遷的速度。此外相較於漢人,八旗在應試上較有利,除授亦享有優勢,故能提供額外機會的科舉,仍成為旗人重要的入仕途徑。然而不容忽視的是,舉業需要足夠的經濟條件支持,出身自官員家族的子弟方能擁有較高的科場競爭力,因此大多出身於低階武職家族的駐防旗人,科場表現不及京旗;宗室中擁有功名者,亦大多屬於上層階級,閒散、四品宗室家族出身者無法抗衡。除科舉以外,旗人其他入仕途徑,亦有類似的情形,如侍衛為勛舊世族子弟入仕的途徑,廩生、世爵世職本有家族背景的限制。因此清朝旗人入仕途徑雖多元,資源卻集中在上層階級,下層旗人參與政治的方法則相對狹窄。

清朝科舉制度沿用明制,旗人又以漢文與漢人同場考試,故有研究者認為,八旗科舉制度的建立,是滿族走向漢化的標誌,更將旗人

在應試上享有的優遇，視為滿洲統治者對旗人應試的鼓勵。[4]然而這樣的說法，將清朝科舉制度視為單純的漢文化產物，而忽視了旗、民入仕制度根本上的差異，以及旗人運用科舉制度時的滿洲特色。包括清朝在內，征服王朝在統治漢地期間擁有共同特徵，即為保持統治優勢，而強調本民族特質，故在政治、社會、經濟、文化等各存在漢文化與本民族文化並存的二元現象，[5]在旗、民參與的科舉制度間存在明顯差異，即基於此。在漢人社會中，科舉制度的重要性不僅因為是國家用人的主要方式，更源於是人民參與政治的唯一途徑，故不分階級均以讀書為尚。然旗人雖不免因參與科舉而受儒家文化影響，但亦將滿洲固有的入仕體系，與科舉制度並用，使獨尚科目的價值觀不復存，是以旗人對科舉制度的參與，並非單方面對漢文化的接收。源於漢制的科舉制度，在旗人參與後，已產生變化而與漢人分途，成為滿洲文化的一部分。

---

[4]　張杰，〈清代科舉制度對滿族文化發展的多元影響〉，《學習與探索》，2004：4（哈爾濱，2004.04），頁131。

[5]　魏復古（Karl A. Wittfogel）著，蘇國良等譯，〈中國遼代社會史（九〇七～一一二五）總述〉，收入鄭欽仁、李明仁譯著，《征服王朝論文集》（臺北：稻鄉出版社，1999），頁11-31。

■ 附錄

附錄一　清朝江南鄉試應試、取中人數表

科年　　　人數	應試人數	取中人數	取中率（%）
康熙四十一年（1702）壬午科	13,000	83	0.6
雍正七年（1729）己酉科	13,000	104	0.8
乾隆三年（1738）戊午科	17,600	126	0.7
乾隆六年（1741）辛酉科	16,000	126	0.8
乾隆九年（1744）甲子科	13,000	126	1.0
乾隆十二年（1747）丁卯科	9,800	114	1.1
乾隆十八年（1753）癸酉科	10,000	114	1.1
乾隆二十一年（1756）丙子科	10,000	124	1.2
乾隆二十四年（1759）己卯科	10,000	114	1.1
乾隆二十五年（1760）庚辰恩科	10,000	114	1.1
嘉慶十二年（1807）丁卯科	12,500	114	0.9
嘉慶二十一年（1816）丙子科	10,000	117	1.1
道光二年（1822）壬午科	14,000	117	0.8
道光十一年（1831）辛卯恩科	14,900	117	0.8
道光二十三年（1843）癸卯科	15,000	117	0.8
光緒十一年（1885）乙酉科	19,000	147	0.8
光緒十九年（1893）癸巳恩科	17,000	145	0.9
光緒二十年（1894）甲午科	17,000	175	1.0
光緒二十三年（1897）丁酉科	23,000	145	0.6
平均	13,937	123	0.9

說　　明：1.錄取人數不包括副榜。
　　　　　2.乾隆元年將江南鄉試分為上下江，各有中額，但取中名單均合併記載於
　　　　　　《江南鄉試題名錄》，應試人數亦合計。
資料來源：1.《內閣大庫檔案資料庫》，臺北：中央研究院歷史語言研究所。
　　　　　2.《清代宮中檔奏摺及軍機處檔摺件資料庫》，臺北：國立故宮博物院。
　　　　　3.中國第一歷史檔案館攝製，《江南鄉試題名錄》、《山東鄉試題名錄》，
　　　　　　收入《清代譜牒檔案（B字號）‧縮影資料》，北京：中國第一歷史檔案
　　　　　　館技術部，1983。
　　　　　4.清‧慶桂等修，《清實錄‧高宗純皇帝實錄》，北京：中華書局，1986。
　　　　　5.清‧徐珂編撰，《清稗類鈔‧考試類》，北京：中華書局，1984。

附錄二　清朝山東鄉試應試、取中人數表

人數 科年	應試人數	取中人數	取中率（%）
康熙四十一年（1702）壬午科	5,600	60	1.1
康熙五十年（1711）辛卯科	9,000	83	0.9
康熙五十二年（1713）癸巳恩科	8,000	72	0.9
乾隆三年（1738）戊午科	11,000	76	0.7
乾隆十二年（1747）丁卯科	4,000	69	1.7
乾隆十八年（1753）癸酉科	4,100	69	1.7
乾隆二十四年（1759）己卯科	4,800	69	1.4
乾隆二十七年（1762）壬午科	4,500	69	1.5
乾隆六十年（1795）乙卯恩科	4,500	69	1.5
道光十一年（1831）辛卯恩科	8,100	71	0.9
光緒十一年（1885）乙酉科	11,000	74	0.7
光緒十九年（1893）癸巳恩科	9,500	74	0.8
光緒二十三年（1897）丁酉科	12,000	74	0.6
平均	7392	71	1.1

說明與資料來源見附錄一。

附錄三　清朝宗室鄉試取中人數折線圖

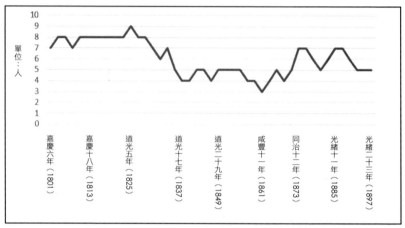

說　　明：因資料侷限，無法得知光緒十四年（1888）戊子科之取中人數，其餘宗室
　　　　　鄉試所有科別的人數均列於圖中。

資料來源：1.《清代宮中檔奏摺及軍機處檔摺件資料庫》，臺北：國立故宮博物院。
　　　　　2.清・杜受田等修、英匯等纂，《欽定科場條例》，收入《續修四庫全
　　　　　　書》，第829冊，上海：上海古籍出版社，1997。
　　　　　3.清・禮部纂輯，《欽定科場條例》，收入《近代中國史料叢刊・三編》，
　　　　　　第48輯，第471冊，臺北：文海出版社，1989。

附錄四　清朝駐防旗人進士最高官職列表

考取進士科年	姓名	駐防地	姓氏	最高官職	官品
道光三年癸未科	赫特賀	河南駐防蒙古	希爾努特氏	鑲白旗蒙古副都統 駐藏辦事大臣	正二品
道光六年丙戌科	斐仁	河南駐防蒙古	烏齊格哩氏	刑部主事	正六品
道光六年丙戌科	慶安	京口駐防蒙古	杭阿坦氏	知縣	正七品
道光六年丙戌科	朱霱	廣州駐防漢軍		試用知縣	
道光九年己丑科	倭仁	河南駐防蒙古	烏齊格哩氏	文淵閣大學士	正一品
道光十二年壬辰恩科	瑞常	杭州駐防蒙古	石爾德特氏	文淵閣大學士	正一品
道光十二年壬辰恩科	舒興阿	西安駐防滿洲	赫舍里氏	陝甘總督	從一品
道光十三年癸巳科	文秀	京口駐防蒙古		吏部主事	正六品
道光十五年乙未科	順安	京口駐防蒙古		詹事府右贊善	正六品
道光十六年丙申恩科	徐榮	廣州駐防漢軍		知府	正四品
道光十六年丙申恩科	朱朝玠	廣州駐防漢軍		知州	從五品
道光十八年戊戌科	慶雲	京口駐防蒙古	杭阿坦氏	兵備道	正四品
道光二十年庚子科	佈彥泰	京口駐防蒙古		同知	正五品
道光二十一年辛丑恩科	多仁	河南駐防蒙古	烏齊格哩氏	知縣	正七品
同治十年辛未科	善廣	京口駐防蒙古	伊普杼克氏	知縣	正七品
同治十三年甲戌科	延清	京口駐防蒙古	巴哩克氏	工部主事	正六品
光緒三年丁丑科	國炳	京口駐防蒙古	杭阿坦氏	內閣侍讀學士	從四品
光緒六年庚辰科	文煥	荊州駐防滿洲	李家哈喇	戶部主事	正六品
光緒六年庚辰科	崔永安	廣州駐防漢軍		布政使	從二品
光緒九年癸未科	承先	綏遠駐防滿洲		知縣	正七品
光緒十二年丙戌科	愛仁	京口駐防蒙古	奈曼氏	知縣	正七品
光緒十六年庚寅恩科	黃曾源	福州駐防漢軍		知府	從四品
光緒十六年庚寅恩科	桂森	京口駐防蒙古	伊普杼克氏	知縣	正七品
光緒十八年壬辰科	承勳	京口駐防蒙古	杭阿坦氏	署知縣	
光緒二十年甲午恩科	李家駒	廣州駐防漢軍		學部右丞	正三品
光緒二十一年乙未科	豐和	京口駐防蒙古	杭阿坦氏	試用知縣	
光緒二十四年戊戌科	黃誥	廣州駐防漢軍		試用道員	
光緒二十九年癸卯科	恩華	京口駐防蒙古	巴嚕特氏	吏部主事	正六品

考取進士科年	姓名	駐防地	姓氏	最高官職	官品
光緒二十九年癸卯科	延昌	京口駐防蒙古	杭阿坦氏	翰林院內閣學士	從四品
光緒三十年甲辰恩科	金梁	杭州駐防滿洲	蘇完瓜爾佳氏	內閣中書	從七品
光緒三十年甲辰恩科	雲書	京口駐防蒙古		翰林院侍講	從五品
光緒三十年甲辰恩科	景潤	河南駐防滿洲		翰林院編修	正七品

說　明：灰底為最高任官至五品以上者，其餘為六品以下。
資料來源：1.《大清國史人物列傳及史館檔傳包傳稿目錄資料庫》，臺北：國立故宮博物院。
　　　　　2.Columbia University rare & special genealogies, New York: C.V. Starr East Asian Library of Columbia University Press,2010.
　　　　　3.顧廷龍主編，《清代硃卷集成》，臺北：成文出版社，1992。
　　　　　4.秦國經主編，《中國第一歷史檔案館藏清代官員履歷檔案全編》，上海：華東師範大學出版社，1997。
　　　　　5.清‧春光纂，馬協弟點校，《京口八旗志》，收入《清代八旗駐防志叢書》，瀋陽：遼寧大學，1994。
　　　　　6.清‧希元等纂修，《荊州駐防八旗志》，收入《續修四庫全書》，冊859，上海：上海古籍出版社，1997。
　　　　　7.清‧長善等修，《駐粵八旗志》，收入《續修四庫全書》，冊860，上海：上海古籍出版社，1995。
　　　　　8.清‧世續等奉敕修，《清實錄‧德宗景皇帝實錄》，北京：中華書局，1987。
　　　　　9.清‧貽穀纂，《綏遠旗志》，收入《清代八旗駐防志叢書》，瀋陽：遼寧大學出版社，1994。
　　　　　10.愛仁纂修，《重修京口八旗志》，收入董光和、齊希編，《中國稀見地方史料集成》，冊18，北京：學苑出版社，2010。

附錄五　清朝大學士出身與初仕列表

一、八旗大學士

時間	姓名	旗籍	出身	初仕	科年、備註
康熙	蔣赫德	漢軍	明生員	秘書院副理事官	
	覺羅巴哈納	滿洲	世爵	刑部理事官	《清史列傳》載「分設佐領，巴哈納與焉」，然未提及正式職稱，故在此仍以刑部理事官為初仕官職。
	覺羅伊圖	滿洲	不詳	秘書院學士	
	圖海	滿洲	不詳	筆帖式	
	巴泰	漢軍	不詳	二等侍衛	
	對喀納	滿洲	不詳	內院筆帖式	
	索額圖	滿洲	不詳	三等侍衛	
	莫洛	滿洲	不詳	刑部理事官	
	覺羅勒德洪	滿洲	不詳	不詳	資料上最早記載官職為宗人府理事官
	明珠	滿洲	不詳	侍衛	
	伊桑阿	滿洲	進士	禮部六品筆帖式	順治十二年乙未科
	阿蘭泰	滿洲	不詳	兵部筆帖式	
	馬齊	滿洲	廕生	工部員外郎	
	佛倫	滿洲	不詳	筆帖式	
	席哈納	不詳	不詳	不詳	
	溫達	滿洲	不詳	筆帖式	
	蕭永藻	漢軍	廕生	刑部筆帖式	
	嵩祝	滿洲	世爵	佐領	
	白潢	漢軍	不詳	筆帖式	
	富寧安	滿洲	世爵	侍衛	
雍正	高其位	漢軍	不詳	筆帖式	
	孫柱	滿洲	不詳	吏科筆帖式	
	馬爾賽	滿洲	世爵	鑲紅旗護軍統領	
	尹泰	滿洲	不詳	翰林院筆帖式	

時間	姓名	旗籍	出身	初仕	科年、備註
	鄂爾泰	滿洲	舉人	佐領 三等侍衛	康熙三十八年己卯科。康熙四十二年襲佐領，同年授三等侍衛
	邁柱	滿洲	不詳	筆帖式	
	查郎阿	滿洲	世爵	佐領	
	徐元夢	滿洲	進士	戶部主事	康熙十二年癸丑科
乾隆	福敏	滿洲	進士	內閣學士兼禮部侍郎	康熙三十六年丁丑科
	訥親	滿洲	不詳	筆帖式	以筆帖式襲世爵
	慶福	滿洲	世爵	散秩大臣	
	高斌	滿洲	不詳	內務府主事	
	來保	滿洲	不詳	庫使	
	傅恆	滿洲	不詳	藍翎侍衛	
	張允隨	漢軍	監生	光祿寺典簿	
	黃廷桂	漢軍	世爵	三等侍衛	
	楊廷璋	漢軍	不詳	筆帖式	任筆帖式前先襲佐領
	尹繼善	滿洲	進士	編修	雍正元年癸卯恩科
	楊應琚	漢軍	廕生	戶部員外郎	
	阿爾泰	滿洲	貢生	宗人府筆帖式	
	高晉	滿洲	監生	知縣	
	溫福	滿洲	繙譯舉人	筆帖式	
	舒赫德	滿洲	監生	內閣中書	
	李侍堯	漢軍	廕生	印務章京	
	阿桂	滿洲	舉人	兵部主事	先以廕生任大理寺寺丞
	三寶	滿洲	繙譯進士	內閣中書	乾隆四年己未科
	英廉	漢軍	舉人	筆帖式	雍正十年壬子科
	伍彌泰	蒙古	世爵	佐領	
	和珅	滿洲	世爵	三等侍衛	
	福康安	滿洲	世爵	三等侍衛	
	阿克敦	滿洲	進士	編修	康熙四十八年己丑科
	達爾黨阿	滿洲	不詳	三等侍衛	後以三等侍衛襲世爵
	鄂彌達	滿洲	不詳	戶部筆帖式	
	兆惠	滿洲	不詳	筆帖式	

時間	姓名	旗籍	出身	初仕	科年、備註
	阿里袞	滿洲	不詳	二等侍衛	
	官保	滿洲	不詳	刑部筆帖式	
嘉慶	蘇凌阿	滿洲	繙譯舉人	內閣中書	乾隆六年辛酉科
	保寧	蒙古	世爵	三等侍衛	
	慶桂	滿洲	廕生	戶部員外郎	
	宗室祿康	滿洲	不詳	宗人府筆帖式	
	勒保	滿洲	監生	筆帖式	
	松筠	蒙古	繙譯生員	理藩院筆帖式	
	托津	滿洲	不詳	都察院筆帖式	
	明亮	滿洲	生員	整儀尉	
	書麟	滿洲	不詳	鑾儀衛整儀尉	
	覺羅吉慶	滿洲	官學生	內閣中書	
	宗室琳寧	滿洲	不詳	七品筆帖式	
	覺羅長麟	滿洲	進士	刑部主事	乾隆四十年乙未科
	百齡	漢軍	進士	編修	乾隆三十七年壬辰科
道光	伯麟	滿洲	繙譯舉人	兵部筆帖式	乾隆三十六年辛卯科
	長齡	蒙古	繙譯生員	筆帖式	
	蔣攸銛	漢軍	進士	編修	乾隆四十九年甲辰科
	富俊	蒙古	繙譯進士	禮部主事	科年不詳
	文孚	滿洲	監生	內閣中書	
	穆彰阿	滿洲	進士	檢討	嘉慶十年乙丑科
	琦善	滿洲	廕生	刑部員外郎	
	覺羅寶興	滿洲	進士	編修	嘉慶十年乙丑科
	宗室耆英	滿洲	廕生	宗人府主事	
	英和	滿洲	進士	編修	乾隆五十八年癸丑科
	覺羅伊里布	滿洲	進士	國子監典簿	嘉慶六年辛酉恩科
	宗室奕經	滿洲	不詳	頭等侍衛	以四品宗室授頭等侍衛
	宗室敬徵	滿洲	不詳	頭等侍衛	以不入八分輔國公授頭等侍衛
咸豐	賽尚阿	蒙古	繙譯舉人	理藩院學習筆帖式	嘉慶二十一年丙子科
	裕誠	滿洲	廕生	三等侍衛	
	納爾經額	滿洲	繙譯進士	妃園寢禮部主事	嘉慶八年癸亥科
	文慶	滿洲	進士	編修	道光二年壬午恩科

時間	姓名	旗籍	出身	初仕	科年、備註
	桂良	滿洲	貢生	禮部主事	
	柏葰	蒙古	進士	編修	道光六年丙戌科
	瑞麟	滿洲	生員	太常寺學習讀祝官	
	官文	滿洲	不詳	拜唐阿	
	宗室禧恩	滿洲	不詳	頭等侍衛	
	宗室肅順	滿洲	不詳	散秩大臣	
同治	倭仁	蒙古	進士	編修	道光九年己丑科
	瑞常	蒙古	進士	編修	道光十二年壬辰恩科
	文祥	滿洲	進士	工部主事	道光二十五年乙巳恩科
	寶鋆	滿洲	進士	禮部主事	道光十八年戊戌科
	麟魁	滿洲	進士	刑部主事	道光六年丙戌科
光緒	英桂	滿洲	繙譯舉人	內閣中書	道光元年辛巳恩科
	宗室載齡	滿洲	進士	檢討	道光二十一年辛丑恩科
	全慶	滿洲	進士	編修	道光九年己丑科。先由二品廕生任兵部主事、大理寺寺丞後,後考取進士
	宗室靈桂	滿洲	進士	編修	道光十八年戊戌科
	文煜	滿洲	官學生	庫使	
	額勒和布	滿洲	繙譯進士	戶部主事	咸豐二年壬子恩科
	恩承	滿洲	繙譯生員	侍衛處筆帖式	
	宗室福錕	滿洲	進士	吏部主事	咸豐九年己未科
	宗室麟書	滿洲	進士	宗人府主事	咸豐三年癸丑科
	宗室崑岡	滿洲	進士	編修	同治元年壬戌科
	徐桐	漢軍	進士	編修	道光三十年庚戌科
	榮祿	滿洲	廕生	工部主事	後襲世爵
	崇禮	漢軍	不詳	拜唐阿	
	宗室敬信	滿洲	不詳	宗人府效力筆帖式	
	裕德	滿洲	進士	編修	光緒二年丙子恩科
	世續	滿洲	舉人	主事	光緒元年乙亥恩科
	那桐	滿洲	舉人	戶部主事	光緒十一年乙酉科

時間	姓名	旗籍	出身	初仕	科年、備註
	剛毅	滿洲	繙譯生員	筆帖式	
	榮慶	蒙古	進士	編修	光緒十二年丙戌科

二、漢人大學士

時間	姓名	出身	初仕	科年
康熙	李霨	進士	檢討	順治三年丙戌科
	孫廷銓	進士	降清後任天津推官	明崇禎十三年庚辰科
	杜立德	進士	降清後任中書科中書	明崇禎十六年癸未科
	魏裔介	進士	工部給事中	順治三年丙戌科進士
	馮溥	進士	編修	順治四年丁亥科進士
	衛周祚	進士	投清後授吏部郎中	明崇禎十年丁丑科
	熊賜履	進士	檢討	順治十五年戊戌科
	王熙	進士	檢討	順治四年丁亥科
	黃機	進士	弘文院編修	順治四年丁亥科
	吳正治	進士	國史院編修	順治六年己丑科
	宋德宜	進士	編修	順治十二年乙未科
	余國柱	進士	推官	順治九年壬辰科
	李之芳	進士	推官	順治四年丁亥科
	梁清標	進士	投清後仍原官編修	明崇禎十六年癸未科
	徐元文	進士	翰林院修撰	順治十六年己亥科
	張玉書	進士	編修	順治十八年辛丑科
	李天馥	進士	檢討	順治十五年戊戌科
	吳琠	進士	知縣	順治十六年己亥科
	張英	進士	編修	康熙六年丁未科
	陳廷敬	進士	秘書院檢討	順治十五年戊戌科
	李光地	進士	編修	康熙九年庚戌科
	王掞	進士	編修	康熙九年庚戌科
	王頊齡	進士	太常寺博士	康熙十五年丙辰科
雍正	張鵬翮	進士	刑部主事	康熙九年庚戌科
	朱軾	進士	知縣	康熙三十三年甲戌科
	田從典	進士	知縣	康熙二十七年戊辰科

時間	姓名	出身	初仕	科年
	張廷玉	進士	檢討	康熙三十九年庚辰科
	蔣廷錫	進士	編修	康熙四十二年癸未科
	陳元龍	進士	編修	康熙二十四年乙丑科
	嵇曾筠	進士	編修	康熙四十五年丙戌科
乾隆	徐本	進士	編修	康熙五十七年戊戌科
	趙國麟	進士	知縣	康熙四十八年己丑科
	陳世倌	進士	編修	康熙四十二年癸未科
	史貽直	進士	檢討	康熙三十九年庚辰科
	劉於義	進士	編修	康熙五十一年壬辰科
	蔣溥	進士	編修	雍正八年庚戌科
	劉統勳	進士	編修	雍正二年甲辰科
	劉綸	博學鴻詞	編修	
	陳宏謀	進士	檢討	雍正元年癸卯恩科
	于敏中	進士	修撰	乾隆二年丁巳恩科
	程景伊	進士	編修	乾隆四年己未科
	嵇璜	進士	編修	雍正八年庚戌科
	蔡新	進士	編修	乾隆元年丙辰科
	梁國治	進士	修撰	乾隆十三年戊辰科
	王杰	進士	修撰	乾隆二十六年辛巳恩科
	孫士毅	進士	內閣中書	乾隆二十六年辛巳恩科
	陳大受	進士	編修	雍正十一年癸丑科
	汪由敦	進士	編修	雍正二年甲辰科
	梁詩正	進士	編修	雍正八年庚戌科
	孫嘉淦	進士	檢討	康熙五十二年癸巳恩科
	莊有恭	進士	修撰	乾隆四年己未科
	劉墉	進士	編修	乾隆十六年辛未科
	彭元瑞	進士	編修	乾隆二十二年丁丑科
嘉慶	董誥	進士	編修	乾隆二十八年癸未科
	朱珪	進士	編修	乾隆十三年戊辰科
	費淳	進士	刑部主事	乾隆二十八年癸未科
	戴衢亨	進士	修撰	乾隆四十三年戊戌科
	劉權之	進士	編修	乾隆二十五年庚辰
	曹振鏞	進士	編修	乾隆四十六年辛丑科

時間	姓名	出身	初仕	科年
	章煦	進士	內閣中書	乾隆三十七年壬辰科
	戴均元	進士	編修	乾隆四十年乙未科
	紀昀	進士	編修	乾隆十九年甲戌科
	鄒炳泰	進士	編修	乾隆三十七年壬辰科
	吳璥	進士	編修	乾隆四十三年戊戌科
道光	孫玉庭	進士	檢討	乾隆四十年乙未科
	盧蔭溥	進士	編修	乾隆四十六年辛丑科
	潘世恩	進士	修撰	乾隆五十八年癸丑科
	阮元	進士	編修	乾隆五十四年己酉科
	王鼎	進士	編修	嘉慶元年丙辰科
	卓秉恬	進士	檢討	嘉慶七年壬戌科
	祁寯藻	進士	編修	嘉慶十九年甲戌科
	汪廷珍	進士	編修	乾隆五十四年己酉科
	李鴻賓	進士	檢討	嘉慶六年辛酉恩科
	湯金釗	進士	編修	嘉慶四年己未科
	陳官俊	進士	編修	嘉慶十三年戊辰科
	杜受田	進士	編修	道光三年癸未科
咸豐	賈楨	進士	編修	道光六年丙戌科
	葉名琛	進士	編修	道光十五年乙未科
	彭蘊章	進士	工部主事	道光十五年乙未科
	翁心存	進士	編修	道光二年壬午恩科
	周祖培	進士	編修	嘉慶二十四年己卯恩科
同治	曾國藩	進士	檢討	道光十八年戊戌科
	朱鳳標	進士	編修	道光十二年壬辰恩科
	李鴻章	進士	編修	道光二十七年丁未科
	單懋謙	進士	編修	道光十二年壬辰恩科
	左宗棠	舉人	同知	道光十二年壬辰科
	駱秉章	進士	編修	道光十二年壬辰恩科
光緒	閻敬銘	進士	戶部主事	道光二十五年乙巳恩科
	張之萬	進士	修撰	道光二十七年丁未科
	王文韶	進士	戶部主事	咸豐二年壬子恩科
	孫家鼐	進士	修撰	咸豐九年己未科
	張之洞	進士	編修	同治二年癸亥恩科

時間	姓名	出身	初仕	科年
	沈桂芬	進士	編修	道光二十七年丁未科
	李鴻藻	進士	編修	咸豐二年壬子恩科
	翁同龢	進士	修撰	咸豐六年丙辰科
	徐郙	進士	修撰	同治元年壬戌科
	瞿鴻禨	進士	編修	同治十年辛未科
宣統	鹿傳霖	進士	廣西知縣	同治元年壬戌科
	陸潤庠	進士	修撰	同治十三年甲戌科
	徐世昌	進士	編修	光緒十二年丙戌科
	戴鴻慈	進士	編修	光緒二年丙子恩科
	李殿林	進士	編修	同治十年辛未科

說　　明：1.清初內閣制與內三院制度時廢時興，至康熙九年方正式確立，故本表從康熙九年後列起。

2.同一人或有兩種以上入仕方式，故「出身」欄將以主導日後任官走向者為準；又任官後，再以別途入仕者，若無法判別任官走向由何途主導，則以時間早者為準。

3.僅任協辦大學士而未擔任大學士者，列於該時段最後，並以網底灰色表示。

資料來源：1.《大清國史人物列傳及史館檔傳包傳稿資料庫》，臺北：國立故宮博物院藏。

2.《愛新覺羅宗譜·丁冊》，收入《中國少數民族古籍集成（漢文版）》，成都：四川民族出版社，2002。

3.王鍾翰點校，《清史列傳》，北京：中華書局，1987。

4.民國·趙爾巽等撰，《清史稿》，北京：中華書局，1976-1977。

5.清·鄂爾泰等修，《八旗通志·初集》，長春：東北師範大學出版社，1985。

6.清·鄂爾泰等奉敕修，《清實錄太宗文皇帝實錄》，北京：中華書局，1985。

7.清·錢儀吉纂錄，《碑傳集》，收入周駿富輯，《清代傳記叢刊·綜錄類3》，臺北：明文書局，1985。

8.東方學會編，《國史列傳》，收入周駿富輯，《清代傳記叢刊·名人類1》，臺北：明文書局，1986。

9.江慶柏編著，《清朝進士題名錄》，北京：中華書局，2007。

附錄六　清朝進士出身漢人大學士各階段遷轉時間表

科別、姓名　　各階段遷轉時間（年）	中式→五品	五品→三品	三品→一品	一品→（協辦）大學士	合計
康熙九年（1670）庚戌科　張鵬翮	不詳	不詳	12	26	
康熙二十四年（1685）乙丑科　陳元龍	9	9	15	10	43
康熙二十七年（1688）戊辰科　田從典	16	7	8	5	36
康熙三十三年（1694）甲戌科　朱軾	12	9	5	5	31
康熙三十九年（1700）庚辰科　張廷玉	15	1	6	3	25
康熙三十九年（1700）庚辰科　史貽直	17	6	7	13	43
康熙四十二年（1703）癸未科　蔣廷錫	不詳	不詳	9	2	
康熙四十二年（1703）癸未科　陳世倌	11	10	15	2	38
康熙四十五年（1706）丙戌科　嵇曾筠	15	2	5	5	27
康熙四十八年（1709）己丑科　趙國麟	10	5	14	1	30
康熙五十一年（1712）壬辰科　劉於義	11	3	5	13	32
康熙五十二年（1713）癸巳恩科　孫嘉淦	13	3	6	17	39
康熙五十七年（1718）戊戌科　徐本	9	2	4	1	16
雍正元年（1723）癸卯恩科　陳宏謀	3	7	24	7	41
雍正二年（1724）甲辰科　劉統勳	9	2	6	18	35
雍正二年（1724）甲辰科　汪由敦	9	3	8	5	25
雍正八年（1730）庚戌科　蔣溥	4	5	9	5	23
雍正八年（1730）庚戌科　嵇璜	12	5	11	21	49
雍正八年（1730）庚戌科　梁詩正	4	4	7	4	19
雍正十一年（1733）癸丑科　陳大受	4	1	9	1	15
乾隆元年（1736）丙辰科　蔡新	9	7	16	12	44
乾隆二年（1737）丁巳恩科　于敏中	9	7	12	6	34
乾隆四年（1739）己未科　程景伊	9	5	16	4	34
乾隆四年（1739）己未科　莊有恭	不詳	不詳	20	1	
乾隆十三年（1748）戊辰科　梁國治	9	5	15	6	35
乾隆十三年（1748）戊辰科　朱珪	4	11	32	7	54
乾隆十六年（1751）辛未科　劉墉	4	17	9	4	34
乾隆十九年（1752）甲戌科　紀昀	9	16	6	20	51

各階段遷轉時間（年） 科別、姓名	中式→五品	五品→三品	三品→一品	一品→（協辦）大學士	合計
乾隆二十二年（1757）丁丑科 彭元瑞	11	5	13	4	33
乾隆二十五年（1760）庚辰科 劉權之	24	2	13	6	45
乾隆二十六年（1761）辛巳恩科 王杰	6	4	11	5	26
乾隆二十六年（1761）辛巳恩科 孫士毅	不詳	不詳	10	5	
乾隆二十八年（1763）癸未科 董誥	9	2	13	9	33
乾隆二十八年（1763）癸未科 費淳	6	12	18	6	42
乾隆三十七年（1772）壬辰科 章煦	19	13	9	1	42
乾隆三十七年（1772）壬辰科 鄒炳泰	15	2	16	6	39
乾隆四十年（1775）乙未科 戴均元	18	7	14	3	42
乾隆四十年（1775）乙未科 孫玉庭	11	10	20	5	46
乾隆四十三年（1778）戊戌科 戴衢亨	16	4	4	5	29
乾隆四十三年（1778）戊戌科 吳璥	7	6	17	12	42
乾隆四十六年（1781）辛丑科 曹振鏞	7	7	8	7	29
乾隆四十六年（1781）辛丑科 盧蔭溥	22	9	5	10	46
乾隆五十四年（1789）己酉科 阮元	2	0	25	16	43
乾隆五十四年（1789）己酉科 汪廷珍	2	15	11	8	36
乾隆五十八年（1793）癸丑科 潘世恩	5	0	14	21	40
嘉慶元年（1796）丙辰科 王鼎	10	6	10	13	39
嘉慶四年（1799）己未科 湯金釗	12	3	13	11	39
嘉慶六年（1801）辛酉恩科 李鴻賓	8	6	7	8	29
嘉慶七年（1802）壬戌科 卓秉恬	11	20	4	4	39
嘉慶十三年（1808）戊辰科 陳官俊	10	16	5	5	36
嘉慶十九年（1814）甲戌科 祁寯藻	14	5	6	10	35
嘉慶二十四年（1819）己卯恩科 周祖培	14	5	13	7	39
道光二年（1822）壬午恩科 翁心存	8	19	2	5	34
道光三年（1823）癸未科 杜受田	14	1	6	6	27
道光六年（1826）丙戌科 賈楨	7	7	7	5	26
道光十二年（1832）壬辰恩科 朱鳳標	9	4	6	17	36

各階段遷轉時間（年） 科別、姓名		中式→ 五品	五品→ 三品	三品→ 一品	一品→ （協辦） 大學士	合計
道光十二年（1832）壬辰恩科	駱秉章	6	10	12	7	35
道光十二年（1832）壬辰恩科	單懋謙	8	18	5	9	40
道光十五年（1835）乙未科	葉名琛	3	3	11	3	20
道光十五年（1835）乙未科	彭蘊章	5	5	9	1	20
道光十八年（1838）戊戌科	曾國藩	5	4	13	2	24
道光二十五年（1845）乙巳恩科	閻敬銘	15	1	21	2	39
道光二十七年（1847）丁未科	李鴻章	15	0	5	1	21
道光二十七年（1847）丁未科	張之萬	12	2	10	14	38
道光二十七年（1847）丁未科	沈桂芬	5	5	12	6	28
咸豐二年（1852）壬子恩科	王文韶	9	6	22	10	47
咸豐二年（1852）壬子恩科	李鴻藻	10	2	7	10	29
咸豐六年（1856）丙辰科	翁同龢	10	4	8	19	41
咸豐九年（1859）己未科	孫家鼐	5	15	11	8	39
同治元年（1862）壬戌科	鹿傳霖	10	7	16	12	45
同治元年（1862）壬戌科	徐郙	9	8	13	8	38
同治二年（1863）癸亥恩科	張之洞	17	1	3	23	44
平均		10.0	6.4	11.0	8.0	35

說　　明：同治十年辛未科進士瞿鴻禨、李殿林、光緒十二年丙戌科進士徐世昌、戴鴻慈，因仕途歷經清末新政，官職系統與前相左，不計。

資料來源：1.《大清國史人物列傳及史館檔傳包傳稿資料庫》，臺北：國立故宮博物院藏。

　　　　　2.王鍾翰點校，《清史列傳》，北京：中華書局，1987。

▌後記

　　本書雖以清代科舉為研究主題，在博士論文的基礎上改寫而成，但實際上，本身碩士班期間研究的主題是明史。後進入臺師大博士班，選修了葉高樹老師的「清史研究專題」課程，方對清史研究燃起興趣。隨後在林麗月老師的「明史專題研究」課堂上，以碩士論文為基礎，撰寫了明代科舉錄中軍戶出身者的家族背景研究報告，又受葉老師對旗學、繙譯科考的研究啟發，方決定以清代八旗科舉制度為博士論文的研究主題。

　　慚愧的是，自己能力不足，未能兼顧家庭與學業多方角色，導致論文撰寫的進度緩慢，最終在各位師長與家人的幫助下，才能在時限內完成，而有本書的出版。在此過程中，最必須感謝的是指導教授葉高樹老師，在繁忙的公務中仍仔細查看我的文章，除不厭其煩地與我討論文章的論述邏輯外，也屢次強調不能忽略讀者的感受，完成後須口頭念誦以求文字通順、簡潔，更在我就學期間，於學術以外的領域亦多次給予受用無窮的建議。感謝莊吉發老師，讓我能在滿文課上吸收精闢的研究見解，老師對檔案、滿文的要求也讓我深受影響，溫和、幽默的談吐，也使我在茫然無措的研究生生涯中感到踏實。也要感謝林士鉉老師從初步、雜亂的構想始，直至論文口試，均給予我相當受用的提點，老師提供的建議經常幫助我展開不同的思路。感謝邱麗娟老師、張秀蓉老師遠道而來參與論文口試，邱老師詳盡的叮嚀與建議，與張老師廣而深的意見讓我能注意到以往忽略的問題。感謝我碩士論文的指導教授鄭永常老師，即使本書並非相同領域，但若非老師手把手地從最基本的史料應用，至文章、段落的編排、閱讀史料

的方法，為我打下基礎，此書便不復存。寫作雖只能由個人完成，但研究須有眾人的砥礪，感謝劉世珣、鹿智鈞、蔡松穎、吳政緯、洪慈惠、林柏安等學友長時間以來的幫助與陪伴；以及系辦公室的美芳助教、文珠助教、詠芝助教、翁阿姨、林阿姨在行政上的諸多協助。倘若本書的內容有任何可取之處，均是因為在這段不算短的時間中，有各位的扶持。

在中國史的研究範圍中，清史以研究資料浩如煙海為著，且清朝為非漢民族所建立，統治原則、政府組織相較於漢民族政權極具特色，使清史研究具備吸引力與挑戰性。八旗以國語騎射為根本，與漢文化的產物——科舉間，從制度建立始，便是一連串在衝突、矛盾下不斷調整的過程，其結果對清朝的統治特色、滿漢官員間的關係等各方面均造成影響，拙著主要從制度面切入，但此課題仍有許多待開發之處，希冀日後能再有機會多方深究。

最後，感謝我的家人，特別是我的先生和女兒，你們是我生活和情感上的最大寄託，我何其幸運能擁有你們的支持，僅在此以隻字片語表達無限的感謝。

杜祐寧

▌徵引書目

一、檔案資料

寧波市天一閣博物館整理，《天一閣藏明代科舉錄選刊·登科錄》，寧波：寧波出版社，2006。

滿文老檔研究會譯註，《滿文老檔》，東京：東洋文庫，1955-1963。

東洋文庫、清朝滿洲語檔案史料の総合的研究チーム譯註，《內国史院檔·天聰八年·本文》，東京：東洋文庫，2009。

中國第一歷史檔案館編，《清初內國史院滿文檔案譯編》，北京：光明日報出版社，1989。

河內良弘譯註，《中國第一歷史檔案館藏：內國史院滿文檔案譯註——崇德二、三年分》，京都：松香堂書店，2010。

季永海、劉景憲譯編，《崇德三年滿文檔案譯編》，瀋陽：遼瀋書社，1988。

《內閣大庫檔案資料庫》，臺北：中央研究院歷史語言研究所。

《清代宮中檔奏摺及軍機處檔摺件資料庫》，臺北：國立故宮博物院。

《大清國史人物列傳及史館檔傳包傳稿目錄資料庫》，臺北：國立故宮博物院。

中國第一歷史檔案館技術部攝製，《軍機處錄副奏摺》，北京：中國第一歷史檔案館，1986-1989。

秦國經主編，《中國第一歷史檔案館藏清代官員履歷檔案全編》，上海：華東師範大學出版社，1997。

中國第一歷史檔案館編譯，《康熙朝滿文硃批奏摺全譯》，北京：中國社會科學出版社，1996。

中國第一歷史檔案館整理，《康熙起居注》，北京：中華書局，2009。

清·庫勒納等奉敕撰，《清代起居注冊·康熙朝》，臺北：聯經出版社，2009。

《康熙四十二年癸未科三代進士履歷》，臺北：國家圖書館藏。

清·徐日暄、田軒來主考，《順天鄉試錄康熙甲午科》，清康熙五十三年刻

本，華盛頓：美國國會圖書館藏。

中國第一歷史檔案館編，《雍正朝起居注冊》，北京：中華書局，1993。

中國第一歷史檔案館，〈清初編審八旗男丁滿文檔案選譯〉，《歷史檔案》，1988：4，北京，1988.11，頁10-13。

中國第一歷史檔案館編，《乾隆帝起居注》，桂林：廣西師範大學出版社，2002。

中國第一歷史檔案館，《乾隆朝上諭檔》，北京：檔案出版社，1998。

《順天鄉試同年齒錄（乾隆甲寅恩科）》，華盛頓：美國國會圖書館藏。

《會試齒錄（嘉慶元年）》，臺北：傅斯年圖書館藏善本。

中國第一歷史檔案館編，《嘉慶道光兩朝上諭檔》，桂林：廣西師範大學出版社，2000。

《咸豐九年己未科會試齒錄》，臺北：傅斯年圖書館藏古籍線裝書。

中國第一歷史檔案館編，《咸豐同治兩朝上諭檔》，桂林：廣西師範大學出版社，1998。

《光緒二年丙子恩科會試同年齒錄》，臺北：傅斯年圖書館藏古籍線裝書。

《光緒二十四年戊戌科會試齒錄》，臺北：傅斯年圖書館藏古籍線裝書。

《（光緒辛丑壬寅恩正併科）會試同年齒錄》，臺北：傅斯年圖書館藏古籍線裝書。

王鍾翰點校，《清史列傳》，北京：中華書局，1987。

民國・趙爾巽等撰，《清史稿》，北京：中華書局，1976-1977。

《中國科舉文獻叢錄・中國科舉錄匯編》，北京：全國圖書館文獻縮微複製中心，2010。

《中國科舉文獻叢錄・中國科舉錄續編》，北京：全國圖書館文獻縮微複製中心，2010。

《進士三代履歷便覽》，收入《國立公文書館所藏書目（28）》，東京：國立公文書館，2012。

中國第一歷史檔案館攝製，《內閣進士登科錄》，收入《清代譜牒檔案（B字號）・縮影資料》，北京：中國第一歷史檔案館技術部，1983。

中國第一歷史檔案館攝製，《內閣鄉試題名錄》，收入《清代譜牒檔案（B字號）・縮影資料》，北京：中國第一歷史檔案館技術部，1983。

中國第一歷史檔案館攝製，《內閣會試題名錄》，收入《清代譜牒檔案（B字號）・縮影資料》，北京：中國第一歷史檔案館技術部，1983。

顧廷龍主編，《清代硃卷集成》，臺北：成文出版社，1992。

Columbia University rare & special genealogies, New York: C.V. Starr East Asian Library of Columbia University Press,2010.

二、官書典籍

清・鄂爾泰等奉敕修，《清實錄・世祖章皇帝實錄》，北京：中華書局，1985。

清・鄂爾泰等修，《清實錄・太宗文皇帝實錄》，北京：中華書局，1985。

清・伊桑阿等纂修，《大清會典（康熙朝）》，收入《近代中國史料叢刊・三編》，第72-73輯，第711-730冊，臺北：文海出版社，1992。

清・允祿等監修，《大清會典（雍正朝）》，收入《近代中國史料叢刊・三編》，第77-79輯，第761-790冊，臺北：文海出版社，1992。

清・鄂爾泰等修，《八旗通志・初集》，長春：東北師範大學出版社，1985。

清・馬齊等修，《清實錄・聖祖仁皇帝實錄》，北京：中華書局，1985。

清・鄂爾泰等修，《清實錄・世宗憲皇帝實錄》，北京，中華書局，1985。

清・允祹等奉敕撰，《欽定大清會典則例（乾隆朝）》，收入《景印文淵閣四庫全書》，第620-625冊，臺北：臺灣商務印書館，1983。

清・張廷玉等撰，《明史》，北京：中華書局，1974。

清・素爾納等撰，《欽定學政全書》，收入《續修四庫全書》，第828冊，上海：上海古籍出版社，1997。

清・傅恒等奉敕撰，《御製增訂清文鑑》，收入《景印文淵閣四庫全書》，第232-233冊，臺北：臺灣商務印書館，1983。

清・鐵保等奉敕撰，《欽定八旗通志》，收入《景印文淵閣四庫全書》，第664-671冊，臺北：臺灣商務印書館，1983。

《欽定宗人府則例》，乾隆五十七年纂修，嘉慶七年八月抄送，收入《清代各部院則例》，冊10，香港：蝠池書院，2004。

清・法式善，《清祕述聞三種》，北京：中華書局，1982。

清・法式善，《槐廳載筆》，收入《近代中國史料叢刊》，第32輯，第315冊，臺北：文海出版社，1969。

清・托津等奉敕纂，《欽定大清會典事例（嘉慶朝）》，收入《近代中國史料叢刊・三編》，第65-70輯，第641-700冊，臺北：文海出版社，1991。

清・慶桂等修，《清實錄・高宗純皇帝實錄》，北京：中華書局，1986。

清・恭阿拉等纂，《欽定學政全書（嘉慶朝）》，《清代各部院則例》，冊16，香港：蝠池書院，2004。

《六部成語》，烏魯木齊：新疆人民出版社，1990。

清・曹振鏞等修，《清實錄・仁宗睿皇帝實錄》，北京：中華書局，1986。

清・錢儀吉，《碑傳集》，北京：中華書局，1993。

清・昭槤撰，《嘯亭雜錄》，北京：中華書局，1980。

清・特登額等纂，《欽定禮部則例（道光朝）》，收入《清代各部院則例》，冊20，香港：蝠池書院，2004。

清・杜受田等修、英匯等纂，《欽定科場條例》，收入《續修四庫全書》，第829-830冊，上海：上海古籍出版社，1995。

清・文慶等修，《清實錄・宣宗成皇帝實錄》，北京：中華書局，1986。

清・承啟等纂，《欽定戶部則例（同治朝）》，收入《清代各部院則例》，冊39，香港：蝠池書院，2004。

清・蔣啟勳、趙佑宸修，汪士鐸等纂，《同治續纂江寧府志》，收入《中國地方志集成・江蘇府縣志輯（2）》，南京：江蘇古籍出版社，1991。

清・李玉宣等修，衷興鍵等纂，莊劍校點，《同治重修成都縣志》，收入《成都舊志叢書（12）・成都舊志・通志類》，成都：成都時代出版社，2007。

清・福格，《聽雨叢談》，北京：中華書局，1984。

清・李桓輯，《國朝耆獻類徵初編》，收入周駿富輯，《清代傳記叢刊・綜錄類》，臺北：明文書局，1985，冊127-191。

清・寶鋆等奉敕修，《清實錄・穆宗毅皇帝實錄》，北京：中華書局，1987。

清・春光纂，馬協弟點校，《京口八旗志》，收入《清代八旗駐防志叢書》，瀋陽：遼寧大學，1994。

清・希元等纂修，《荊州駐防八旗志》，收入《續修四庫全書》，第859冊，上海：上海古籍出版社，1997。

清・陳康祺，《郎潛紀聞》，北京：中華書局，1984。

清・長善等修，清・劉彥明纂，《駐粵八旗志》，收入《續修四庫全書》，第859-860冊上海：上海古籍出版社，1997。

清・崑岡等修，《欽定大清會典事例（光緒朝）》，收入《續修四庫全書》，第798-814冊，上海：上海古籍出版社，1997。

清・禮部纂輯，《欽定科場條例》，收入《近代中國史料叢刊・三編》，第48輯，第471-481冊，臺北：文海出版社，1989。

清・瑞聯編，《宗室貢舉備考》，收入《近代中國史料叢刊》，第39輯，第381冊，臺北：文海出版社，1969。

清・張大昌輯，《杭州八旗駐防營志略》，收入《續修四庫全書》，第859冊，上海：上海古籍出版社，1997。

清・禮部纂輯，《續增科場條例》，收入《近代中國史料叢刊・三編》，第

49輯，第481-486冊，臺北：文海出版社，1989。

清·貽穀纂，《綏遠旗志》，收入《清代八旗駐防志叢書》，瀋陽：遼寧大學出版社，1994。

清·世續等奉敕修，《清實錄·德宗景皇帝實錄》，北京：中華書局，1987。

清·徐珂編撰，《清稗類鈔》，北京：中華書局，1984。

清·張曜、楊士驤等修，孫葆田纂，《山東通志》，收入《山東文獻集成》，第一輯，冊24，濟南：山東大學出版社，2006。

愛仁纂修，《重修京口八旗志》，收入童光和、齊希編，《中國稀見地方史料集成》，冊18，北京：學苑出版社，2010。

《愛新覺羅宗譜》，收入《中國少數民族古籍集成（漢文版）》，第42-51冊，成都：四川民族出版社，2002。

陳衍、沈瑜慶纂修，福建省教育廳續修，《福建通志》，福州：福建通志局，1938。

民國·張仲炘、楊承禧等撰，《湖北通志》，收入《中國省志彙編之五》，臺北：華文書局，1967。

民國·吳廷錫纂，《續修陝西通志稿》，收入《中國省志彙編（十五）·陝西通志續通志（二十）》，臺北：華文書局，1969。

三、專書著作

卜永堅、李林主編，《科場·八股·世變——光緒十二年丙戌科進士群體研究》，香港：中華書局，2015。

王秀芹，《清代京旗科舉制度研究》，北京：中央民族大學歷史文化學院碩士論文，2013。

王凱旋，《清代八旗科舉述要》，北京：人民日報出版社，2015。

王億超，《清代滿官仕進與遷轉路徑分析——以滿漢內閣大學士群體為樣本》，北京：中國政法大學中國古代史碩士論文，2015。

古鴻廷，《清代官制研究》，臺北：五南出版社，2005。

江慶柏編著，《清朝進士題名錄》，北京：中華書局，2007。

艾永明，《清朝文官制度》，北京：商務印書館，2003。

何炳棣著，葛劍雄譯，《明初以降人口及其相關問題：1368～1953》，北京：生活·讀書·新知三聯書店，2000。

何炳棣著，徐泓譯，《明清社會史論》，臺北：聯經出版公司，2013。

吳健，《駐防旗人科舉考試的若干問題研究——以《清代硃卷集成》為中心》，武漢：湖北省社會科學院碩士論文，2017。

宋夏，《乾隆朝漢軍旗官員群體研究》，哈爾濱：黑龍江大學中國古代史碩士論文，2014。

李世愉、胡平，《中國科舉制度通史‧清代卷》，上海：上海人民出版社，2015。

李弘祺，《宋代官學教育與科舉》，臺北：聯經出版公司，1993。

李弘祺，《學以為己：傳統中國的教育》，香港：香港中文大學出版社，2012。

李潤強，《清代進士群體與學術文化》，北京：中國社會科學出版社，2007。

杜家驥，《八旗與清朝政治論稿》，北京：人民出版社，2008。

周遠廉，《順治帝》，長春：吉林文史出版社，1993。

定宜庄，《清代八旗駐防研究》，遼陽：遼寧民族出版社，2002。

邸永君，《清代滿蒙翰林群體研究》，哈爾濱：黑龍江人民出版社，2005。

邸永君，《清代翰林院制度》，北京：社會科學文獻出版社，2007。

科瓦利琴科主編，聞一、蕭吟譯，《計量歷史學》，成都：四川人民出版社，1987。

美‧安熙龍（Robert B. Oxnam）著，陳晨譯，《馬上治天下：鰲拜輔政時期的滿人政治：1661-1669》，北京：中國人民大學出版社，2020。

美‧拉鐵摩爾著，唐曉峰譯，《中國的亞洲內陸邊疆》，南京：江蘇人民出版社，2005。

馬鏞，《清代鄉會試同年齒錄研究》，上海：上海科學技術文獻出版社，2013。

商衍鎏，《清代科舉考試述錄》，北京：故宮出版社，2014。

張仲禮著，李榮昌譯，《中國紳士：關於其在19世紀中國社會中作用的研究》，上海：上海社會科學院出版社，1991。

張杰，《清代科舉家族》，北京：社會科學文獻出版社，2003。

張振國，《清代文官選任制度研究》，天津：南開大學歷史學博士論文，2010。

張晉藩、郭成康，《清入關前國家法律制度史》，瀋陽：遼寧人民出版社，1988。

馮爾康，《清代人物傳記史料研究》，北京：商務印書館，2000。

馮爾康，《雍正傳》，臺北：臺灣商務印書館，2015。

黃麗君，《化家為國：清代中期內務府的官僚體制》，臺北：國立臺灣大學出版中心，2020。

葉高樹，《清朝前期的文化政策》，臺北：稻鄉出版社，2009。

路康樂（Edward J. M. Rhpads）著，王琴、劉潤堂譯，《滿與漢──清末民族的族群關係與政治權力（1861-1928）》，北京：中國人民大學出版社，2010。

雷炳炎，《清代八旗世爵世職研究》，長沙：中南大學出版社，2006。

雷炳炎，《清代社會八旗貴族世家勢力研究》，北京：中國社會科學出版社，2016。

趙然，《康雍乾時期八旗滿洲進士述論》，瀋陽：遼寧大學中國古代史碩士論文，2013。

齊如山，《中國的科名》，瀋陽：遼寧教育出版社，2006。

劉丹楓，《清代武進士仕途研究》，瀋陽：遼寧大學中國古代史碩士論文，2012。

劉世珣，《清中期以後的旗務政策（1780-1911）》，臺北：國立臺灣師範大學歷史學系碩士論文，2012。

滕紹箴，《清代八旗子弟》，北京：中國華僑出版公司，1989。

潘洪綱，《清代八旗駐防族群的社會變遷》，北京：人民出版社，2018。

蔡松穎，《皇太極時期的漢官（1627-1643）》，臺北：國立臺灣師範大學歷史學系碩士論文，2011。

鄭若玲，《科舉、高考與社會之關係研究》，武漢：華中師範大學出版社，2007。

蕭宗志，《候補文官群體與晚清政治》，成都：巴蜀書社，2007。

蕭啟慶，《元代進士輯考》，臺北：中央研究院歷史語言研究所，2012。

賴惠敏，《天潢貴冑──清皇族的階層結構與經濟生活》，臺北，中央研究院近代史研究所，1997。

賴惠敏，《清代的皇權與世家》，北京：北京大學出版社，2010。

錢實甫，《清代職官年表》，北京：中華書局，1980。

鍾毓龍，《科場回憶錄》，杭州：浙江古籍出版社，1987。

韓曉潔，《清代滿人入仕途徑與清代政治研究》，瀋陽：遼寧師範大學碩士論文，2006。

羅威廉（William T. Rowe）著，李仁淵譯，《中國最後的帝國：大清王朝》，臺北：臺灣大學出版中心，2016。

關文發，《嘉慶帝》，長春：吉林文史出版社，1993。

杉山清彦，《大清帝国の形成と八旗制》，名古屋市：名古屋大學出版会，2015。

村上信明，《清朝的蒙古旗人》，東京：風響社，2007。

宮崎市定，《科舉──中国の試驗地獄》，東京：中央公論社，1980。

宮崎市定，《科舉史》，東京：平凡社，1987。

Esherick, Joseph and Rankin Mary Backus. "Introduction," *Chinese Local Elite and the Pattern of Dominance*, Berkeley and Los Angles: University of California Press,1990.

四、期刊論文

William O. Aydelotte著，康綠島譯，〈量化在歷史上的應用及其限制〉，《食貨月刊》，2：6，臺北，1972.09，頁34-47。

王立剛，〈清代童試錄取率研究〉，《科舉學論叢》，2013：3（北京，2013.07，頁67-76。

王凱旋，〈清代武舉與八旗科舉〉，《遼寧師範大學學報（社會科學版）》，36：6，瀋陽，2013.11，頁913-917。

王德昭，〈明清制度的遞嬗〉，收入氏著，《清代科舉制度研究》，北京：中華書局，1984，頁17-54。

王德昭，〈清代的科舉入仕與政府〉，收入氏著，《清代科舉制度研究》，北京：中華書局，1984，頁55-84。

王鍾翰，〈清國史館與清史列傳〉，收入氏著，《王鍾翰學術論著自選集》，北京：中央民族大學出版社，1999，頁468-490。

王鍾翰，〈清朝前期滿族社會的變遷及其史料〉，收入氏著，《王鍾翰清史論集》，冊1，北京：中華書局，2004，頁622-644。

古偉瀛，〈史學量化及其應用於中國史料的一些考察〉，《食貨月刊》，10：1、2，臺北，1980.05，頁43-56。

多洛肯、路鳳華，〈清朝駐防八旗科考的歷史考察〉，《科舉學論叢》，2018：1，上海，2018.05，頁39-48。

多洛肯、路鳳華，〈清代八旗科舉考試歷史敘略〉，《科舉學論叢》，2019：1，上海，2019.05，頁50-80。

吳吉遠，〈清代宗室科舉制度芻議〉，《史學月刊》，1995：5，開封，1995.09，頁39-44。

吳建華，〈清代庶吉士群體簡析〉，《社會科學輯刊》，1994：4，瀋陽，1994.07，頁107-115。

李弘祺，〈公正、平等與開放──略談考試制度與傳統中國的社會結構〉，收入氏著，《宋代教育散論》，臺北：東昇出版公司，1980，頁23-34。

李弘祺，〈中國科舉制度的歷史意義及解釋──從艾爾曼（Benjamin Elman）對明清考試制度的研究談起〉，《臺大歷史學報》，32，臺北，2003.12，頁237-267。

李治亭，〈清代基層官員銓選制考察——以《清史稿・循吏傳》為例〉，《社會科學戰線》，2008：3，長春，2008.03，頁232-240。

李潤強，〈清代進士職官遷轉研究〉，《西北師大學報（社會科學版）》，43：2，蘭州，2006.03，頁60-67。

杜家驥，〈清代八旗制度中的值年旗〉，《歷史教學（下半月刊）》，2011：11，天津，2011.11，頁3-11+20。

沈一民，〈清初的筆帖式〉，《歷史檔案》，2006：1，北京，2006.02，頁58-61+71。

沈一民，〈清入關前漢軍舉人群體考述〉，《陝西學前師範學院學報》，32：3，西安，2016.03，頁77-80。

周遠廉，〈八旗制度和「八旗生計」〉，收入閻崇年主編，《滿學研究・第七輯》，北京：中國人民大學出版社，2008，頁23-71。

林麗月，〈科場競爭與天下之「公」：明代科舉區域配額問題的一些考察〉，《國立臺灣師範大學歷史學報》，20，臺北，1992.06，頁43-73。

邸永君，〈清代的拔貢〉，《清史研究》，1997：1，北京，1997.03，頁97-102。

胡雪豔，〈清代前期科舉制度上的滿漢文化衝突〉，《呼倫貝爾學院學報》，17：4，呼和浩特，2009.08，頁9-12。

徐宏，〈論清代八旗科舉世家——嵩申家族〉，《鞍山師範學院學報》，4，瀋陽，2002.04，頁56-58。

馬許（Rebert Marsh）著，古偉瀛譯，〈中國社會的政治組織與昇遷〉，《食貨月刊》，5：1，臺北，1975.04，頁23-32。

馬鏞，〈清代的舉人大挑制度〉，《歷史檔案》，2011：1，北京，2011.02，頁66-70＋75。

馬鏞，〈清代科舉的官卷制度〉，《歷史檔案》，2012：3，北京，2012.08，頁79-85。

張杰，〈清代科舉制度對滿族文化發展的多元影響〉，《學習與探索》，2004：4，哈爾濱，2004.04，頁129-133。

張振國、王月，〈再論清代的舉人大挑制度〉，《歷史檔案》，2012：2，北京，2012.05，頁70-76。

張森，〈清代順天鄉試舉人的家庭出身研究〉，《教育與考試》，2014：4，福州，2014.04，頁38-47。

張瑞德，〈測量傳統中國社會流動問題方法的檢討〉，《食貨月刊》，5：9，臺北，1975.12，頁32-37。

張瑞龍，〈中央與地方：捐輸廣額與晚清鄉試中額研究〉，《近代史研

究》，2018：1，北京，2018.01，頁92-111。

章廣，〈功名的"代價"：八旗科舉與滿洲舊俗的轉變論析〉，《滿族研究》，2018：4，瀋陽，2018.12，頁52-60。

章廣、王日根，〈清代八旗科舉制度述略〉，收入劉海峰、鄭若玲主編，《科舉學的系統化與國際化》，武漢：華中師範大學出版社，2016，頁542-560。

細谷良夫，〈清代八旗制度的演變〉，《故宮文獻》，3：3，臺北，1972.06，頁37-60。

莊吉發，〈清高宗敕譯《四書》的探討〉，收入氏著，《清史論集（四）》，臺北：文史哲出版社，2000，頁61-76。

莊吉發，〈傳統與創新──清朝國史館暨民初清史館纂修列傳體例初探〉，收入氏著，《清史論集（十八）》，臺北：文史哲出版社，2008，頁7-80。

郭松義，〈清宗室的等級結構及經濟地位〉，收入美・李中清主編，郭松義主編，《清代皇族人口行為和社會環境》，北京：北京大學出版社，1994，頁116-133。

陳文石，〈清代的筆帖式〉，收入氏著，《明清政治社會史論》，臺北：臺灣學生書局，1991），頁599-621。

陳文石，〈清代的侍衛〉，收入氏著，《明清政治社會史論》，臺北：臺灣學生書局，1991，頁623-649。

陳文石，〈清代滿人政治參與〉，收入氏著，《明清政治社會史論》，臺北：臺灣學生書局，1991，頁651-754。

陳文石，〈清代八旗漢軍蒙古政治參與之研究〉，收入氏著，《明清政治社會史論》，臺北：臺灣學生書局，1991，頁755-818。

陳捷先，〈從民族問題的處理看清朝政權的建立〉，收入氏著，《清史論集》，臺北：東大圖書公司，1997，頁1-40。

陳捷先，〈從清初中央建置看滿洲漢化〉，收入氏著，《清史論集》，臺北：東大圖書公司，1997，頁119-135。

程偉，〈清代八旗進士考論〉，《福建師範大學學報（哲學社會科學版）》，2015：5，福州，2015.09，頁157-167。

葉高樹，〈「參漢酌金」：清朝統治中國成功原因的再思考〉，《臺灣師大歷史學報》，36，臺北，2006.12，頁153-192。

葉高樹，〈最近十年（1998-2008）臺灣清史研究的動向〉，《臺灣師大歷史學報》，40，臺北，2008.12，頁137-193。

葉高樹，〈滿洲親貴與清初政治：都英額地方赫舍里家族的個案研究〉，《臺灣師大歷史學報》，43，臺北，2010.06，頁173-230。

葉高樹，〈清朝的旗學與旗人的繙譯教育〉，《臺灣師大歷史學報》，48，
　　臺北，2012.12，頁71-154。

葉高樹，〈清朝的繙譯科考制度〉，《臺灣師大歷史學報》，49，臺北，
　　2013.06，頁47-136。

葉高樹，〈繙譯考試與清朝旗人的入仕選擇〉，《臺灣師大歷史學報》，
　　52，臺北，2014.12，頁95-132

葉高樹，〈仰食於官：俸餉制度與清朝旗人的生計〉，收入旗人與國家制度
　　工作坊編著，《「參漢酌金」的再思考：清朝旗人與國家制度》，臺
　　北：文史哲出版社，2016，頁231-276。

葉高樹，〈清朝部院衙門的翻譯考試〉，收入王宏志主編，《翻譯史研
　　究‧2016》，上海：復旦大學出版社，2017，頁1-39。

鄒長清，〈清代宗室鄉會試覆試制度研究〉，《廣西師範大學學報（哲學社
　　會科學版）》，51：2，桂林，2015.04，頁131-139。

蒙林，〈綏遠城駐防八旗源流考〉，《滿族研究》，1995：2，瀋陽，
　　1995.06，頁25-29。

趙綺娜，〈清初八旗漢軍研究〉，《故宮文獻》，4：2，臺北，1973.03，頁
　　55-66。

劉世珣，〈封疆大臣　職任緊要：清代的旗人督撫〉，收入旗人與國家制度
　　工作坊編著，《「參漢酌金」的再思考：清朝旗人與國家制度》，臺
　　北：文史哲出版社，2016，頁131-184。

劉海峰，〈科舉文獻與「科舉學」〉，《臺大歷史學報》，32，臺北，
　　2003.12，頁269-297。

劉海峰、韋驊峰，〈科舉家族研究：科舉學的一個增長點〉，《河北師範大
　　學學報（教育科學版）》，21：3，石家莊，2019.05，頁22-27。

劉鳳雲，〈清康熙朝漢軍旗人督撫簡論〉，收入閻崇年主編，《滿學研究‧
　　第七集》，北京：民族出版社，2003，頁350-372。

劉鳳雲，〈從清代京官的資歷、能力和俸祿看官場中的潛規則〉，《中國人
　　民大學學報》，2008：6，北京，2008.11，頁143-150。

歐立德，〈滿文檔案與新清史〉，《故宮學術季刊》，24：2，臺北，2006.
　　冬，頁1-18。

潘洪綱，〈由客居到土著──清代駐防八旗的民族關係問題研究〉，《黑龍
　　江民族叢刊》，2006：1，哈爾濱，2006.02，頁74-80。

潘洪綱，〈清代駐防八旗與科舉考試〉，《江漢論壇》，2006：6，武漢，
　　2006.06，頁85-89。

蔡松穎，〈歷練有素　足備任使：清朝六部中的旗人〉，收入旗人與國家制

度工作坊編著，《「參漢酌金」的再思考：清朝旗人與國家制度》，臺北：文史哲出版社，2016，頁83-130。

蕭啟慶，〈第一章 中國近世前期南北發展的歧異與統合：以南宋金元時期的經濟社會文化為中心〉，收入氏著，《元代的族群文化與科舉》，臺北：聯經出版公司，2008，頁1-22。

蕭啟慶，〈第五章　元代蒙古色目進士背景的分析〉，收入氏著，《元代的族群文化與科舉》，臺北：聯經出版公司，2008，頁117-145。

謝海濤，〈中央與地方的交換：晚清咸同年間科舉錄取名額的增加〉，《清史研究》，2009：4，北京，2009.11，頁44-55；

謝海濤、徐建國，〈清代八旗科舉考試錄取名額考論〉，《史林》，2012：5，上海，2012.10，頁75-87+190。

魏復古（Karl A. Wittfogel）著，蘇國良等譯，〈中國遼代社會史（九○七～一一二五）總述〉，收入鄭欽仁、李明仁譯著，《征服王朝論文集》，臺北：稻鄉出版社，1999，頁1-69。

譚紅艷，〈清前期文鄉試解額變遷研究〉，《清華大學學報（哲學社會科學版》，30：2，北京，2015.03，頁86-96。

鐵達，〈清綏遠城駐防八旗史實縱覽〉，《內蒙古文物考古》，2003：2，呼和浩特，2003.12，頁93-101。

近藤秀樹，〈清代の捐納と官僚社会の終末（上）、（中）、（下）〉，《史林》，46：2、3、4，京都，1963.03、05、07，頁250-278；頁425-448；頁582-608。

近藤秀樹，〈清代銓選：外補制成立〉，《東洋史研究》，17：2，京都，1958.09，頁158-179。

神田信夫，〈清初の文館について〉，收入氏著，《清朝史論考》，東京：山川出版社，2005，頁78-98。

谷井陽子，〈清朝入關以前ハン権力と官位制〉，收入岩井茂樹編，《中国近世社会の秩序形成》，京都：京都大學人文科學研究所，2004，頁441-468。

Rawski, Evelyn S. "Presidential Address: Reenvisioning the Qing: The Significance of the Qing Period in Chinese History," *The Journal of Asian Studies*, 55:4(1996), pp.829-850.

五、其他

〈人名權威人物傳記資料庫〉http://archive.ihp.sinica.edu.tw/ttsweb/html_name/index.php（臺北：中央研究院歷史語言研究所）。

讀歷史144　史地傳記類　PC1041

清朝科舉考試與旗人的政治參與

作　　者 / 杜祐寧
責任編輯 / 孟人玉
圖文排版 / 蔡忠翰
封面設計 / 蔡瑋筠

發 行 人 / 宋政坤
法律顧問 / 毛國樑　律師
出版發行 / 秀威資訊科技股份有限公司
　　　　　114台北市內湖區瑞光路76巷65號1樓
　　　　　電話：+886-2-2796-3638　傳真：+886-2-2796-1377
　　　　　http://www.showwe.com.tw
劃撥帳號 / 19563868　戶名：秀威資訊科技股份有限公司
　　　　　讀者服務信箱：service@showwe.com.tw
展售門市 / 國家書店（松江門市）
　　　　　104台北市中山區松江路209號1樓
　　　　　電話：+886-2-2518-0207　傳真：+886-2-2518-0778
網路訂購 / 秀威網路書店：https://store.showwe.tw
　　　　　國家網路書店：https://www.govbooks.com.tw

2022年5月　BOD一版
定價：280元

讀者回函卡

國家圖書館出版品預行編目

清朝科舉考試與旗人的政治參與/杜祐寧著. -- 一版.
   -- 臺北市：秀威資訊科技股份有限公司, 2022.05
      面； 公分. -- (人文史地類；PC1041)(讀歷史；
144)
   BOD版
   ISBN 978-626-7088-38-8(平裝)

   1.科舉 2.滿族 3.清代

573.441   111000744